BRAND-
MALEREI

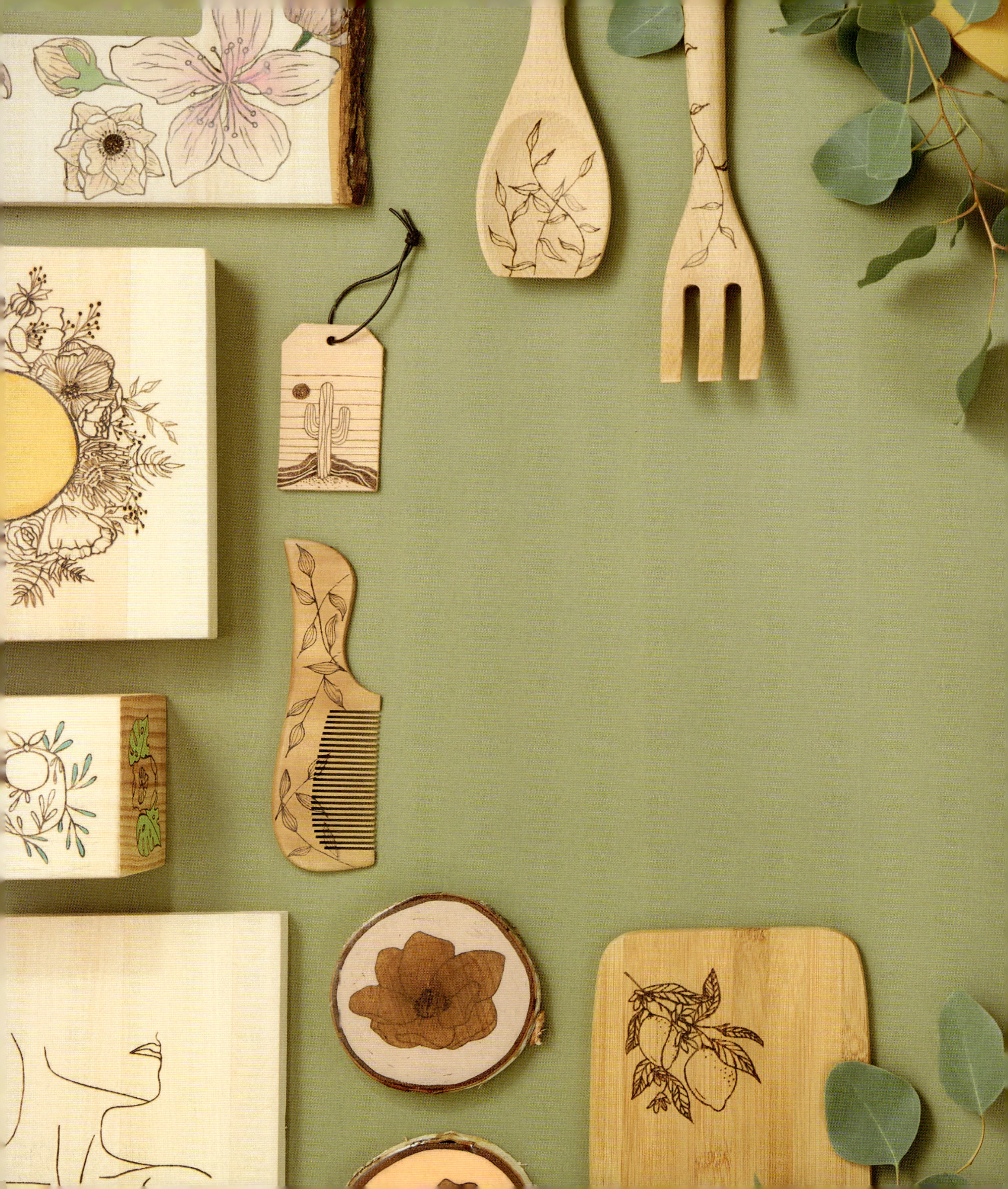

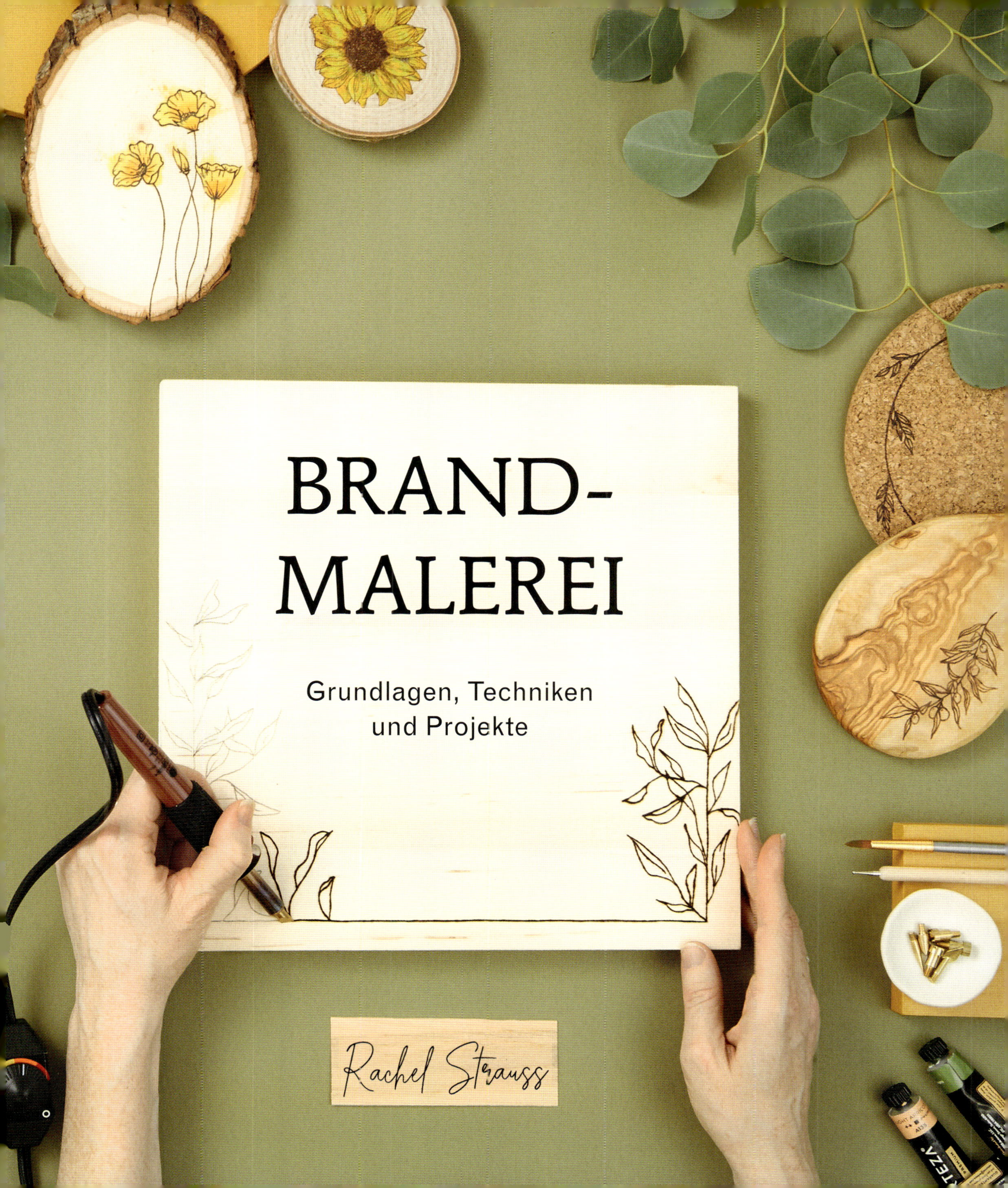
BRAND-
MALEREI
Grundlagen, Techniken
und Projekte
Rachel Strauss

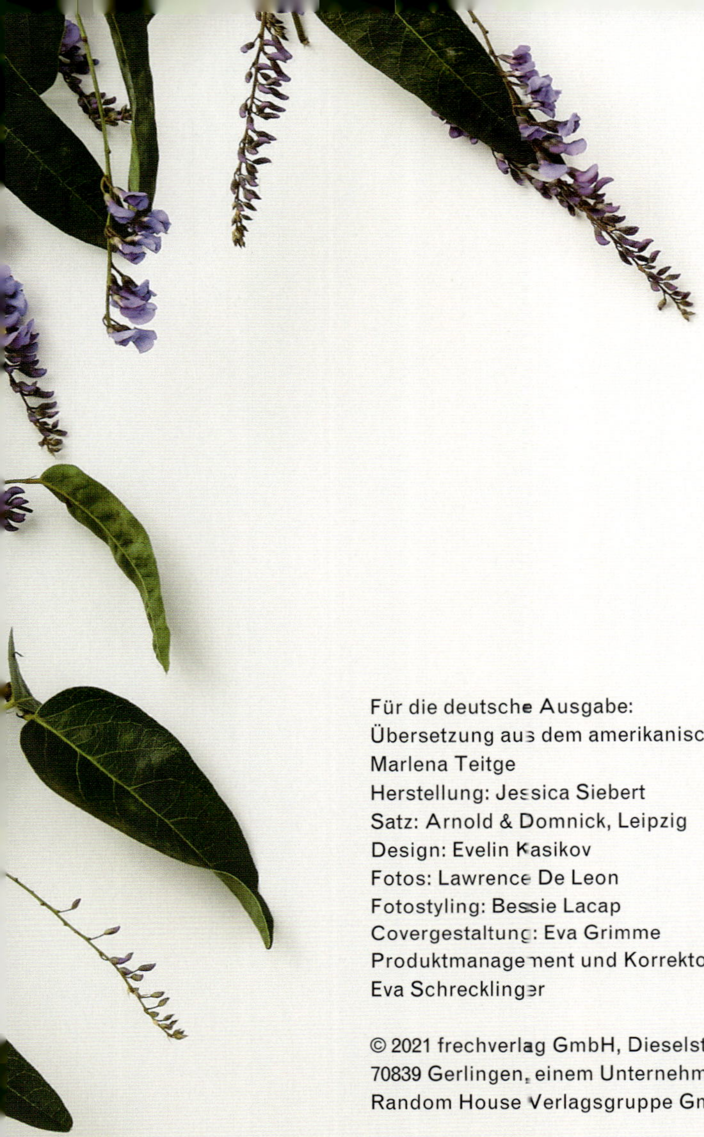

Für die deutsche Ausgabe:
Übersetzung aus dem amerikanischen Englisch:
Marlena Teitge
Herstellung: Jessica Siebert
Satz: Arnold & Domnick, Leipzig
Design: Evelin Kasikov
Fotos: Lawrence De Leon
Fotostyling: Bessie Lacap
Covergestaltung: Eva Grimme
Produktmanagement und Korrektorat:
Eva Schrecklinger

Die englische Originalausgabe erschien 2020 unter dem Titel „The Wood Burn Book: your essential guide to the art of pyrography“ bei Rockport Publishers, Quarto Publishing Group, USA Inc.

Brandmalerei kann gefährlich sein. Das Missachten der Sicherheitsvorschriften kann ernsthafte Verletzungen zur Folge haben. Dieses Buch gibt nützliche Anwendungshinweise, aber wir kennen nicht Ihre genauen Arbeitsumstände oder die Materialien und Werkzeuge, die Sie verwenden. Zu Ihrer eigenen Sicherheit sollten Sie Vorsicht und gesunden Menschenverstand walten lassen, wenn Sie den in diesem Buch beschriebenen Anleitungen folgen. Achten Sie auf Ihr persönliches Geschicklichkeitsniveau und auf die Anweisungen und Vorsichtsmaßnahmen der verschiedenen Materialien und Werkzeuge, die in diesem Buch aufgeführt sind. Weder Verlag noch Autorin tragen die Verantwortung für etwaige Materialschäden oder Verletzungen.

MIX
Papier | Fördert gute Waldnutzung
FSC® C016973

Penguin Random House
Verlagsgruppe FSC® N001967

3. Auflage 2024

ISBN: 978-3-7724-4593-4 • Best.-Nr. 4593

Printed in China

Für Abigail, Evelyn und Isaac.
Ihr könnt harte Dinge vollbringen.

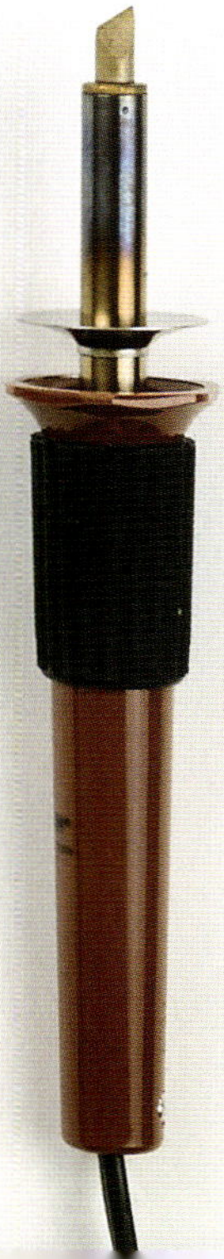

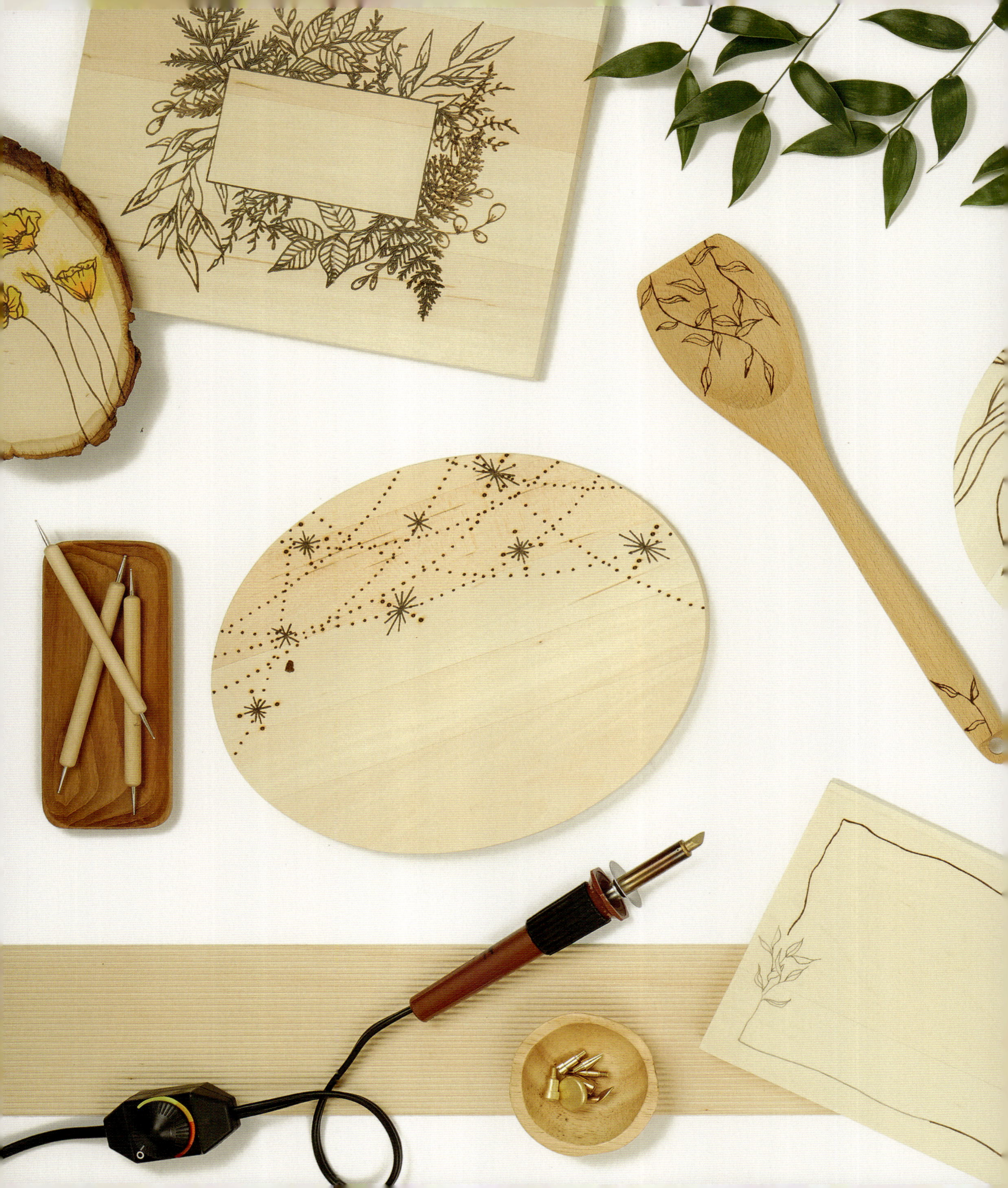

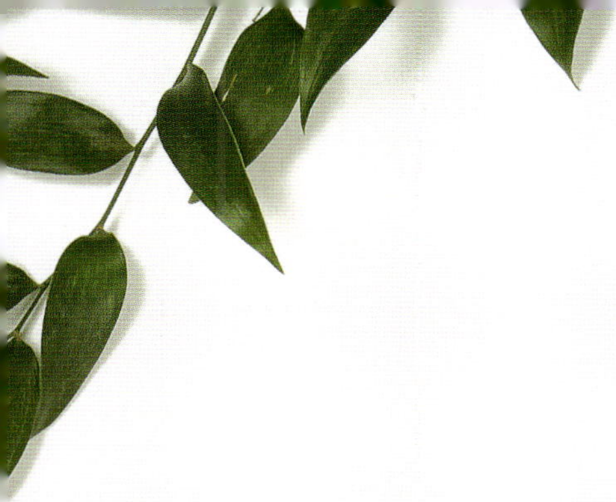

INHALT

Einführung 8

Sicherheit 11

TEIL 1: WERKZEUG & TECHNIKEN

Grundausstattung **14**

Der richtige Brennkolben **16**

Oberflächen **24**

Transfertechniken **28**

Das Brennen – von Anfang bis Ende **34**

Struktur geben **39**

Farbe verleihen **42**

Finishes **48**

TEIL 2: PROJEKTE & INSPIRATIONEN

Hölzer **56**

Andere Oberflächenmaterialien **88**

Farben **100**

Rahmen **136**

Danksagung **140**

Über die Autorin **141**

Register **142**

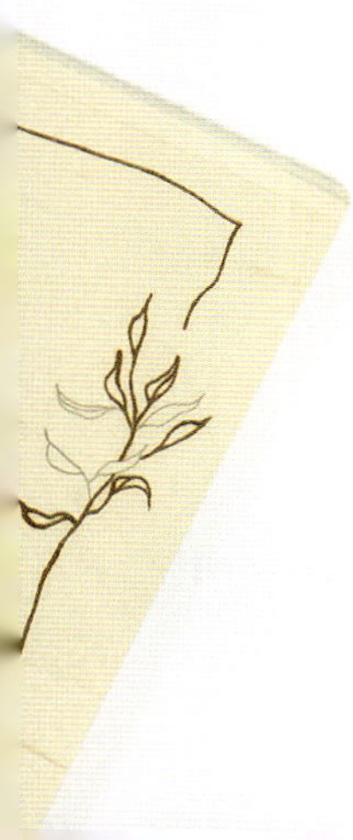

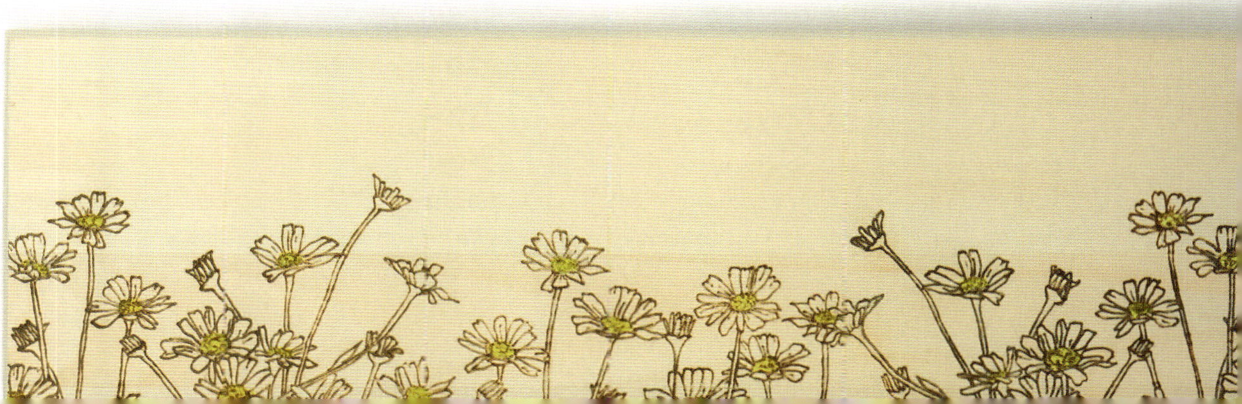

EINFÜHRUNG

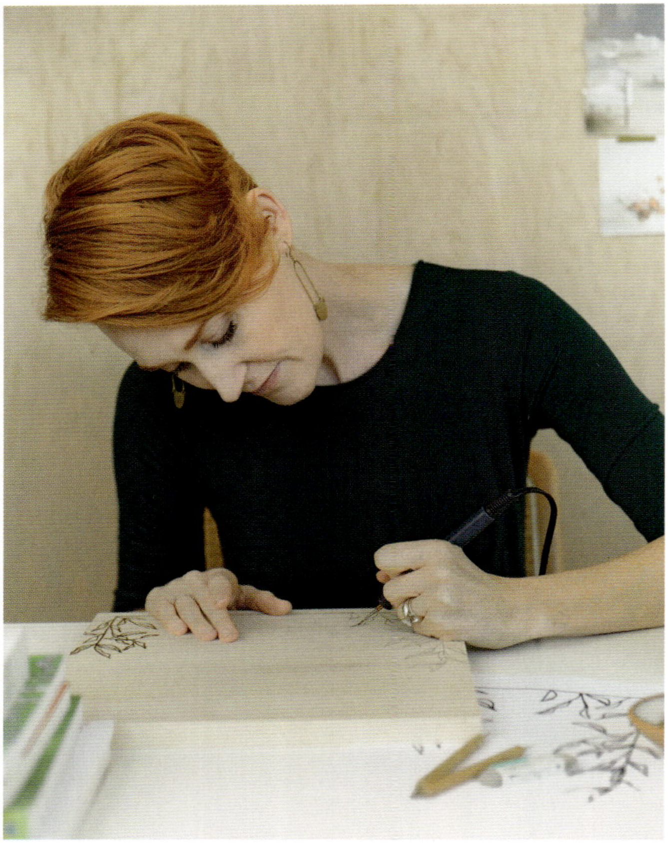

Wer eine Linie nachzeichnen kann, kann brandmalen. Ehrlich. Mit meiner Methode und der Fähigkeit Linien nachzufahren, kann jeder, und ich meine wirklich JEDER brennen – und zwar so, dass es auch hübsch aussieht! Dieses Buch enthält das ganze Wissen, das ihr für dieses wundervolle Hobby benötigt, um von Anfang an tolle Kreationen zu schaffen.

Ich bin Rachel Strauss von @woodburncorner und dies ist das Buch, das ich gern gehabt hätte, als ich mit der Brandmalerei anfing. Brandmalkünstlerin ist nicht mein erster Beruf. Ich war professionelle Ballerina, dann Krankenschwester, dann Ehefrau und Mutter. Die Brandmalerei war eigentlich nie Teil des Plans.

Das erste Mal hielt ich ein Brandmalgerät in der Hand, als ich die Deko für meine Hochzeit gestaltete. Damals schlenderte ich durch die Gänge eines Bastelladens, auf der Suche nach Inspiration für eine DIY-Hochzeit, die schön, persönlich und trotzdem erschwinglich sein sollte. Da stieß ich, im Gang mit den Holzartikeln, auf die Kunst der Brandmalerei. Ich kaufte direkt ein Brandmalgerät für fünfzehn Dollar und kreierte im Handumdrehen ein neues Namensschild, Tischnummern, einen Cake-Topper und Tischdeko-Elemente. Die Ergebnisse konnten sich sehen lassen und das Brennen machte mir auch noch Spaß! Zudem war es günstig und meine neue Deko sah genau so aus, wie ich sie mir für unsere Hochzeit vorgestellt hatte. Mission erfüllt.

In den folgenden Jahren griff ich immer wieder zu meinem Brandmalgerät, um Geschenke zu brennen, und mit jedem Mal brachte es mir mehr Spaß. 2016 entschied ich mich schließlich, mein neues Hobby zum Beruf zu machen. Die Tänzerin, Krankenschwester, Ehefrau und Mutter wagte wieder einen Neuanfang: diesmal als Pyrografin.

Ich glaube, Kunst ist wichtig.

Das Tolle an Kunst ist: sie muss nicht perfekt sein. Handgefertigtes ist nie perfekt und sollte es auch nicht sein. Wenn ihr Farbe auf eine Leinwand schmeißt oder Kritzeleien auf ein Stück Holz brennt, erschafft ihr etwas, und nur das zählt. Ich möchte euch dazu ermutigen, stets weiterzumachen, egal was am Ende herauskommt, denn der Schaffensprozess ist wertvoller als das Ergebnis.

Für mich ist der Schaffensprozess selbst schon Kunst. Die Zeit, die ich an dem Werkstück arbeite. Die Konzentration, der Fokus, der Fortschritt, die Fehlversuche, die Erfolge und alle Momente dazwischen sind Teil der Kunst. Ja, besonders in diesen Zwischen-Momenten empfinde ich die meiste Freude. Natürlich freue ich mich auch über das fertige Ergebnis am Ende, versteht mich nicht falsch, aber darum geht es mir beim Brennen nicht. Das fertige Kunstwerk ist nur der Preis.

Ich bin keine Künstlerin.

Ich glaube aus tiefstem Herzen, dass jeder, der für eine Sache brennt, der viel Zeit in seine Kunst steckt, die Bezeichnung Künstler oder Künstlerin verdient.

Vielleicht denkt ihr euch jetzt, das klingt ja alles schön und gut, aber ich habe wirklich zwei linke Hände. Lest einfachweiter, liebe Freunde. Ich denke, ich kann euch umstimmen.

Denn auch ich bin keine Künstlerin im traditionellen Sinne. Ich war nie besonders gut im Kunstunterricht. Ich war nie auf einer Kunstschule, ich habe nie verträumt herumgekritzelt, und doch sitze ich hier und schreibe ein Buch über Kunst.

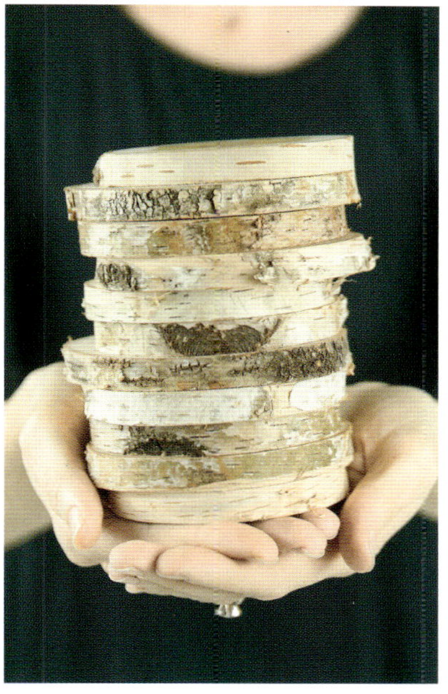

Für mich ist Brandmalerei nichts anderes, als eine Linie nachzufahren. Bei der Methode, die ich verwende und lehre, nehmt ihr einfach das Brandmalgerät in die Hand und folgt damit einer Linie. Ehrlich. Natürlich dürft ihr nicht einfach ungefragt das Kunstwerk von jemand anderem kopieren. In diesem Buch erfahrt ihr alle Tipps und Tricks, wie ihr wunderschöne Werkstücke kreiert, die ihr mit Stolz aufhängen, tragen, benutzen oder verschenken könnt. Dafür braucht ihr kein besonderes Talent, weil ihr einfach nur Linien nachfahrt. Ich hoffe, dass auch ihr von der Zen-Wirkung des Kunstschaffens profitiert, und die frustrierenden Momente, die das Erlernen einer neuen Fertigkeit oft mit sich bringt, dank dieses Buchs einfach überspringen könnt.

Brandmalerei ist Kunst, und Kunst ist Therapie.

Es ist wissenschaftlich erwiesen, dass sich kreative Tätigkeiten positiv auf die geistige, emotionale und physische Verfassung von Menschen auswirken. Das Brandmalen entspannt, erfordert Geduld, verströmt einen sinnlichen Duft und zwingt einen, sich auf eine spezifische Aufgabe zu konzentrieren, wobei diese Vorzüge ihre ganze Wirkung entfalten.

Die Brandmalerei ist von Natur aus eine ruhige Tätigkeit. Darin liegt auch ihr Charme. Man bewegt sich langsam und auf bewusste Art. Sie ist eine Achtsamkeitsübung, wie Malbücher für Erwachsene, mit einem Ergebnis, das man benutzen kann.

Ruhige Handarbeitshobbys erfreuen sich seit einigen Jahren großer Beliebtheit, weil die Leute bewusst kreative Hobbys wählen, die sie zwingen, herunterzufahren und ihrem hektischen Alltag eine Weile zu entfliehen. Sich einem handgemachten Werkstück zu widmen gibt einem das Gefühl, diese Zeit sinnvoll genutzt zu haben.

Beim Brandmalen werden meine Sinne geweckt und mein Geist beruhigt sich. Es hat nicht nur mir mit meinen Ängsten geholfen, sondern sich auch positiv auf die emotionale, physische und psychische Gesundheit anderer Menschen ausgewirkt. Die Brandmalerei ist wirklich eine wundervolle Kunstform und ich freue mich sehr, dass auch ihr sie ausprobieren wollt.

Mit allen Sinnen zu brennen ist das Beste daran!

Die Brandmalerei hat so viele faszinierende Eigenschaften. Die Art, wie das Holz sich während des Brennens dunkel verfärbt, wirkt hypnotisierend. Cool ist, dass ihr selbst bestimmen könnt, wie schnell oder langsam dieser Prozess abläuft. Der Geruch erinnert an ein Lagerfeuer und ihr werdet merken, dass jedes Holz anders riecht. Jedes Stück Holz, auf dem ihr brennt, besitzt sein ganz eigenes Aussehen. Während des Brennprozesses könnt ihr die Ringe auf dem Holz zählen, das Moos bestaunen, die Rillen und all seine Unebenheiten wahrnehmen. Kein Holz ist wie das andere. Das Brennen wird euch mit der Natur verbinden, auch wenn ihr in der hektischsten Großstadt lebt. Ich liebe es beim Brennen, das Holz zu berühren und die leichte Einkerbung zu spüren, die das Brennen hinterlässt. Ich liebe es, mit den Fingern über die Maserung zu fahren und die Kohle wegzuwischen, die beim Brennen entsteht. Oder einfach mit den Fingerspitzen zu spüren, wie weit ich schon gekommen bin. Mir ist auch aufgefallen, dass ich – und ich weiß, ich bin da nicht die Einzige – meine fertigen Kunstwerke stolz tätschele (keine

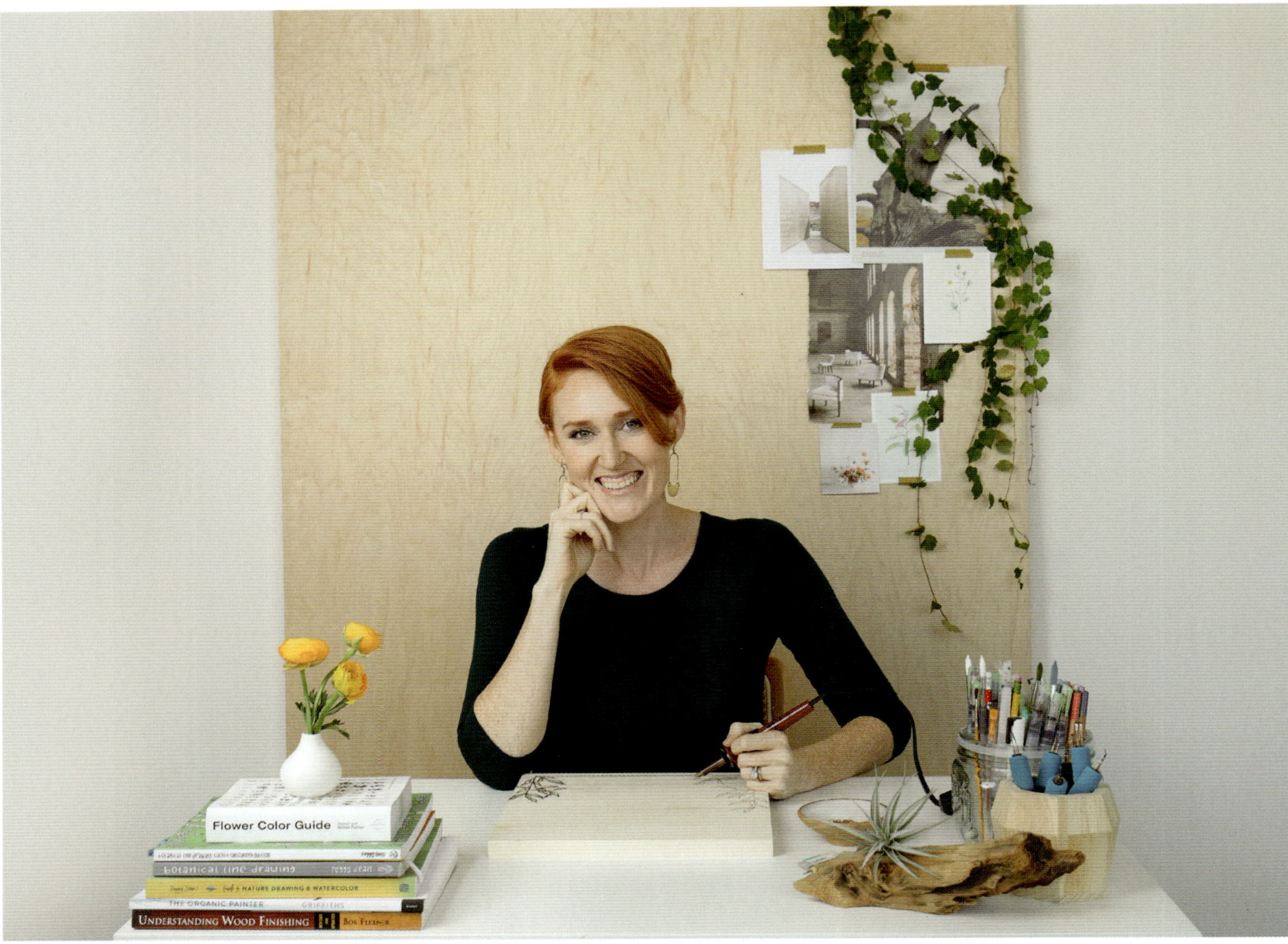

Angst, das tue ich auf eine liebevolle, nicht seltsame Weise). Diese tiefen Einkerbungen, die aus einem zweidimensionalen Holzstück ein dreidimensionales Kunstwerk machen, haben einfach so etwas Faszinierendes an sich.

Kommt in die #BurnClub Community.

Eins der besten Dinge an der Brandmalerei ist ihre Community, in der ich immer Rat, Ermutigung und Hilfe finde. Unsere Community unterstützt euch auf der Reise in die Welt der Brandmalerei mit ihren „Words of Wisdom", die ich in dieses Buch eingestreut habe. Wir haben ein starkes Gemeinschaftsgefühl, da ist für Konkurrenzgedanken kein Platz. Wenn ihr euch also auch in diese Kunstform verliebt, hoffen wir, euch bald in unserer Community begrüßen zu dürfen.

Folgt @woodburncorner und Burn Club, meinem exklusiven Newsletter für alle Pyrografen und Pyrografinnen. Außerdem veranstalte ich auf Instagram Events, damit Brandmalkünstlerinnen und ihre Werke mehr gesehen werden. Bei uns ist jeder herzlich willkommen und ich hoffe sehr, euch bald kennenzulernen.

Wenn ihr eure Werkstücke postet, vergesst nicht, @woodburncorner zu taggen und den Hashtag #thewoodburnbook zu verwenden. Ich würde gern sehen, was ihr macht und mich mit euch online verbinden. Höchstwahrscheinlich reposte ich euren Post auch! Ich freue mich schon darauf, eure ganz individuellen Kunstwerke zu sehen.

Happy Burning,

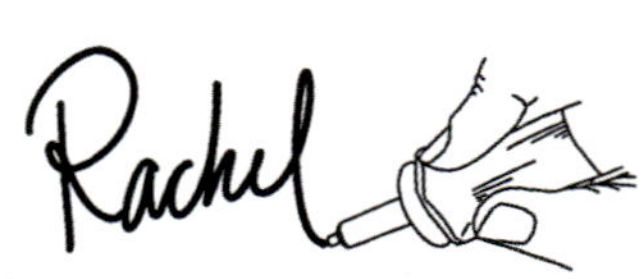

SICHERHEIT

Die Brandmalerei ist ein sicheres Hobby, aber ihr solltet ein paar Regeln beachten, damit euch und euren Mitmenschen nichts passiert.

1. Lasst ein heißes Werkzeug nie unbeaufsichtigt; schaltet das Brandmalgerät immer aus UND zieht den Stecker aus der Steckdose, sobald ihr mit der Arbeit fertig seid. Geht immer davon aus, dass der Brenner heiß ist, und behandelt ihn mit Respekt. Fasst niemals die Metallteile an, die heiß werden.
2. Arbeitet auf einer sauberen, freien und harten Oberfläche, z. B. einem Schreibtisch oder Tisch.
3. Der Arbeitsplatz sollte gut belüftet sein. Benutzt einen Ventilator und/oder einen Rauchsauger, der den Rauch abzieht, während ihr arbeitet. Für noch mehr Sicherheit benutze ich auch gerne einen Luftreiniger. (Positioniert den Ventilator direkt neben oder über dem Werkstück und von euch weggerichtet, damit der Rauch von eurem Arbeitsbereich abgezogen wird.)
4. Informiert euch über die Giftigkeit des Holzes, bevor ihr das ausgewählte Holzstück bearbeitet, und haltet euch an die Anweisungen. Ich nutze holzvomfach.de für meine Holz-Recherchen.
5. Achtet darauf, dass euer Holz trocken, glatt geschmirgelt und nicht chemisch behandelt ist (also keine Farbe oder andere Lackierungen besitzt). Es ist sehr wichtig, dass ihr mit unbehandeltem Holz arbeitet.
6. Tragt beim Brennen IMMER mindestens eine FFP2-Atemschutzmaske (oder höher). Ich empfehle die RZ 2.5M-Maske oder die 3M P100 Particulate Mask. Falls ihr lange Haare habt, bindet sie beim Brennen mit einem Zopfgummi hoch.
7. Neigt den Kopf beim Brennen leicht zur Seite und haltet ihn nicht direkt über das Werkstück, damit ihr den Rauch nicht direkt ins Gesicht bekommt. Ein Ventilator, Goggles oder eine Sicherheitsbrille halten den Rauch von Gesicht und Augen fern.
8. Zum Entfernen der heißen Formspitzen nutzt ihr am besten eine Zange und ein Keramikschälchen. So könnt ihr die Formspitzen sicher entfernen, auswechseln oder kurz ablegen.
9. Achtet darauf, dass ihr eine stabile Halterung zum Ablegen des heißen Brenngeräts habt; am besten, ihr klebt ihn auf dem Tisch fest.
10. Sprecht mit euren Kindern über die Sicherheitsregeln, wenn das Brandmalgerät in Gebrauch ist, und lasst Kinder an eurem Arbeitsbereich niemals unbeaufsichtigt.
11. Haltet euch immer an die Sicherheitsvorschriften des Herstellers von eurem Brandmalgerät. Lest sie euch vor Gebrauch sorgfältig durch.
12. Habt Spaß! Entspannt euch und genießt den Prozess. Die Brandmalerei ist wirklich ein wundervolles und sicheres Hobby.

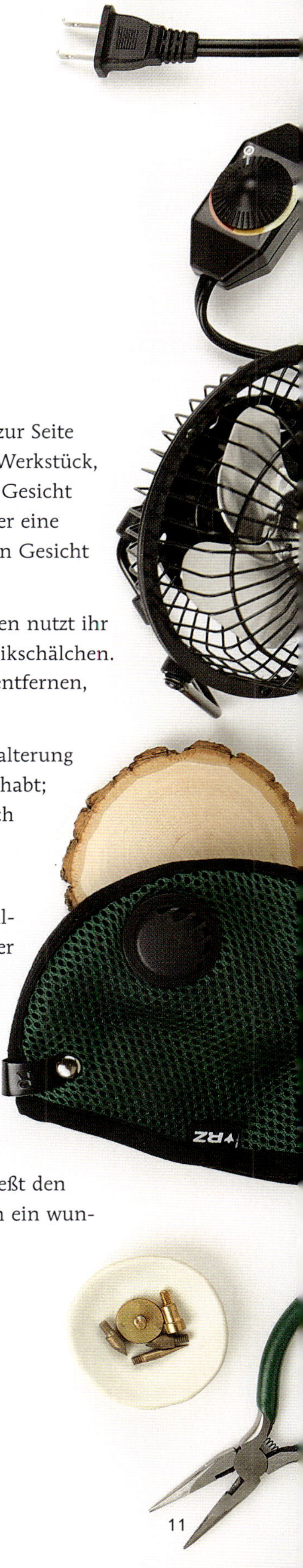

„Meidet den Rauch, indem ihr den Kopf beim Arbeiten zur Seite haltet."

@calliemacdesign

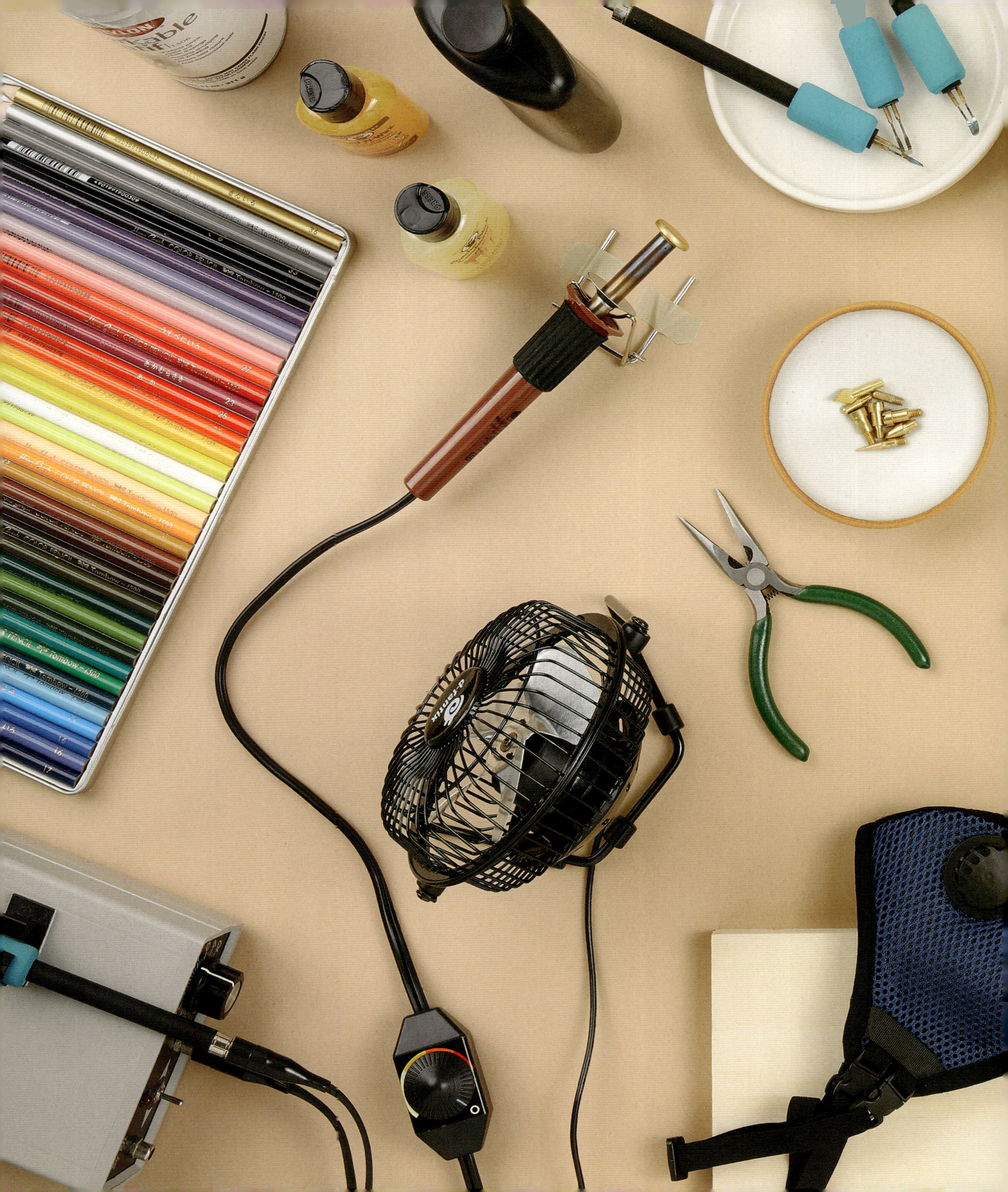

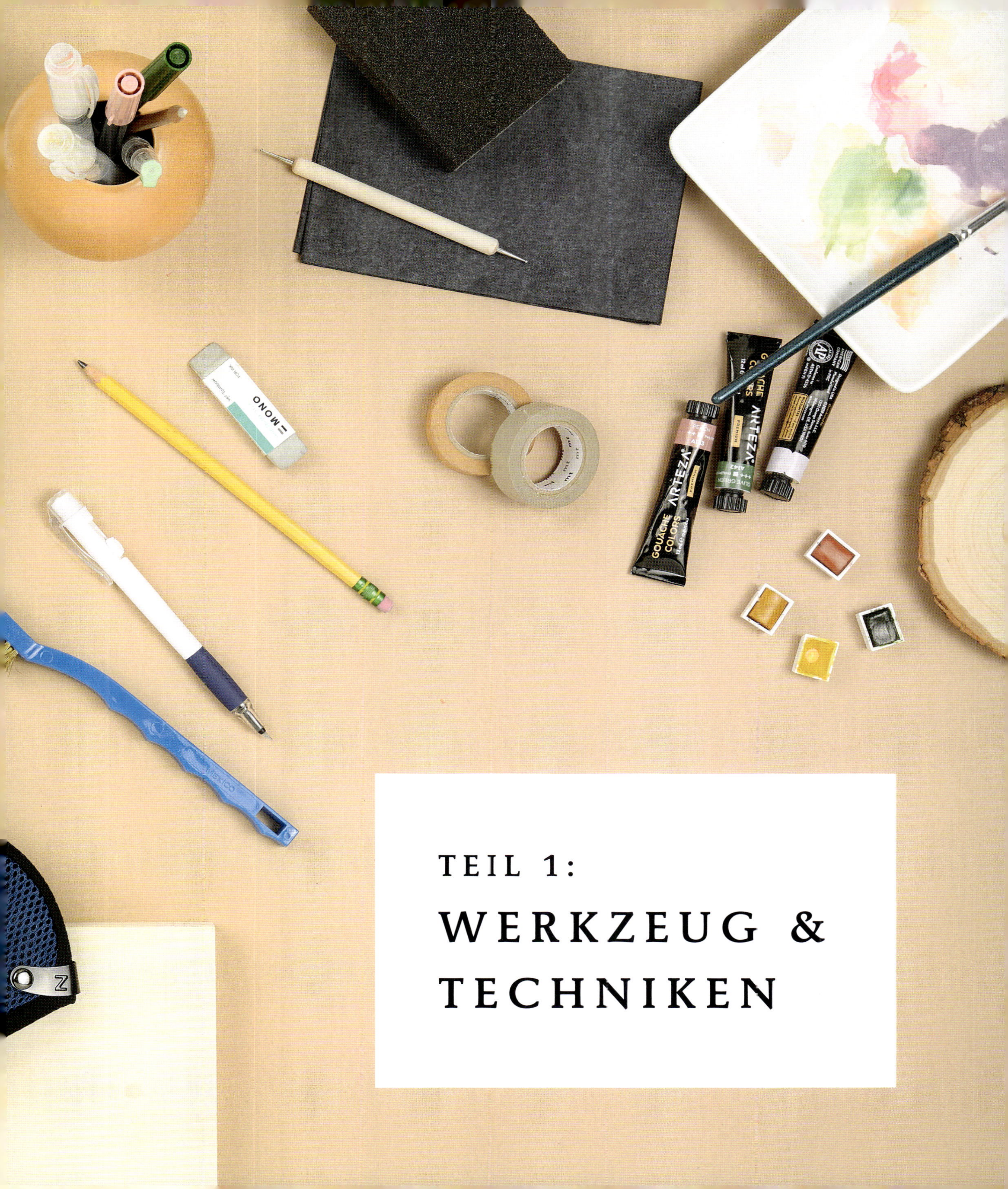

TEIL 1:
WERKZEUG & TECHNIKEN

DAS GRUNDWERKZEUG

Dies sind die wichtigsten Werkzeuge, die ihr benötigt, und zufälligerweise sind es auch die, die ich Anfängern empfehle. Diese Tools dürfen in eurem Werkzeugkasten auf keinen Fall fehlen, egal ob ihr gerade erst mit dem Brennen anfangt oder schon alte Hasen seid.

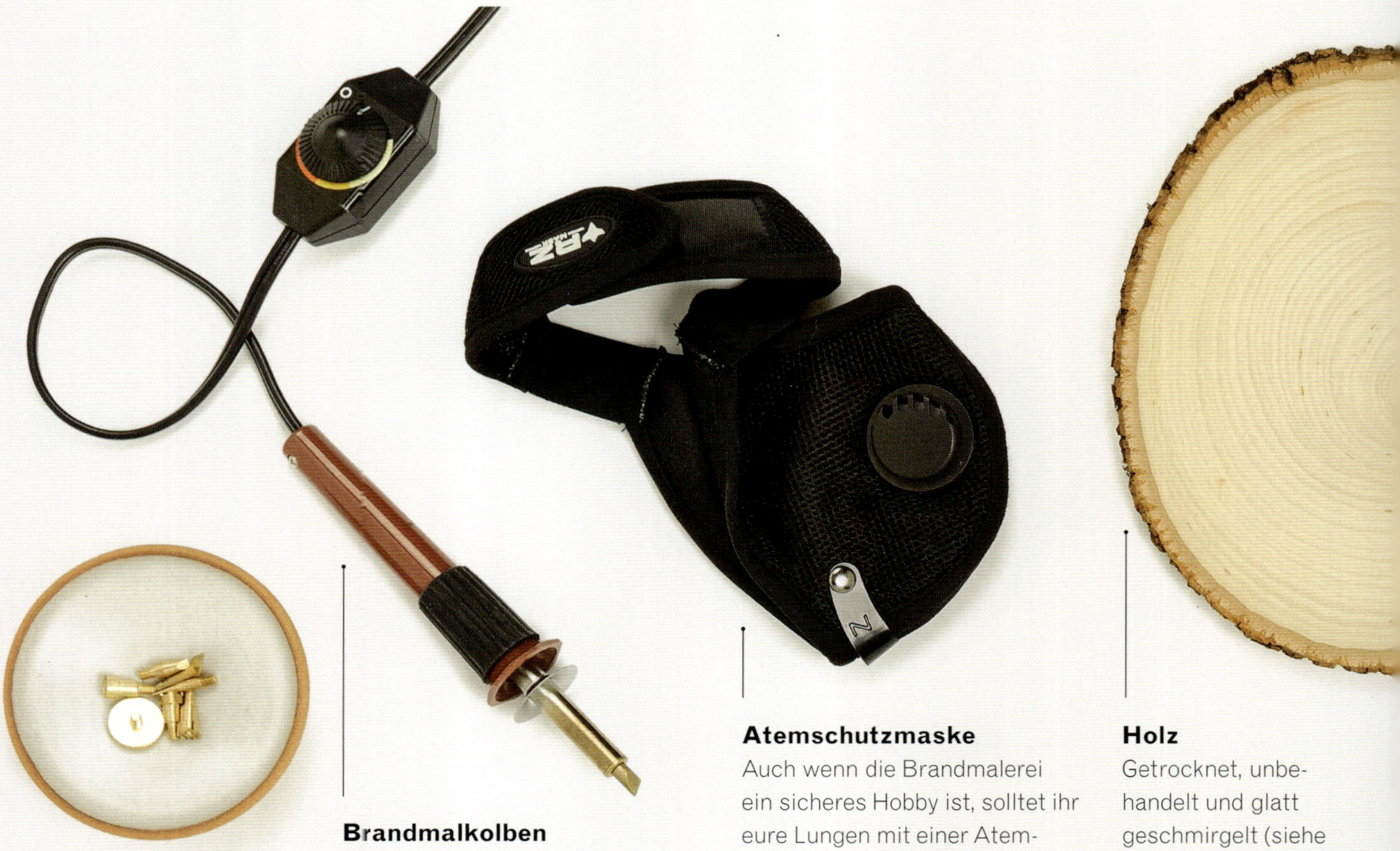

Brandmalkolben
Ein Brandmalkolben kommt normalerweise mit einem Set an verschiedenen Formspitzen aus Metall. Er ist leicht transportierbar, kostengünstig und man kann sehr gut mit ihm arbeiten. Achtet darauf, dass ihr einen mit Temperaturregulierung wählt.

Atemschutzmaske
Auch wenn die Brandmalerei ein sicheres Hobby ist, solltet ihr eure Lungen mit einer Atemschutzmaske schützen. Dies kann eine N95 oder noch höher eingestufte Maske sein, noch besser wäre eine P99 oder P100. Ich benutze am liebsten eine RZ 2.5M-Maske, weil sie atmungsaktiv, bequem und einfach auf- und abzusetzen ist.

Holz
Getrocknet, unbehandelt und glatt geschmirgelt (siehe Seite 24 Hölzer).

Schmirgelpapier

Schmirgelpapier darf in keiner Pyrografie-Werkzeugkiste fehlen. Zum Schmirgeln der Holzoberfläche eignet sich Schmirgelpapier von mittlerer bis feiner Körnung. Feines oder sehr feines Schmirgelpapier kann zum Entfernen von Kohleresten von der Formspitze des Brenngeräts benutzt werden. Wenn ihr nur zwei Schmirgelpapierarten verwenden wollt, empfehle ich eine 120er und 240er Körnung oder einen Kombi-Schmirgelblock mit einer mittleren und feinen Körnung.

Klebeband

Mit Klebeband könnt ihr eure Vorlage beim Übertragen des Motivs festkleben und auch die Halterung des Brandmalkolbens auf dem Tisch fixieren. Ich benutze am liebsten das Scotch Magic Tape, weil es gut hält, sich leicht wieder entfernen lässt, ohne Holzfasern mitabzuziehen, und weil es keine Reste hinterlässt. Das Scotch Blue Painter's Tape funktioniert auch gut.

Grafitpapier

Es gibt viele Möglichkeiten, ein Bild oder ein Motiv auf das Holz zu übertragen, aber die gängigste Methode ist die mit Grafitpapier. Sie ist auch meine Lieblingsübertragungstechnik. Einige Grafitpapiere lassen sich schwerer wegradieren oder hinterlassen mehr Spuren als andere, am besten ihr probiert unterschiedliche aus.

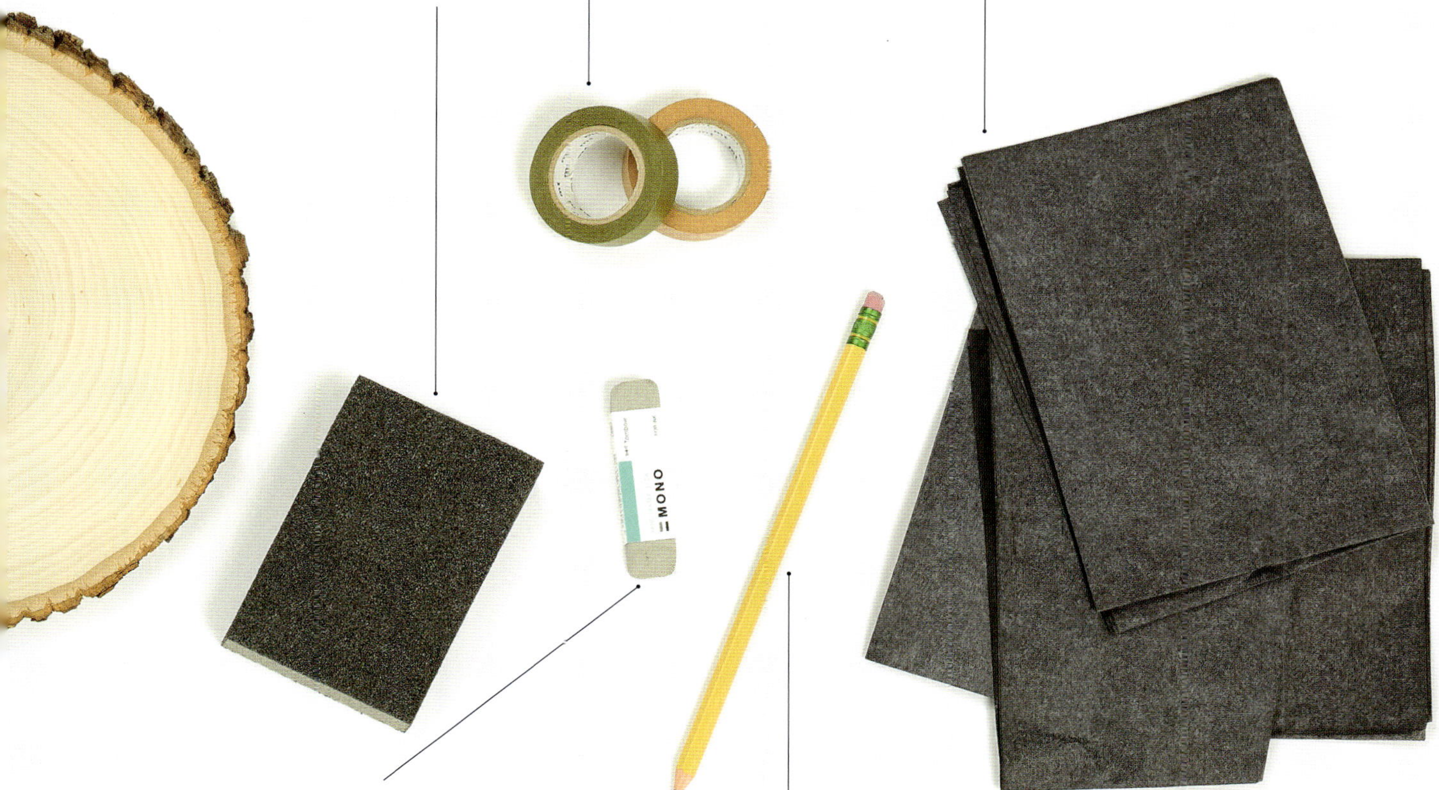

Mikrosand-Radierer

Mit einem guten Radierer lassen sich Grafitlinien vom Holz entfernen, die nach dem Brennen eventuell noch sichtbar sind. Nachdem ihr diese Linien wegradiert habt, sieht euer fertiges Werkstück gleich viel sauberer aus. Der beste Radierer zum Radieren von Grafit auf Holz, den ich bisher gefunden habe, ist der Tombow Mono Sand Eraser. Der Mars Plastic-Radierer funktioniert auch.

Embossingstift, Bleistift und/oder Kugelschreiber

Werden zusammen mit dem Grafitpapier benutzt. Wenn ich mich für ein Utensil entscheiden müsste, würde ich den einfachen Bleistift wählen, weil man damit entweder das Motiv abpausen oder es direkt auf das Holz aufmalen kann. Ich benutze einen Embossingstift zum Übertragen, aber ein Kugelschreiber oder Bleistift funktionieren genauso gut.

DER RICHTIGE BRENNER

Formspitzen versus Brennschleifen

Es gibt zwei Arten von Brandmalgeräten: Brandmalkolben und Brennstationen. Sie unterschieden sich preislich, in der Handhabung, der Temperaturregulierung, der Erhitzungszeit und den Aufsätzen.

Brandmalkolben—Es gibt Brandmalkolben, die nur mit einer Temperatur arbeiten und solche, deren Temperatur reguliert werden kann. Ich kann euch nur wärmsten einen Brandkolben mit einstellbarer Temperatur empfehlen und möchte euch von den Geräten mit voreingestellter Temperatur abraten. Brandkolben sind billiger als Brennstationen, liegen dafür aber nicht so gut in der Hand. Sie haben einen dickeren Griffel, sodass eure Hand weiter von der Oberfläche, auf die ihr brennt, entfernt ist, aber das ist kein Problem. Ihr werdet euch schnell an den Griff gewöhnen. Die Brandkolben brauchen mehrere Minuten, um sich aufzuheizen und wieder abzukühlen. Da sie keinen Trafo besitzen, sind sie klein und handlich. Die Formspitzen sind aus festem Metall und lassen sich leicht in den Brennerschaft eindrehen. Sie können leicht ausgetauscht werden, auch wenn sie noch heiß sind. Dafür benötigt ihr nur eine Zange, ein Ablageschälchen für den heißen Aufsatz und eine ruhige Hand. Das Auswechseln der Formspitze geht leichter, wenn ihr vor dem Eindrehen etwas Grafitpuder in den Brennerschaft streut. Die Halterungen für die Brandkolben sind sehr klein, deswegen befestigt ihr sie am besten mit Klebeband auf dem Tisch. Brandkolben kommen mit unterschiedlichen Formspitzen, mit denen alle möglichen Motive gebrannt werden können. Dazu gehören Klingen-, Schreib- und Rundspitzen und Spitzen für Schattierungen oder zum Übertragen des Motivs. Einige erfahrene Brandmalerei-Künstlerinnen benutzen ausschließlich Brandkolben, also denkt nicht, dass Brandkolben schlechtere Ergebnisse erzielen.

„Wählt einen Brandkolben mit Temperaturregelung.“

@fandompyrography

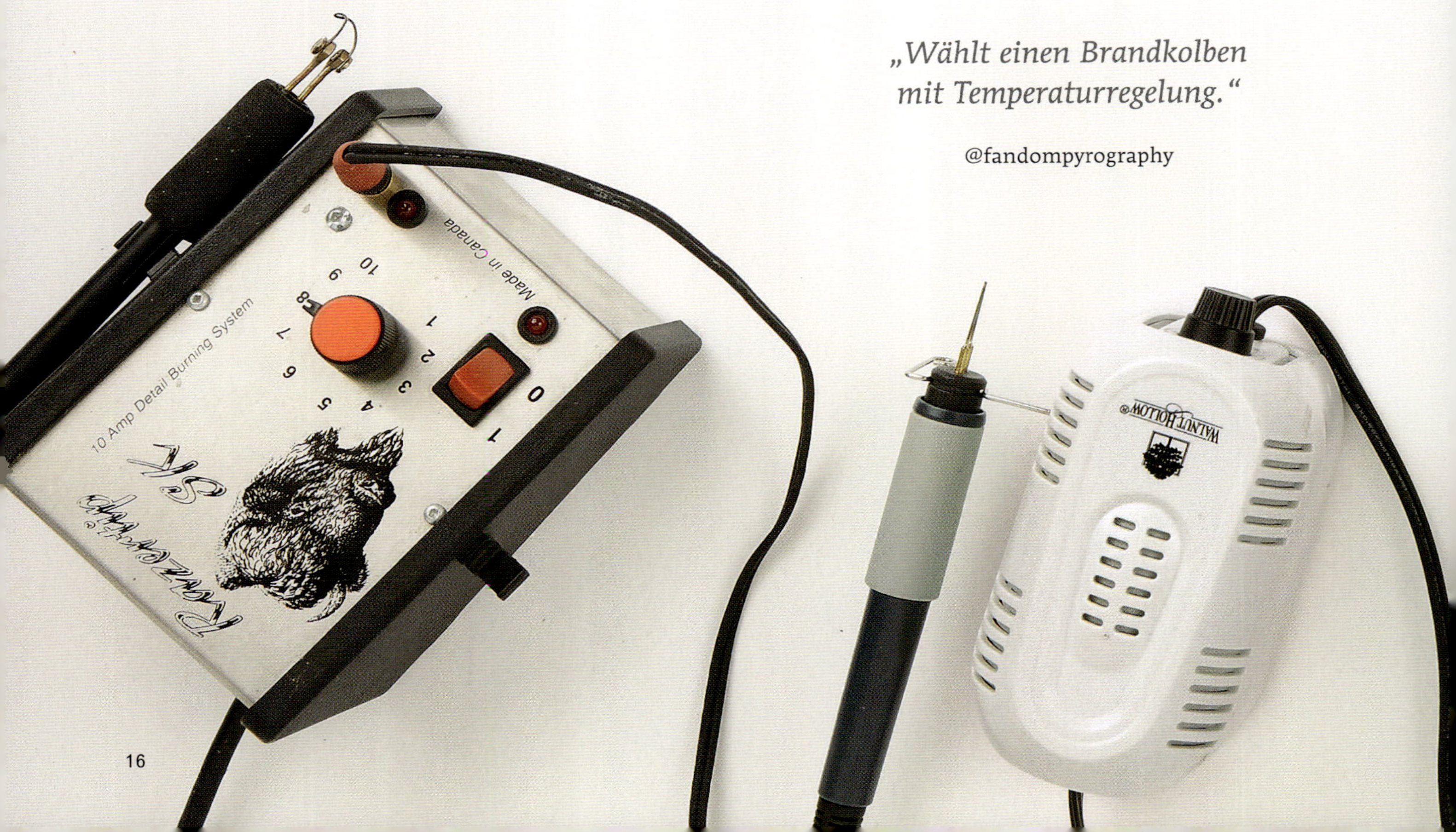

Brennstation—Eine Brennstation ist ein Brandmalgerät, das mit sich erhitzenden Brennschleifen anstatt mit Formspitzen funktioniert. Sie gehören zu den professionellen Brandmalgeräten und sind in der Regel teurer. Sie besitzen einen stiftähnlichen Griff. Die Hand befindet sich näher an der Brennoberfläche – wie wenn ihr einen Stift haltet –, wodurch ihr genauer arbeiten könnt. Eine Brennstation erhitzt sich innerhalb von Sekunden und kühlt genauso schnell wieder ab, und sie besitzt einen breiten Temperaturregulierungsbereich. Für Brennstationen gibt es auch eine größere Auswahl an Brennschleifen als Formspitzen für Brandkolben. Die meisten sind bereits vorgebogen und vorgeformt, aber manche Geräte kommen auch mit Brennschleif-Teilen, die ihr selbst biegen und formen könnt. Allerdings enthalten die Brennstation-Sets keinen Aufsatz zum Übertragen.

Falls Geld keine Rolle spielt, würde ich mir sowohl einen Brandmalkolben als auch eine Brennstation zulegen. Sie eignen sich beide perfekt für verschiedene Projekte.

Alternative Methoden der Brandmalerei

Neben der Brandmaltechnik, die ich in diesem Buch vorstelle, gibt es noch viele weitere Methoden um auf Holz zu brennen. Anstelle eines Brandmalkolbens oder einer Brennstation könnt ihr Holz auch mit anderen Dingen brennen, z. B. einer Taschenlampe, Flamme, Lupe, einem Brandmalstift (Scorch Marker), Chemikalien und Hitze, Schwarzpulver oder Rauch. Man kann negative Brandmale erzeugen, indem man die Oberfläche brennt und das Motiv dann mit einer Relief-Technik herausschnitzt. Doch in diesem Buch soll es nur um die Technik der Hand-Brandmalerei mit einem Brandmalgerät gehen. Es gibt von Land zu Land verschiedene Brandmalgerät-Marken.

„Man braucht keine teure Ausstattung, um etwas Schönes zu machen!“

@bridgets_burn_book

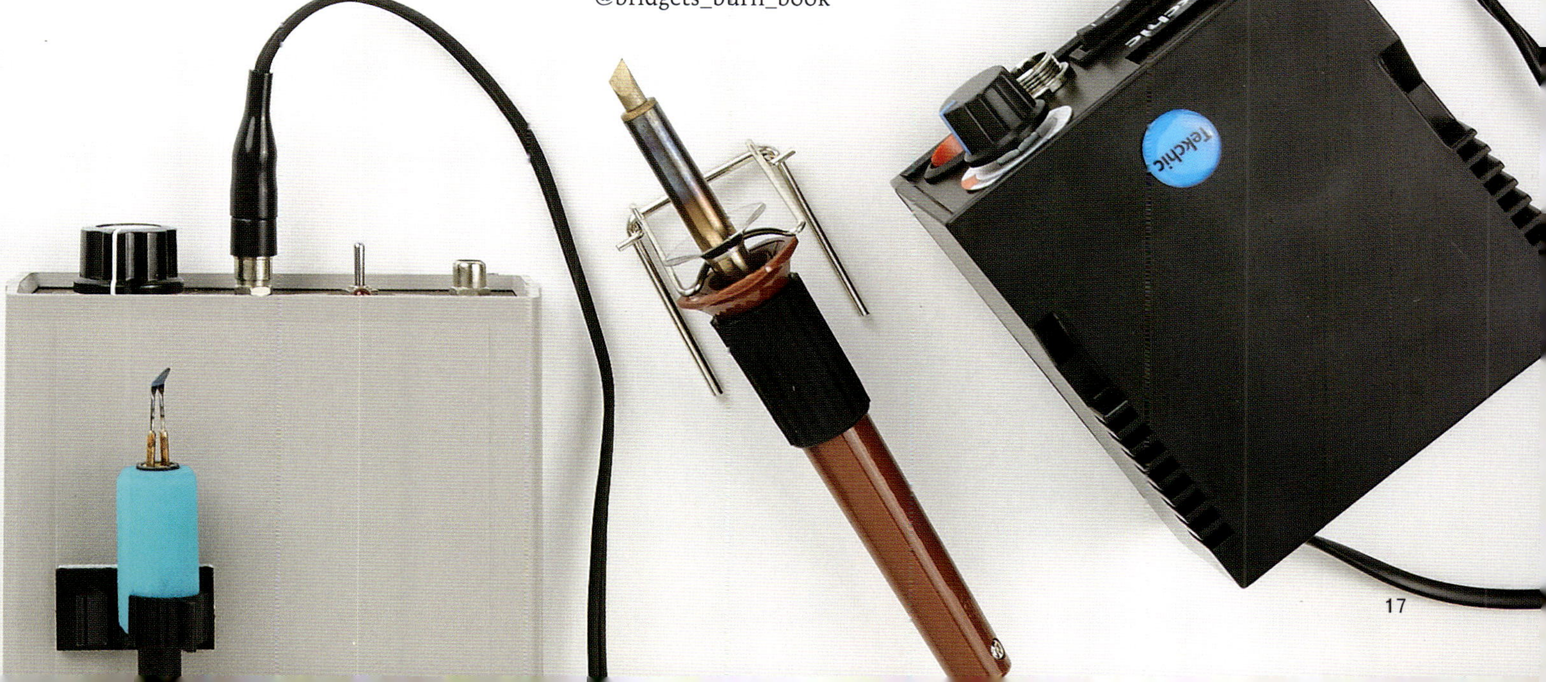

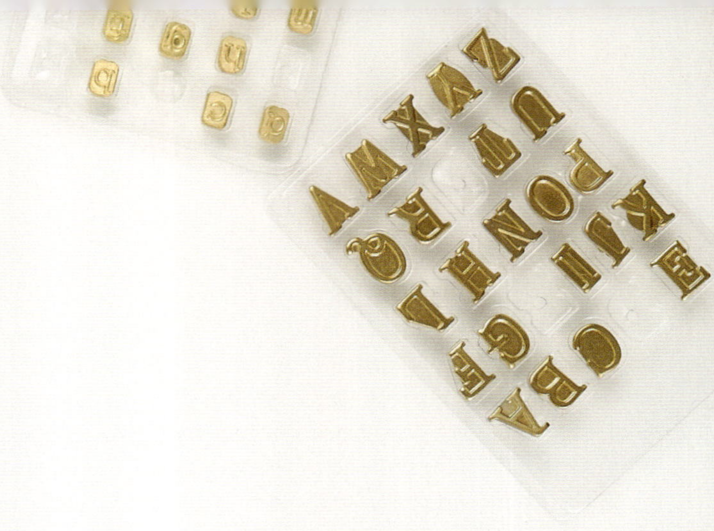

Formspitzen und Werkzeugpflege

Arten von Formspitzen

Es gibt viele verschiedene Typen von Formspitzen auf dem Markt, die je nach Hersteller anders heißen. Manchmal werden sie auch Aufsätze genannt. In diesem Buch verwende ich den Begriff Formspitze.

Sowohl für Brandmalkolben als auch für Brennstationen gibt es viele verschiedene Formspitzen. Die Spitzen eines Brandmalkolbens werden einfach ausgetauscht, indem man sie in das Gerät hineinschraubt. Brennschleifen (für Brennstationen) gibt es sowohl als feste als auch als austauschbare Variante. Wenn ihr eine Brennstation mit einer fixen Brennschleife gewählt habt, tauscht ihr den ganzen Brennstift aus, wenn ihr eine andere Brennschleife verwenden möchtet oder die Brennschleife verbraucht ist. Bei einer austauschbaren Brennschleife hingegen tauscht ihr nur den unteren Teil des Griffels oder die Brennschleife selbst aus. Alle Modelle haben ihre Vor- und Nachteile.

Abschließend möchte ich sagen, dass ich jedem empfehle, der mit dem Brandmalen beginnt, sich einen Brandkolben mit Temperaturregulierung zuzulegen – am besten noch mit einer Spitze zum Übertragen. Egal, wie gut ihr im Brennen werdet, dieses Grundwerkzeug könnt ihr immer und immer wieder benutzen, es ist handlich, vielseitig und kommt mit unterschiedlichen Formspitzen. Mit diesem einfachen Gerät könnt ihr jedes Brandmalerei-Projekt äußerst detailgetreu brennen.

Bei der Wahl zwischen einer festen und einer austauschbaren Brennschleifenvariante solltet ihr darauf achten, was ersetzt oder ausgetauscht wird, wenn ihr eine andere Brennschleife verwenden wollt. Es gibt austauschbare Brennschleifen, wo nur der Draht an sich ausgetauscht wird. Manche Brennschleifen besitzen ein eigenes Gehäuse, das ganz leicht und schnell ausgewechselt werden kann. Ich bevorzuge die feste Variante oder die mit dem austauschbaren Brennschleifengehäuse. Falls ihr eine Brennstation mit Brennschleifen habt, bei denen nur der Draht ausgewechselt wird, achtet darauf, dass die Stromverbindungen sicher angebracht sind und der Strom in den Brennstift fließt, damit sich die Temperatur nicht plötzlich erhöht oder fällt. Haltet euch an die Anweisungen des Herstellers.

Vor dem Brennvorgang sollten die Formspitzen sauber und korrekt in dem Brennstift befestigt sein. Wenn ihr Probleme mit der Hitze haben solltet, überprüft erst einmal die Verbindungen, ob die Spitze oder Brennschleife vielleicht locker ist. Falls das Brennen holprig wird, hilft es schon, die Spitze zu reinigen.

Ich habe die Formspitzen je nach ihrer Art, wie sie über das Holz gleiten und welches Brandmal sie hinterlassen, in Kategorien eingeteilt. Die Brandbreite an Formspitzen ist riesig und es kann sein, dass eine Spitze in mehrere Kategorien fällt.

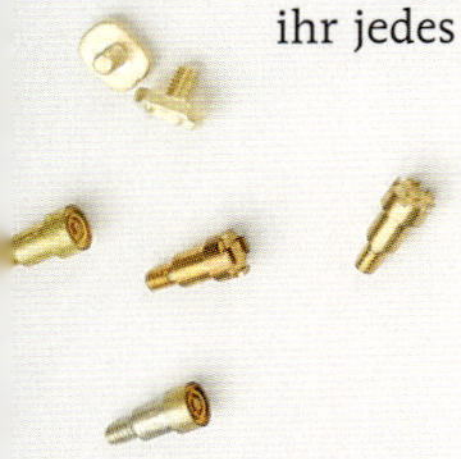

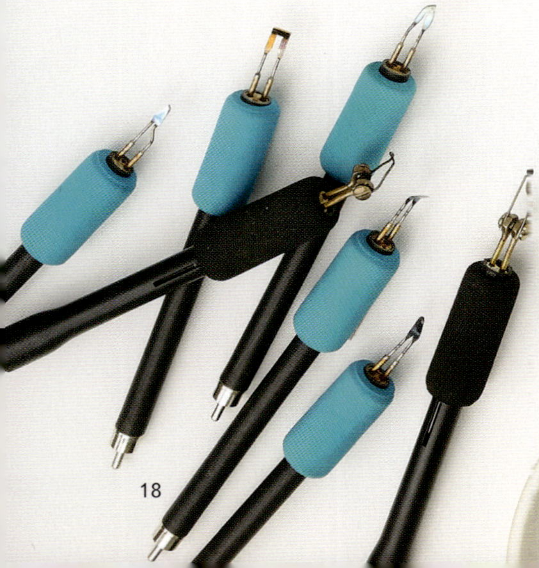

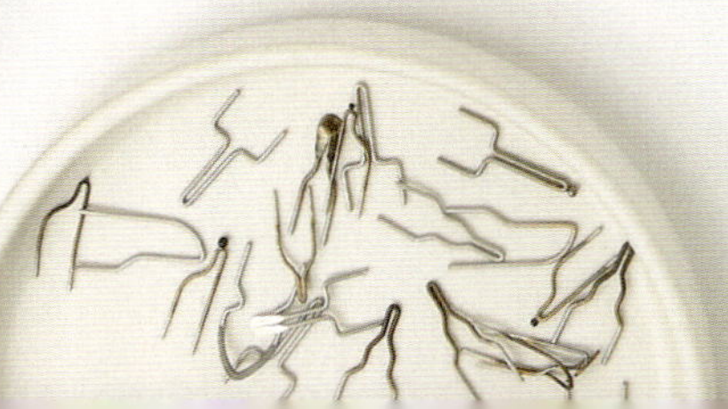

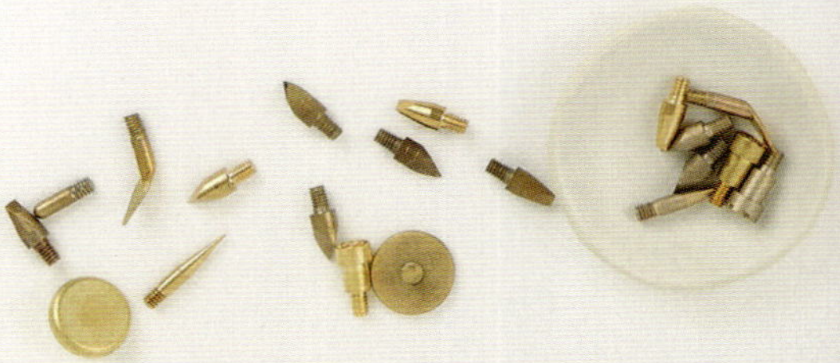

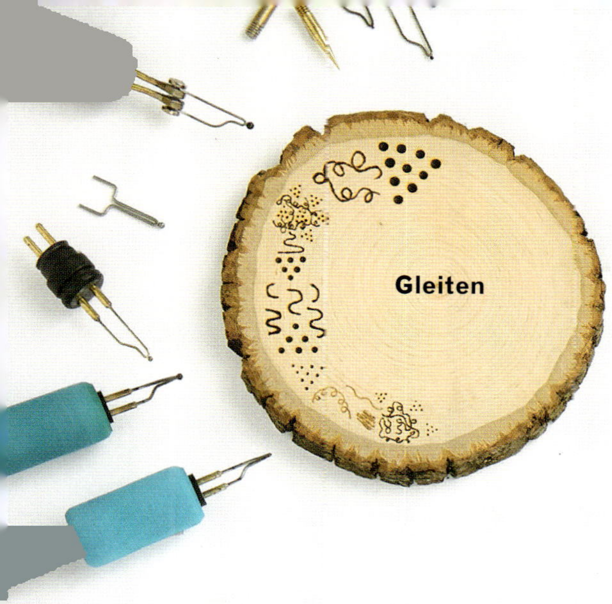

Gleiten: Ball, Kegel, spitzzulaufend

Gleit-Spitzen sind unerlässlich und vielseitig. Gerade für Linien-Designs greife ich meistens zu dieser Art Spitze. Sie gleiten in alle Richtungen über das Holz, ohne irgendwo hängenzubleiben oder sich zu verkeilen. Am besten geht es, wenn ihr die Formspitze zu euch hinzieht, weil ihr dann besser seht, was ihr macht, aber das ist bei dieser Spitzenform nicht unbedingt nötig. Sie sind wirklich universell – toll für Anfänger, super-geschmeidig und dank ihrer Gleitfähigkeit angenehm zu benutzen. Ich kenne professionelle Pyrografen, die ausschließlich mit Gleit-Spitzen arbeiten. Gleit-Spitzen sind sehr praktisch, allerdings ist es schwieriger, mit ihnen große Flächen auszufüllen.

Spaten: Schneiden, Schrägen, Speer, fein, Spitze, runde Schräge, Klinge

Ein Spaten funktioniert wie ein Messer. Er schneidet oder gräbt sich ins Holz. Achtet darauf, dass ihr diese Formspitze zu euch hinzieht. Wenn ihr sie nach vorn schiebt, kann es passieren, dass die Spitze oder Kante im Holz stecken bleibt und eine stark verbrannte Stelle hinterlässt. Dreht euer Werkstück während des Gebrauchs dieser Spitzenform ständig, damit ihr immer gut seht, wo entlang ihr brennt, und den Brandstift zu euch ziehen könnt. Diese Spitzenart ist sehr praktisch, erfordert aber etwas Übung, damit ihr ein Gefühl für die Enden und Kanten der jeweiligen Formspitze und ihren Gebrauch bekommt.

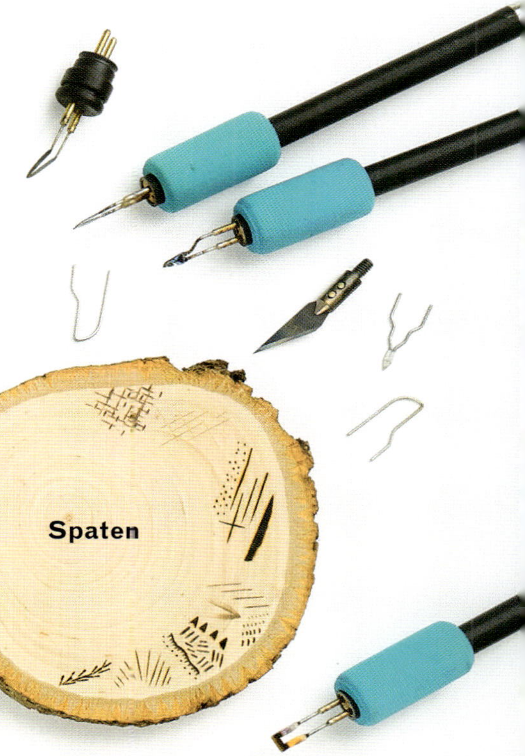

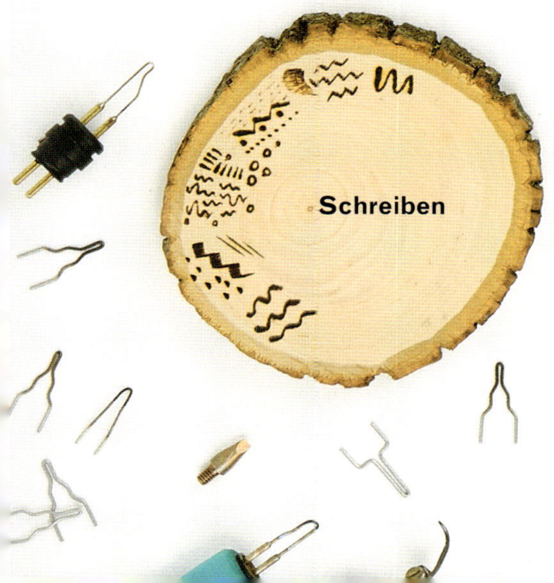

Schreiben: Universal, zeichnen, Ringe, gleiten, Kalligrafie, Draht, runder Draht, polieren

Schreib-Spitzen sollten in eurem Werkzeugkasten nicht fehlen, weil sie so universell sind. Mit ihnen könnt ihr präzise brennen, da sie schön über das Holz gleiten, egal ob ihr den Brennstift zieht oder schiebt, ähnlich wie eine Gleit-Spitze. Wenn ihr sie seitwärts über die Holzoberfläche bewegt, hinterlassen sie dank ihres flachen Profils eine breitere Linie. Damit vereinen sie die Fähigkeit einer Spaten-Spitze, präzise Linien zu ziehen, mit der flüssigen Bewegung einer Gleit-Spitze, und ermöglichen es, größere Bereiche schnell auszufüllen. Eine Schreibspitze ist das perfekte universelle Zwischending, und wenn ich mich für eine entscheiden müsste, mit der ich immer arbeite, wäre es diese.

Schattieren: Löffel, Quadrat, Spitze, schwer, flach, abgerundet

Eine Schattierungsspitze wird – ihr habt richtig geraten – zum Schattieren benutzt. Es gibt sie in verschiedenen Formen und Größen, aber sie alle erfüllen denselben Zweck. Sie eignen sich wunderbar, um größere Flächen auszufüllen und um das Motiv realistischer aussehen zu lassen. Für die Projekte in diesem Buch benötigt ihr diese Spitze nicht, aber natürlich könnt ihr bei jedem vorgestellten Motiv Schattierungen hinzufügen, wenn ihr wollt. Beim Schattieren rate ich euch, die Temperatur niedriger einzustellen, als euer Gefühl es euch vielleicht sagt, und mit der Spitze in kreisenden Bewegungen über die Oberfläche zu gleiten. Dank der niedrigen Temperatur könnt ihr die Schattierung nach und nach immer dunkler werden lassen, indem ihr mehrmals über dieselbe Stelle kreist, bis ihr den gewünschten Dunkelheitsgrad erreicht habt. Nehmt euch Zeit und lasst die Schattierung sich langsam aufbauen. So sieht sie am Ende schön gleichmäßig und sauber aus.

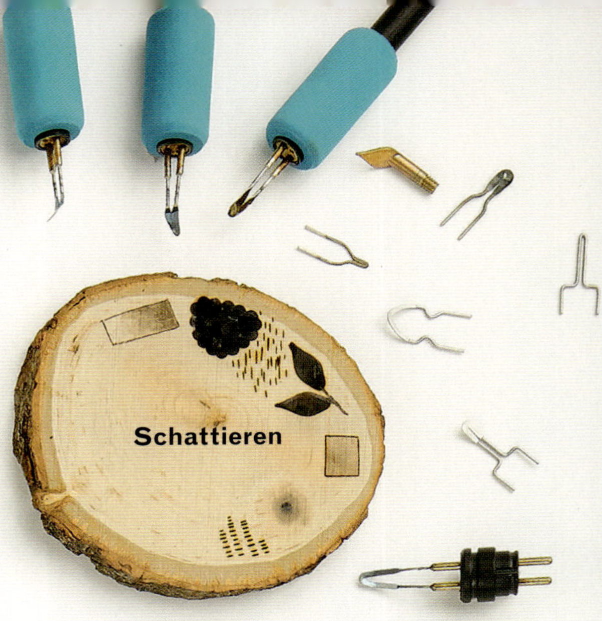

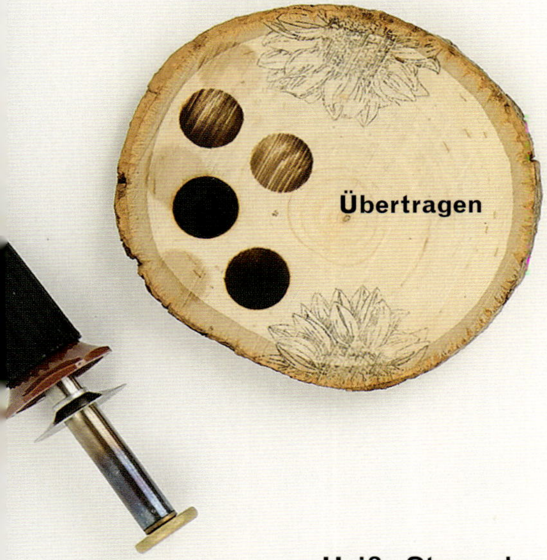

Übertragen

Transferspitzen gibt es nur für Brandmalkolben. Mit dem Übertragungsaufsatz kann man große Punkte erzeugen oder breite Bereiche ausfüllen, doch meistens wird er zum Übertragen eines Bildes, das mit einem Laserdrucker gedruckt wurde, benutzt. Das Transferieren mit dieser Spitze geht schnell und ist einfach und präzise, weswegen die Übertragunsspitze in meinem Werkzeugkasten nicht fehlen darf (siehe Seite 28 Transfertechniken). Ich benutze diesen Aufsatz zum Übertragen von Schriftzügen, präzisen Linien oder sehr detaillierten Mustern.

Heiße Stempel

Brandkolben wie der Walnut Hollow Versatool kommen mit heißen Stempeln. Das können kleine Motive, Zahlen oder Buchstaben sein, die in den Kolben geschraubt und wie Mini-Bügeleisen verwendet werden. Sie funktionieren wie ein Stempel. Ihr drückt den Aufsatz einfach auf das Holz, bewegt ihn leicht hin und her, damit keine Lücke im Brandmal entsteht, und entfernt ihn wieder. Am besten ihr testet den Stempel vorher auf einem Übungsstück, um zu sehen, welche Temperatureinstellung ihr benötigt, und wie lange der Stempel aufs Holz gedrückt werden muss, damit ihr den gewünschten Dunkelheitsgrad erhaltet.

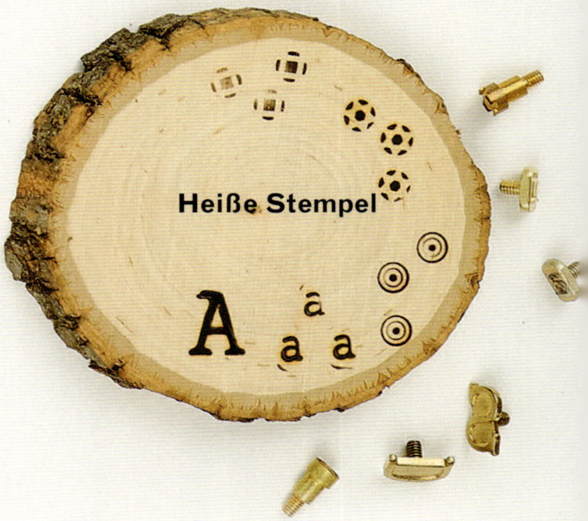

Nice-To-Have-Werkzeuge

Diese Werkzeuge sind nicht essentiell, sondern fallen in die Kategorie „schön zu haben“.

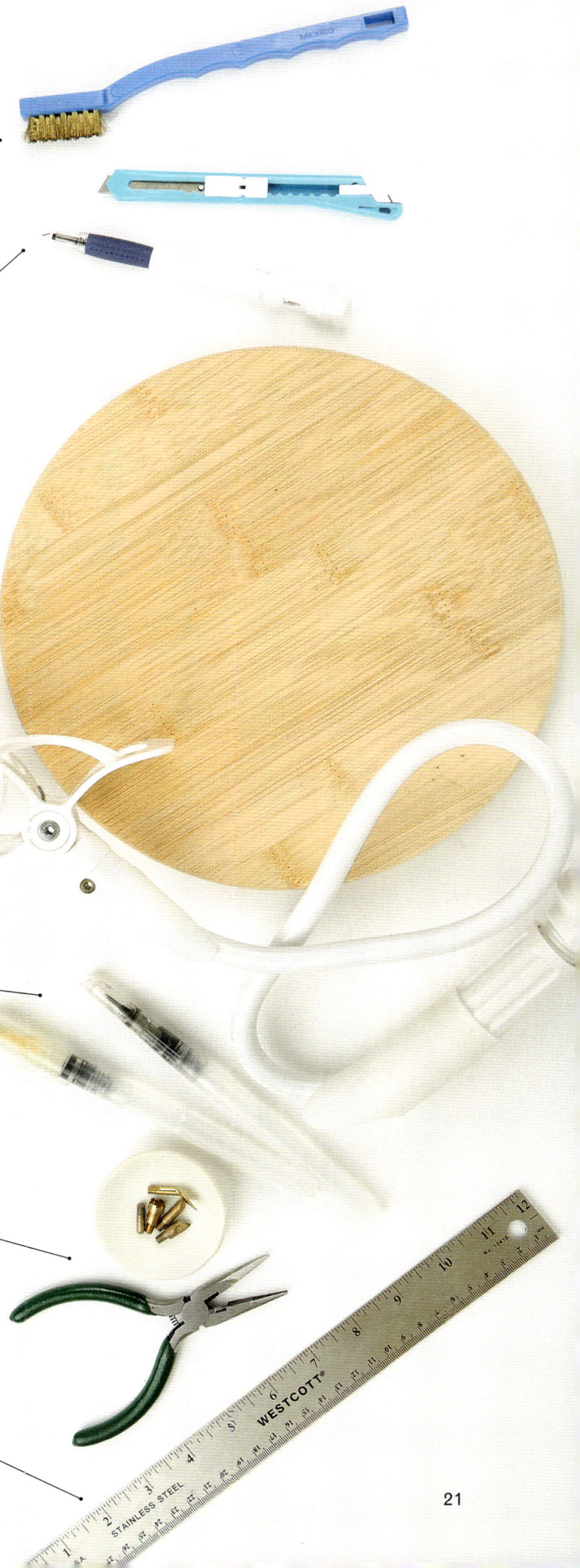

Messingbürste—Mit dieser Bürste reinigt ihr zwischendurch schnell die Werkzeuge, während ihr sie gebraucht.

Cuttermesser—Diese kleine Klinge ist superpraktisch, weil ihr damit Stellen, die zu stark verbrannt wurden, entfernen könnt. Kratzt einfach mit dem Messer darüber und schon verschwinden der Fleck oder kleine Fehler, als wären sie nie dagewesen.

Drehteller—Wenn ihr euer Werkstück auf einen Drehteller legt, könnt ihr es beim Brennen leichter drehen und habt immer freie Sicht auf die Stelle, an der ihr gerade brennt.

Schwanenhals-Handyhalter—Falls ihr plant, ein Video oder Foto von eurer Arbeit zu machen, ist ein Handyhalter mit Schwanenhals, dank dem ihr die Hände frei habt, ein Game-Changer. Videodrehen ging noch nie so leicht!

Aquarellstifte—Sie eignen sich wunderbar, wenn ihr das Werkstück mit Aquarellfarbe, Gouache oder Acrylfarbe verzieren möchtet. Damit fällt der Schritt, in dem ihr den Pinsel ins Wasser eintaucht, weg. Sie sind praktisch und das Malen macht Spaß, weswegen ich sie ausschließlich anstelle von Pinseln verwende.

Keramikschälchen und Zange—Diese beiden Dinge gehen Hand in Hand. Wenn ihr die noch heiße Formspitze auswechselt, benutzt ihr dafür die Zange und legt die Spitze dann in die Keramikschale zum Abkühlen.

Metalllineal—Mit dem Metalllineal lassen sich gerade Linien direkt auf das Holz brennen, ohne dass ihr sie vorzeichnen müsst.

Werkzeugpflege

Ein gelungener Brand steht und fällt mit der Werkzeugpflege. Hierfür gibt es verschiedene Methoden. Einige Tools können gereinigt werden, während sie heiß sind, während andere Werkzeuge erst einmal abgekühlt sein müssen. Damit ihr am Ende ein sauberes Brandmalstück in den Händen haltet, ist es ganz wichtig, dass ihr die Holzkohle, die beim Brennen am Kolben entsteht, entfernt. Außerdem sollte das Brandmalgerät auch im kalten Zustand immer sauber sein. So verlängert ihr die Lebenszeit von Brandmalgerät und Formspitzen, erleichtert euch das Reinigen und erzielt das beste Ergebnis.

Messingbürste

Sie ist das Utensil meiner Wahl, um während des Brennvorgangs die heiße Formspitze zu reinigen. Damit entferne ich zwischendurch jegliche Ablagerung an meinem Brandmalgerät. So kann ich wieder sauber arbeiten und verliere nicht zu viel Zeit mit dem Reinigen. Die Bürste liegt beim Brennen stets parat. Aber passt bei euren Schattierungsspitzen auf, dass die Bürste sie nicht zerkratzt.

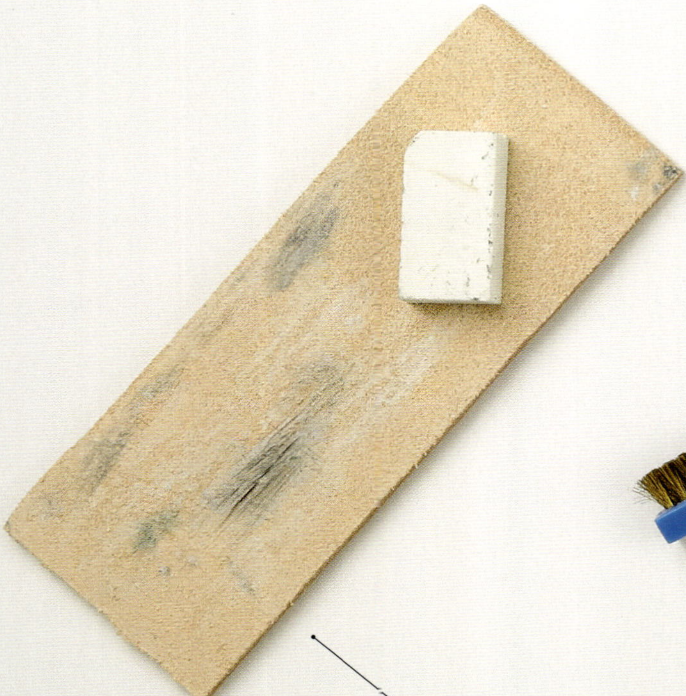

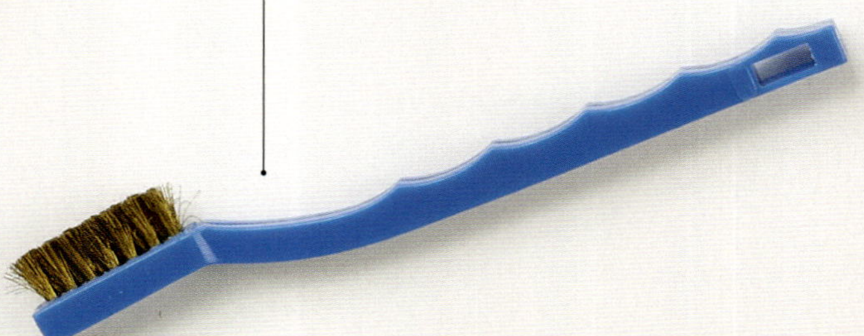

Weiße Polierpaste für Lederriemen (Block, Aluminiumoxid)

Mit dieser Polierpaste bringt ihr eure Formspitzen wieder zum Glänzen. Sie wird normalerweise zum Polieren von Messern benutzt, aber sie eignet sich auch ganz wunderbar zum Putzen von Brandmalereispitzen. Sobald die Formspitze kalt ist, tragt ihr die Paste großzügig auf einen Lederriemen auf und reibt dann die Spitze darüber. Die Holzkohle bleibt sofort auf dem Leder haften. Reibt so lange, bis die Formspitze sauber ist. Ich habe auch schon Leute gesehen, die die Aufsätze gereinigt haben, während sie heiß waren. Dafür verwendet man ein mit Pflanzenmittel gefärbtes Stück Leder ohne Polierpaste. So lässt sich die Kohle entfernen, ohne dass man den Brennprozess unterbrechen muss.

„Die Formspitzen, die am besten und einfachsten zu benutzen sind, sind saubere Formspitzen.“

@redroofbarnllc

Paraffin Wax

Wenn ihr die noch heiße Formspitze einmal kurz in ein festes Stück Paraffinwachs dippt, schmilzt das Wachs und nimmt die Kohlereste, die an der Formspitze haften, gleich mit. Das restliche Wachs an der Spitze schmilzt mit einem kurzen Zischlaut weg, und ihr könnt direkt mit einer sauberen Formspitze weiter arbeiten. Paraffinwachs gehört nicht zu meinen Lieblingsreinigungs-methoden, weil ich finde, dass andere Techniken besser funktionieren, aber sie funktioniert.

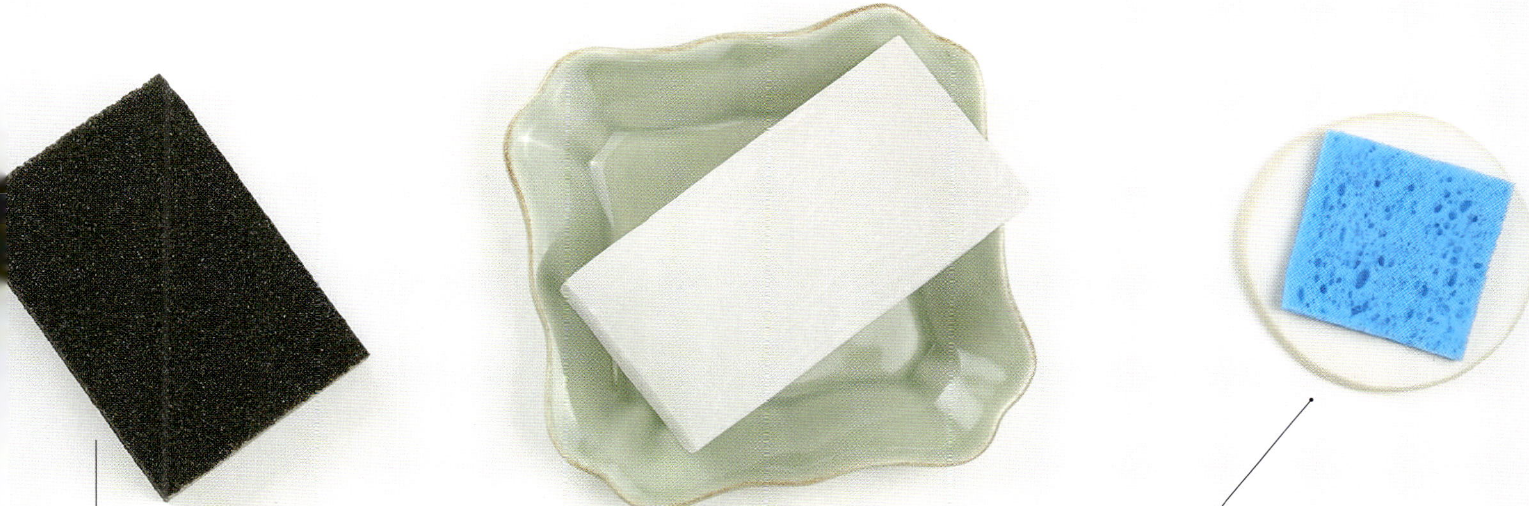

Feinkörniges Schmirgelpapier

Ein feinkörniges Schmirgelpapier (am besten 320er oder höher) kann man benutzen, auch wenn der Brenner noch heiß ist, aber arbeitet schnell, damit sich kein Loch ins Schmirgelpapier brennt. Ich bevorzuge einen Schmirgelblock, weil ich die Spitze damit gezielter reinigen kann. Geht bei dieser Technik aber behutsam vor, da die Spitzen mit der Zeit stumpf werden. Aus diesem Grund raten einige Brandmalkünstlerinnen ganz von dieser Technik ab, aber ich habe die Erfahrung gemacht, dass sie gut funktioniert und die Formspitzen, besonders von meinem Brandmalkolben, kaum abgenutzt werden.

Feuchter Schwamm

Bei einigen Brandmalgeräten ist ein Schwamm zum Reinigen der Formspitzen dabei. Meiner Erfahrung nach funktioniert er am besten, während die Formspitze in Gebrauch ist. Achtet aber darauf, dass der Schwamm schön nass ist, damit ihr ihn nicht verbrennt, wenn ihr mit der Formspitze darüber fahrt. Manche Brandmalkünstlerinnen reinigen ihre Tools auch mit einem Teesieb, einem Dremel-Werkzeug mit Reinigungsaufsatz oder einem Poliertuch.

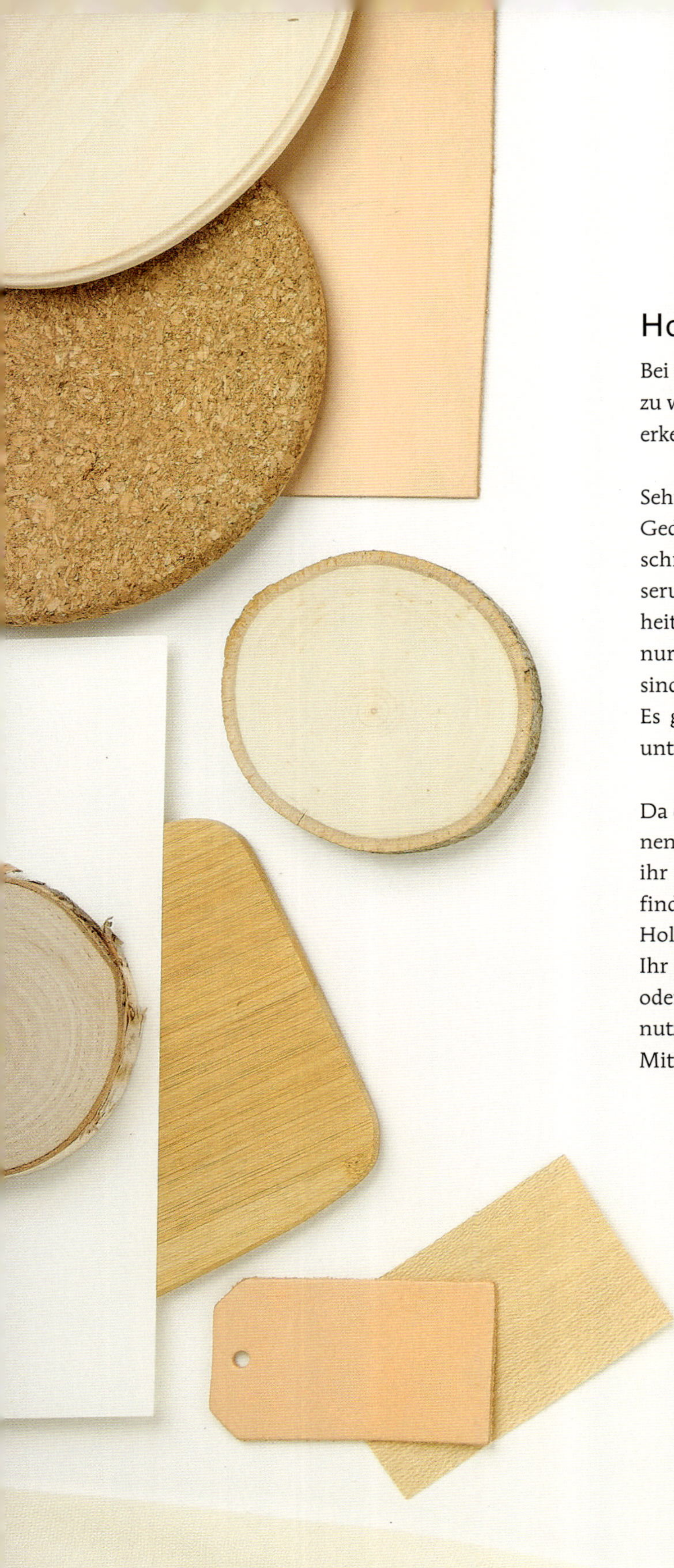

OBERFLÄCHEN

Holz

Bei der Auswahl des passenden Holzes empfehle ich, helles Holz zu wählen. Auf dunklem Holz sind die Brandlinien schwerer zu erkennen. Meine Lieblingshölzer zum Verarbeiten sind alle hell.

Sehr harte Holzarten erfordern höhere Temperaturen und mehr Geduld, während weiche Hölzer beim Brennen wie Butter schmelzen. Manche Holzsorten haben eine ausgeprägte Maserung, die das Brennen erschwert, während andere eine einheitliche, glatte Oberfläche besitzen, über die der Brandkolben nur so herübergleitet. Es gibt Hölzer, die sofort einsatzbereit sind, teure Hölzer, Live-Edge-Holz oder vorgeschmirgeltes Holz. Es gibt tausende verschiedene Holztypen und Arten aus den unterschiedlichsten Regionen der Welt.

Da einige Hölzer beim Brennen oder Bearbeiten giftig sein können, solltet ihr euch vorher immer genau über den Holztyp, den ihr verwenden wollt, informieren. Auf www.holzvomfach.de findet ihr umfangreiche Informationen zu den verschiedenen Holzarten.
Ihr solltet niemals auf mitteldichten Holzfaserplatten (MDF) oder Paletten brennen. Egal, welches Holz ihr verwendet, benutzt immer eine Schutzausrüstung, um euch selbst und eure Mitmenschen zu schützen.

„Kenne dein Holz! Das ist wichtig!“

@lemncusuflet

Das Holz vorbereiten

Die drei wichtigsten Voraussetzungen für ein gutes Brennergebnis sind: trockenes, glatt geschmirgeltes und unbehandeltes Holz. Je glatter die Oberfläche, desto reibungsloser das Brennen. Das Holz muss unbedingt unbehandelt sein, denn Brandflecken, Chemikalien und Lacke können sehr gesundheitsschädlich sein. Außerdem muss das Holz trocken sein. Falls es das nicht ist, merkt ihr das daran, dass es nur Dampf produziert, zischt und sich ganz schlecht brennen lässt, sobald es mit Hitze in Kontakt kommt. Es gibt Holzunternehmen, die das Holz für euch vorbereiten. Die Holzvorbereitung ist wirklich ein wichtiger Schritt des Arbeitsprozesses und sollte nicht übersprungen werden.

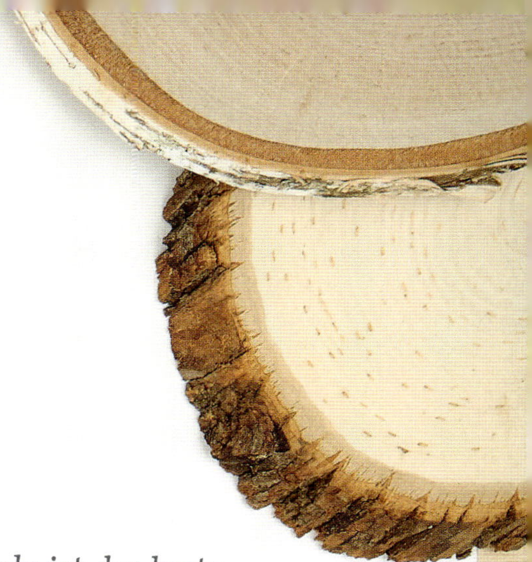

„Lindenholz ist der beste Freund des Brandmalers.“

@walnuthollow

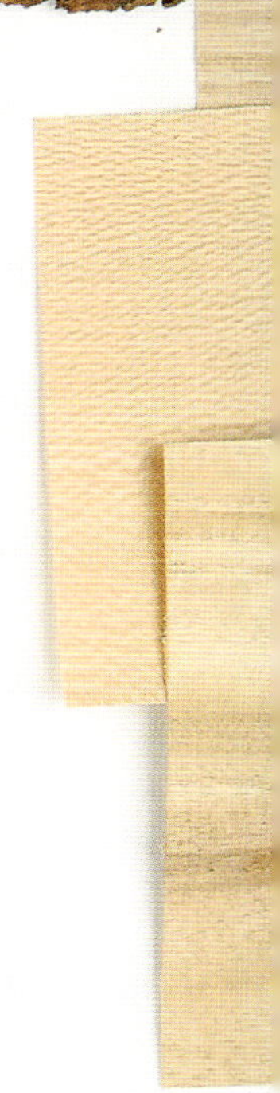

Holzarten

Die Liste der Top 20 Holzarten enthält sowohl meine Lieblingshölzer als auch die von anderen Brandmalkünstlerinnen aus unserer Community.

1. **Amerikanische Linde** *(Tilia Americana)*, Basswood oder Linde: Ist weißlich bis hellbraun mit zarten Jahresringen. Astaugen sind eher ungewöhnlich. Überall erhältlich. Mein persönliches Lieblingsholz zum Brennen.

2. **Birke** *(Betula alleghaniensis)*: Dieses Holz besitzt eine helle, rotbräunliche Farbe. In der Regel erhältlich als Furnierholz und Veneer. Es ist ein bisschen härter als Lindenholz, ähnlich wie Ahornholz und ist meine zweitliebste Holzart.

3. **Ahorn** *(Acer saccharum)*: Ahornholz gibt es in weißer bis cremiger, goldener oder sogar bernsteinfarbener Farbe. Die verschiedenen Ahornarten können eine gerade oder auch wellige Maserung haben. Dieses Holz ist weich und glatt und wäre meine dritte Wahl.

4. **Amerikanische Espe** *(Populus grandidentata)*: Hellweiß bis hellbraun, wunderschöne Maserung, leicht, weich, homogene Struktur, verwandt mit der Pappel.

5. **Kirsche** *(Prunus serotina)*: Dies ist ein dauerhaftes, hell-rotbräunliches Holz mit wunderschöner Maserung und gleichmäßiger Struktur.

6. **Olivenholz** *(Olea europaea)*: Gelb bis hellbraun, mit dunkleren braunen Streifen. Hübsch und teuer, mit einer einzigartigen Maserung.

7. **Walnuss** *(Juglans nigra)*: Mitteldunkle, schokobraune Färbung, dauerhaftes Holz, kann teuer sein.

8. **Tulpenbaum** *(Liriodendron tulipifera)*: Weich, blassgelb bis braun, kann eine grünliche oder gräuliche Färbung aufweisen.

9. **Rio-Palisander** *(Dalbergia nigra)*: Intensive Färbung, rotbraun mit dunkleren Streifen und einem süßlichen Duft.

10. **Nootka-Scheinzypresse** *(Cupressus nootkatensis)* oder **Abendländischer Lebensbaum** *(Thuja occidentalis)*: Leichtes, weiches, hellgelbes oder weißes Holz mit einer leicht rötlich-bräunlichen Färbung, gleichmäßiger Struktur und feiner Maserung.

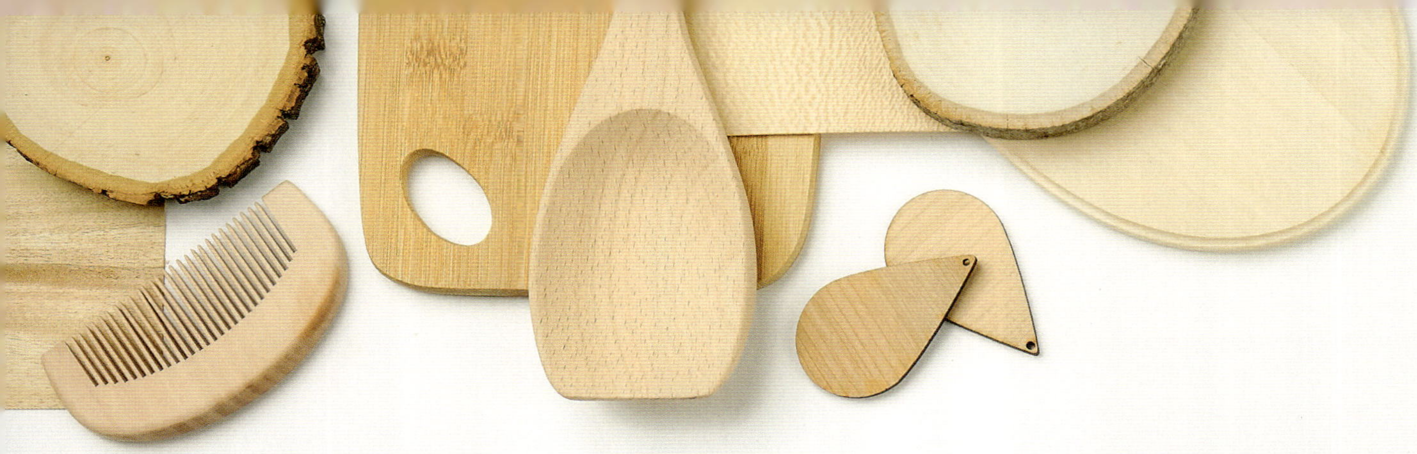

11 **Buche** *(Fagus grandifolia)*: hellgoldene Farbe mit rosafarbener Tönung und wolkigem Muster, feine bis mittlere Maserung, eignet sich gut für Küchenutensilien.

12 **Esche** *(Fraxinus Americana)*: Warmes Beige bis Mittelbraun, grobe Struktur, wunderschöne unterschiedliche Maserungen und Färbungen.

13 **Weymouth-Kiefer** *(Pinus strobus)*: Hellgelb bis hellbraun, kann einen rötlichen Ton haben, ist nicht mein Lieblingsholz zum Arbeiten, aber günstig und überall verfügbar; Maserung und Holzkanäle können das Brennen erschweren.

14 **Erlenholz** *(Alnus rubra)*: Hellrot bis dunkelbraun. Je älter, desto dunkler, gleichmäßige Struktur, ähnlich wie Birke.

15 **Amerikanische Platane** *(Platanus occidentalis)*: Weiße, helle Farbe, geschecktes oder fleckiges Aussehen, ähnlich wie Ahorn.

16 **Pfirsich** *(Prunus persica)*: Süßlicher Duft, wird oft zum Räuchern von Fleisch verwendet. Leicht zu brennen, helle Farbe mit rosafarbenem Ton. Gehört zur Familie der Kirsche, Rose und Aprikose.

17 **Treibholz:** Verschiedene Arten von Holz, Formen und Farben, aus dem Meer angespült. Sollte sauber, desinfiziert und trocken sein. Holzart unbekannt, das heißt, Sicherheit geht vor.

18 **Bambus** *(Bambusa)*: Gelbes, helles, hartes Holz, geradlinig verlaufende Maserung, gleichmäßig und hart, nicht so toll zum Brennen, dafür aber günstig, überall erhältlich, festes Holz, eignet sich gut für Küchenutensilien.

19 **Amerikanischer Erdbeerbaum** *(Arbutus menziesii)*: Rosa-bräunliche Farbe, bekannt für sein wunderschönes Astaugenmuster, ähnlich der Kirsche, sehr feine Maserung und gleichmäßige Struktur.

20 **Sassafras** *(Sassafras albidum)*: Hell bis mittelbraune Farbe mit einem orangefarbenen Ton, grobe Maserung und unebene Struktur, wird auch zur Herstellung von Wurzelbier verwendet, sieht ähnlich wie die Esche aus.

„Achtet darauf, dass die Holzoberfläche trocken und unbehandelt ist."

@walnuthollow

Andere Oberflächenmaterialien

Es macht viel Spaß, auch auf anderen Oberflächen als Holz zu brennen. Ihr könnt zum Beispiel einen Ledergürtel, einen Leinenbeutel, eine Karte, eine getrocknete Schale oder einen Korkuntersetzer mit eurem Brandmalgerät verzieren. So könnt ihr diesen Alltagsgegenständen einen überraschenden Look verpassen.

Aber Sicherheit geht immer vor, egal, für welches Material ihr euch entscheidet. Benutzt eure Sicherheitsausrüstung, arbeitet in einem belüfteten Raum und seid noch vorsichtiger, wenn ihr auf anderen Oberflächen als Holz brennt. Einige können beim Brennen einen starken Geruch entwickeln oder aufgrund ihrer dreidimensionalen Form schwieriger zu handhaben sein. Jede Oberfläche erfordert eine andere Vorbereitung, aber als Daumenregel können wir festhalten, dass sie sauber, trocken und unbehandelt sein sollte. Benutzt beim Brennen immer eure Sicherheitsausrüstung, um euch und andere zu schützen, während ihr Spaß beim Ausprobieren habt.

Dies ist eine Liste mit interessanten Materialien, die gut zu brennen sind, aber es scheint, dass Pyrografen sehr einfallsreich sind, was die Vielfalt der brennbaren Oberflächen angeht. Ich habe schon Bananen, Blätter, Brot (Toast?), Marshmallows und noch viele andere merkwürdige Gegenstände gesehen, die mit einem Brandmalgerät verziert wurden. Seid bitte beim Experimentieren einfach vorsichtig.

„Probiert verschiedene Oberflächen aus.“

@cgdesigns806

„Unterschiedliche Holzart = anderer Druckaufwand.“

@cgdesigns806

Dies sind meine Lieblingsholzalternativen zum Brennen in willkürlicher Reihenfolge:

1. Leder
2. Kork
3. Papier
4. Schale
5. Leinen
6. Knochen
7. Geweih
8. Baumwolle
9. Horn
10. Baumrinde

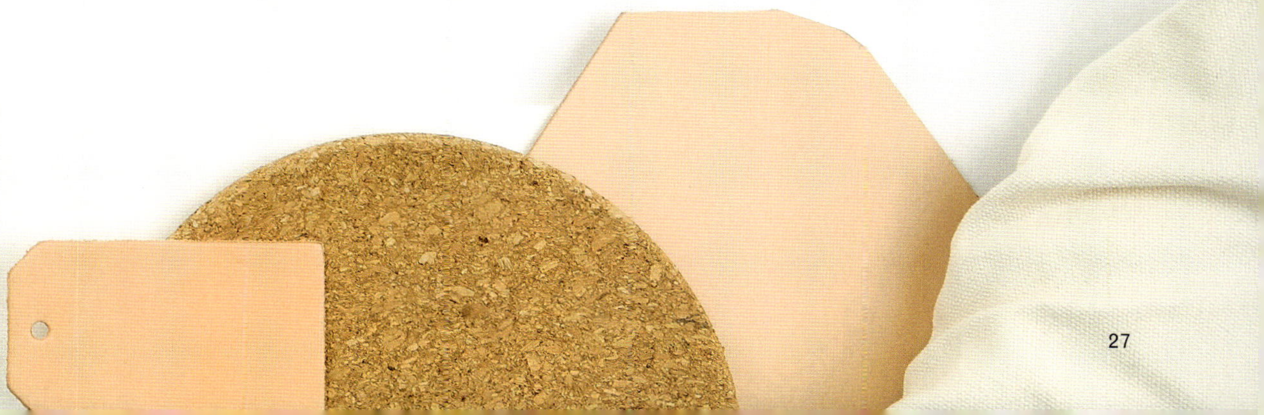

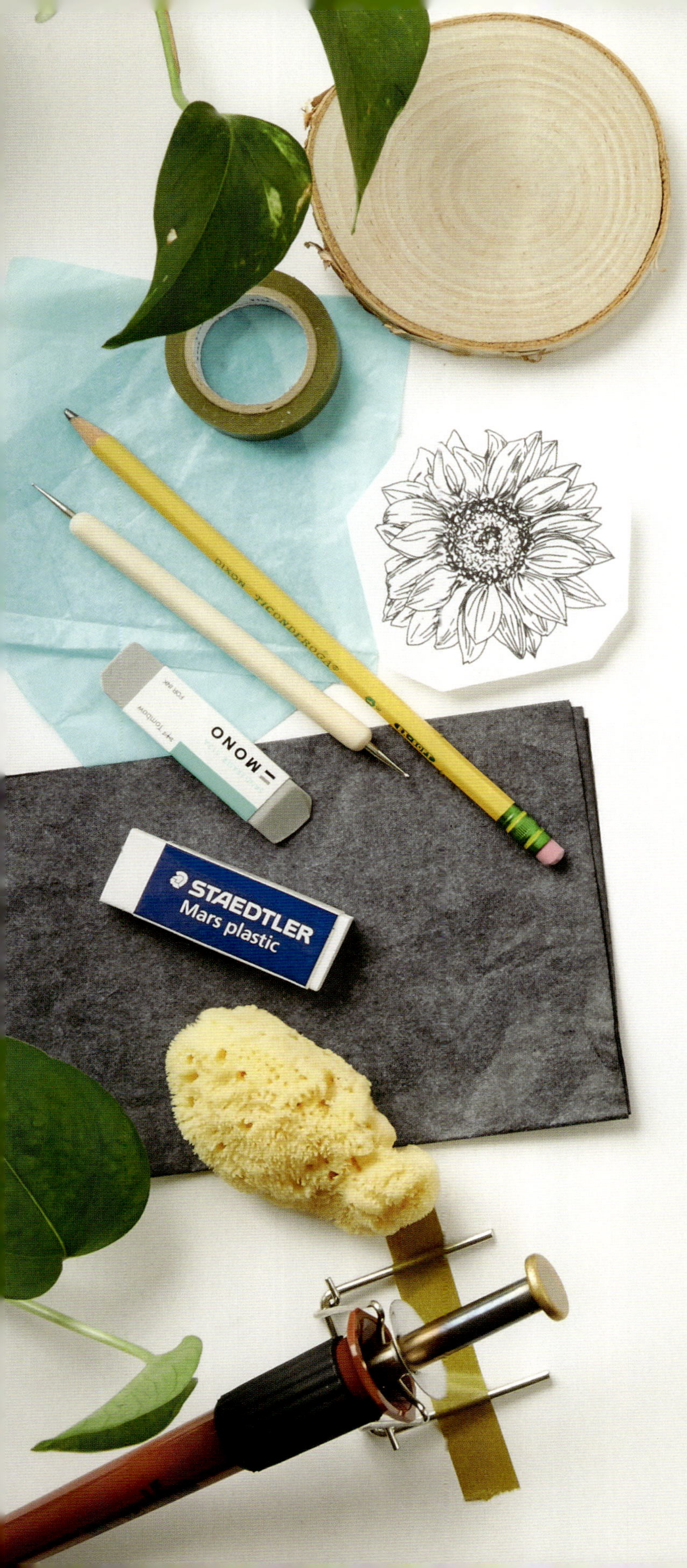

TRANSFER-TECHNIKEN

Es gibt verschiedene Techniken, um ein Motiv auf das Holz zu übertragen. Vor dem Übertragen sollet ihr sicherstellen, dass ihr die Erlaubnis habt, das Design zu verwenden. Die Vorlagen aus diesem Buch findet ihr auf quartoknows.com/page/WoodBurnBook. Bevor ihr das Motiv übertragt, bereitet das ausgewählte Holzstück zum Brennen vor. Es sollte trocken, unbehandelt, frei von Flecken, Staub und Dreck sowie glatt geschmirgelt sein. Je glatter die Oberfläche, desto leichter das Übertragen und Brennen.

Es ist sinnvoll, das Motiv erst sorgfältig auf das Holz zu übertragen, bevor ihr es einbrennt. Bei vielen Transfertechniken bleibt eure Vorlage erhalten, sodass ihr sie wieder verwenden könnt, und die meisten Techniken könnt ihr auch für andere kreative Projekte benutzen. Egal für welche Methode ihr euch entscheidet, arbeitet langsam und mit Bedacht. Übertragt keine unnötigen Linien, sondern nur so viele wie nötig, damit das Motiv vollständig ist. Je sauberer der Transfer, desto sauberer der Brand.

Ich werde euch die Transfertechniken mit Grafitpapier, Blauem Transferpapier, Hitze und Bleistiftschraffieren vorstellen.

Für jedes Projekt in diesem Buch verwende ich eine bestimmte Transfertechnik, aber natürlich könnt ihr auch eine andere Methode zum Übertragen eures Motivs wählen. Falls sich eine Technik besonders eignet, werde ich sie auf jeden Fall erwähnen. Eine gute Übertragung der Vorlage führt zu einem guten Brennergebnis, deswegen ist es gut zu wissen, wie man am besten transferiert und worauf man achten sollte.

„Legt euch eine Kiste mit Vorlagen zum Wiederverwenden an."

@burning_heart_handcrafts

Grafitpapier

Ein beliebtes Transferpapier, das auf einer Seite aus Grafit besteht und häufig verwendet wird.

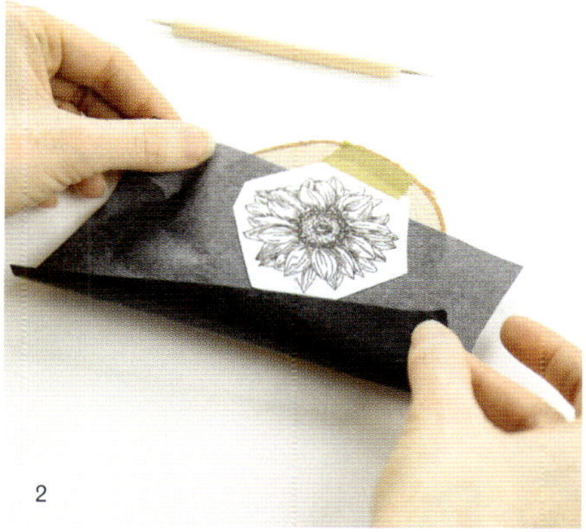

2

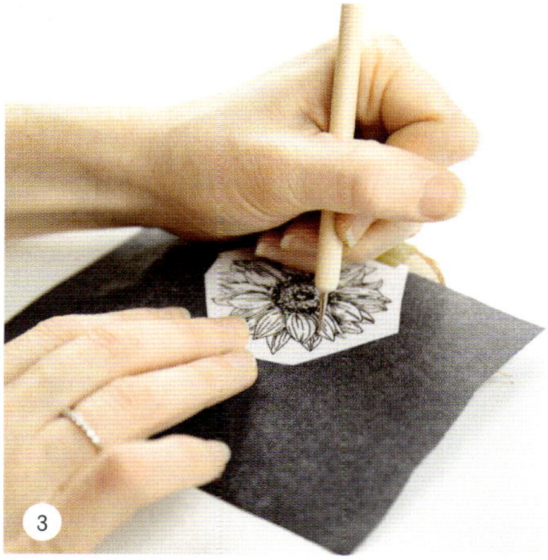

3

MATERIALIEN

- Grafitpapier
- Vorlage
- Embossingstift/Bleistift/Kugelschreiber
- Klebeband
- Radierer

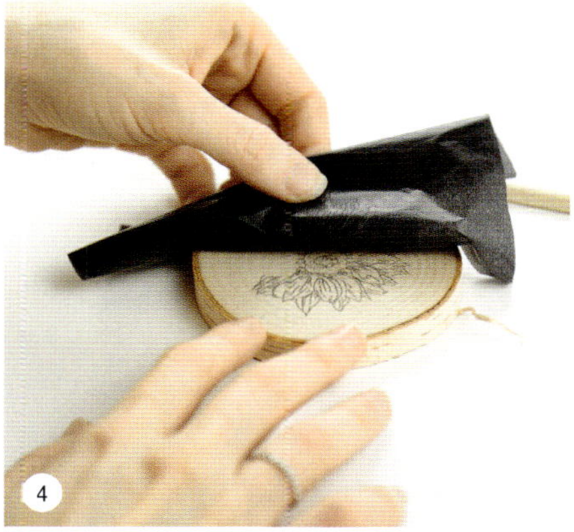

4

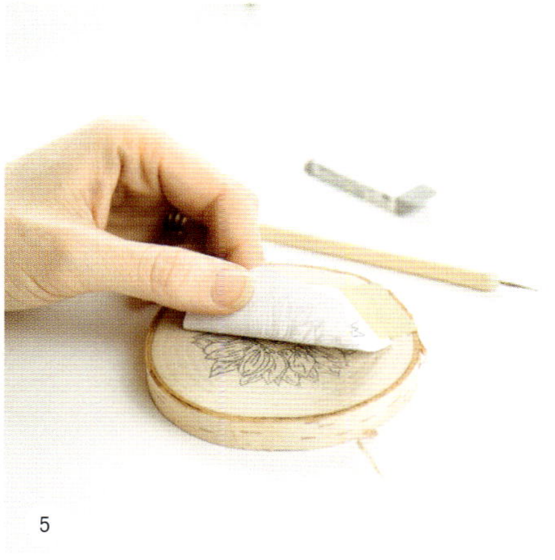

5

1. Druckt und schneidet die Vorlage aus und befestigt sie mit Klebeband auf das vorbereitete Stück Holz.
2. Schiebt das Grafitpapier mit der dunklen Seite nach unten unter die Vorlage.
3. Zeichnet die Linien der Vorlage mit dem Embossingstift/Bleistift/Kugelschreiber nach, indem ihr leichten Druck ausübt. Zeichnet die Linien so akkurat wie möglich nach, damit ihr ein sauberes Motiv und Endergebnis erhaltet.
4. Überprüft während des Übertragens ein paar Mal, wie euer Motiv auf dem Holz aussieht, indem ihr eine Ecke des Papiers anhebt, aber entfernt die Vorlage erst, wenn ihr sie komplett auf die Holzoberfläche übertragen habt.
5. Nachdem ihr die Vorlage übertragen habt, entfernt ihr unerwünschte Übertragungslinien mit einem Radierer.

PRO	CONTRA
Man benötigt nur Grafitpapier, die Vorlage, Klebeband und einen Bleistift. Günstig, einfach umzusetzen, selbst detaillierte Motive werden akkurat übertragen. Das Grafitpapier und die Vorlage können mehrmals verwendet werden.	Grafit lässt sich etwas schwer von Holz entfernen, weswegen beim Übertragen Vorsicht geboten ist. Die Linien können leicht verschmieren. Lagert das Grafitpapier niemals zusammen mit dem Holzstück, um Flecken auf dem Holz zu vermeiden.

Weißes Grafitpapier für dunkle Oberflächen

Weißes Grafitpapier besteht auf einer Seite aus weißem Grafit. Ihr benutzt es genau wie das dunkle Grafitpapier, aber für dunkle Oberflächen. Je dunkler der Hintergrund, desto besser funktioniert diese Methode. Sie eignet sich sehr gut für Abflamm-Arbeiten oder zum Hervorheben von Strukturen.

Blaues Transferpapier (Prym)

Dies ist ein besonderes Papier mit einer blauen Kreideschicht, die sich einfach mit Wasser entfern lässt.

MATERIALIEN

- Blaues Transferpapier (Prym)
- Vorlage
- Embossingstift/ Bleistift/Kugelschreiber
- Klebeband
- Feuchter Schwamm

1. Schneidet die Vorlage in der gewünschten Größe aus und befestigt sie mit Klebeband auf dem Holzstück.
2. Schiebt das blaue Transferpapier mit der blauen Seite nach unten unter die Vorlage.
3. Zeichnet die Linien der Vorlage mit dem Embossingstift oder Kugelschreiber nach, indem ihr leichten Druck ausübt.
4. Überprüft während des Übertragens ein paar Mal, wie euer Motiv auf dem Holz aussieht, indem ihr eine Ecke des Papiers anhebt, aber entfernt die Vorlage erst, wenn ihr sie komplett auf die Holzoberfläche übertragen habt.
5. Nachdem ihr die Vorlage übertragen habt, entfernt ihr unerwünschte Übertragungslinien mit einem feuchten Schwamm oder Handtuch.

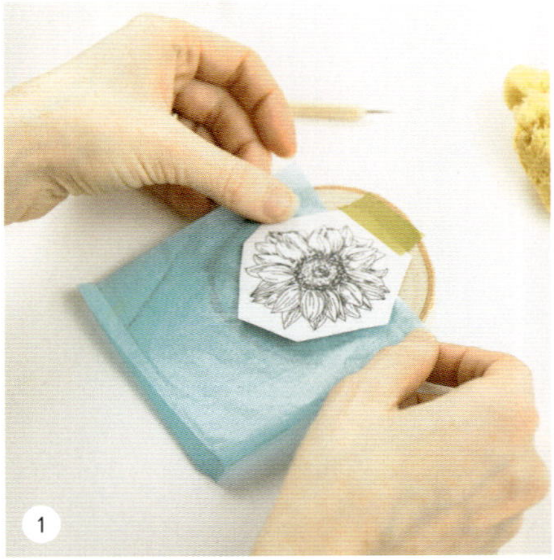

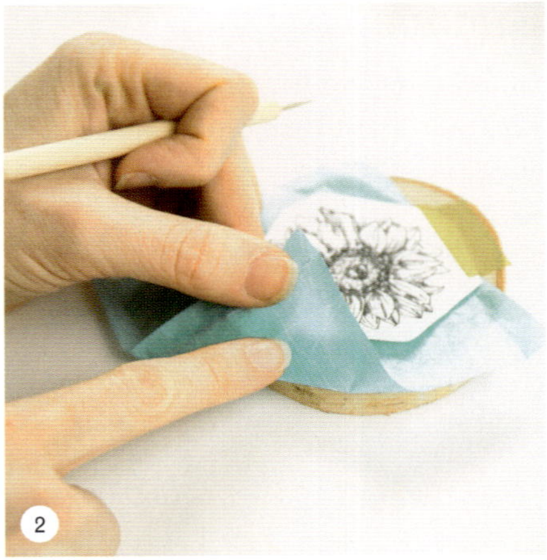

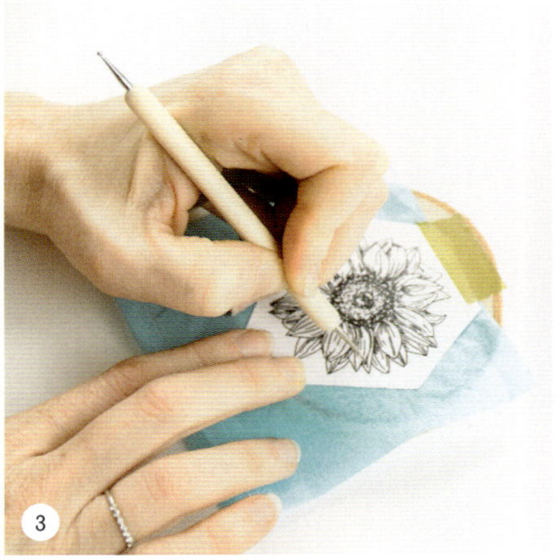

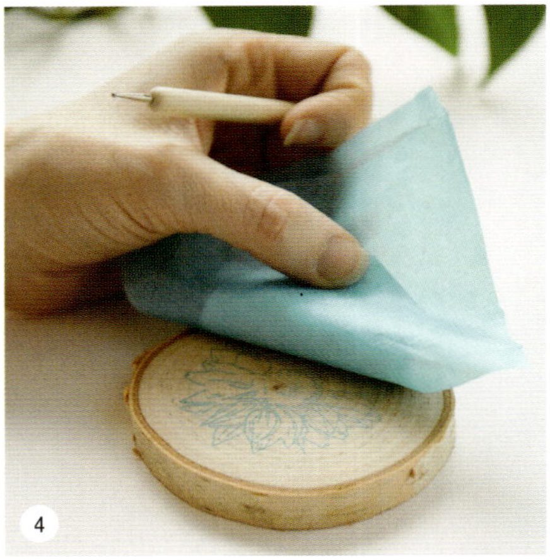

PRO	CONTRA
Überträgt genauso leicht wie Grafitpapier, lässt sich leicht mit einem feuchten Stück Stoff entfernen. Hinterlässt keine Schmierflecken auf dem Holz. Kann vollständig entfernt werden. Kann mehrmals verwendet werden.	Nicht zu viel Wasser beim Entfernen von Kreideresten benutzen. Da die Kreide leicht abzureiben ist, bleibt sie nicht lange auf dem Holz haften. Kann schwerer erkennbar sein als Grafitpapier. Blaues Transferpapier kann ziemlich teuer sein.

Weißes Transferpapier für dunkle Oberflächen

Dieses Transferpapier ist weiß anstatt blau. Ihr benutzt es genau wie das blaue Transferpapier, aber für dunkle Oberflächen. Je dunkler der Hintergrund, desto besser funktioniert diese Methode. Wie das blaue Transferpapier lässt es sich leicht mit einem feuchten Lappen entfernen. Eignet sich besonders für große Brennflächen.

Transferieren mit Hitze

Bei dieser Methode wird erst eine Vorlage mit Laser- oder Tintenstrahldrucker ausgedruckt und dann durch die Zufuhr von Hitze auf das Holz übertragen.

MATERIALIEN

- Vorlage, auf Laser- oder Tintenstrahldrucker ausgedruckt
- Brennmalkolben und Transferspitze
- Schutzausrüstung
- Klebeband
- Radierer

1. Spiegelt oder dreht das Motiv horizontal auf eurem Computerbildschirm. Druckt es auf einem Laser- oder Tintenstrahldrucker aus oder kopiert es auf einem Drucker, der mit Tinte arbeitet.

2. Schaltet den Brennmalkolben mit der Transferspitze ein und erhitzt sie auf eine mittlere Temperatur.

3. Legt die Vorlage auf ein trockenes, unbehandeltes und glatt geschmirgeltes Stück Holz mit der rechten Seite nach unten und befestigt sie mit Klebeband. Der Klebestreifen sollte sich nicht zu nah an der Vorlage befinden.

4. Haltet euch an die Sicherheitsregeln. Testet die Temperatur. Fahrt in kreisenden Bewegungen und mit festem, gleichmäßigem Druck mit dem Brandmalkolben über die Rückseite der Vorlage.

5. Hebt vorsichtig eine Ecke der Vorlage an, um zu sehen, ob das Motiv vollständig übertragen wurde, bevor ihr sie ganz entfernt.

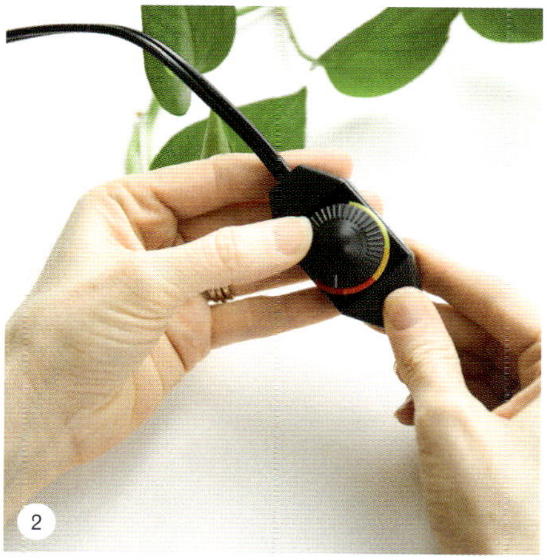

2

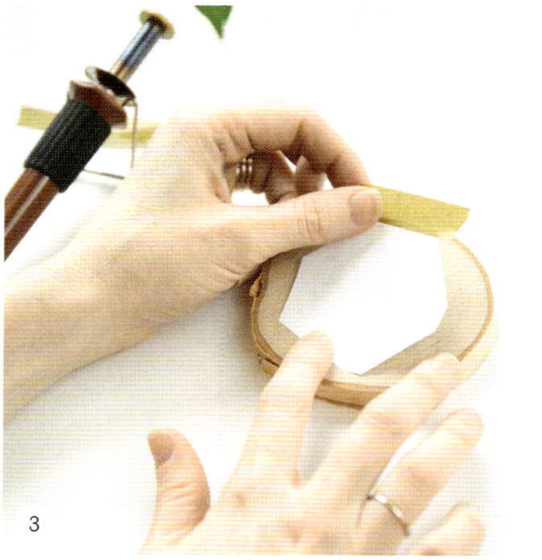

3

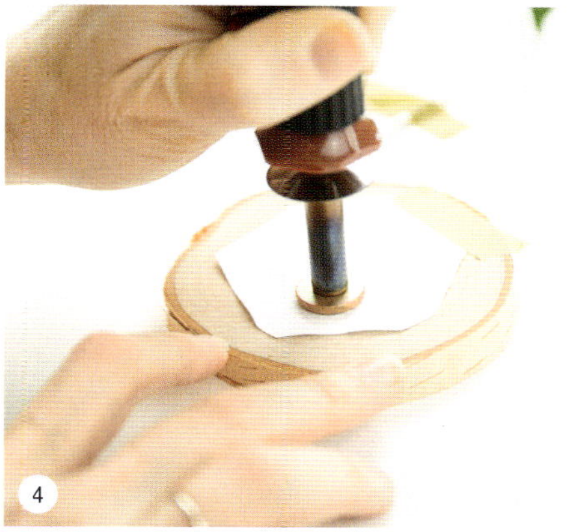

4

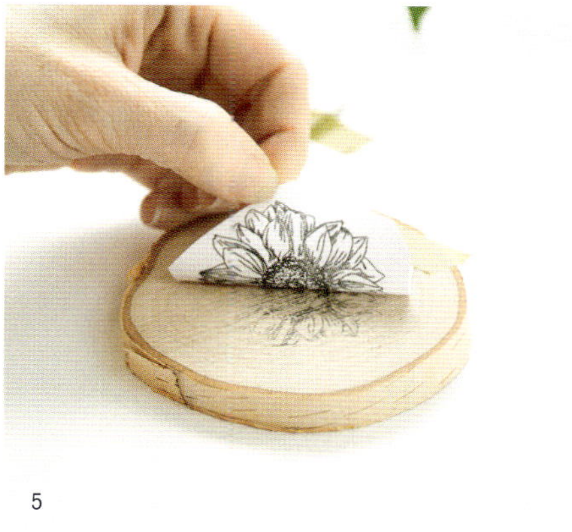

5

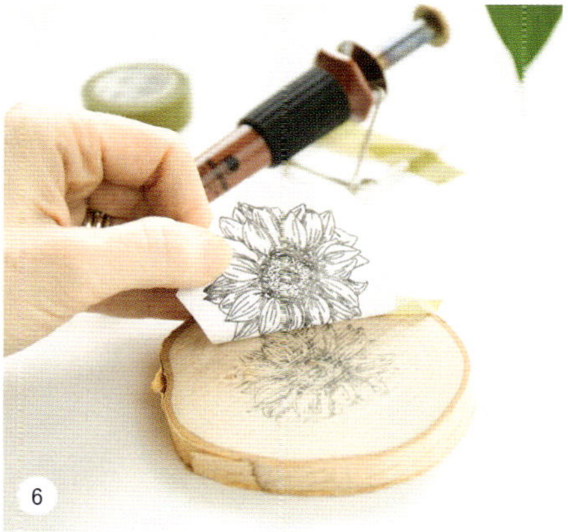

6

6. Bei dieser Übertragungsmethode solltet ihr eigentlich keine überflüssigen Übertragungslinien auf dem Holz erkennen. Ansonsten könnt ihr sie mit einem Radierer oder Schmirgelpapier entfernen.

PRO	CONTRA
Schnell, einfach und sauber. Überträgt die Linien akkurat. Eignet sich besonders für detailreiche Motive und Schriftzüge.	Man benötigt einen Laserdrucker und eine heiße Spitze. Man muss darauf achten, dass man das Motiv am Computer spiegelverkehrt aufruft, bevor man es ausdruckt. Wenn man nicht vorsichtig ist, kann man leicht ins Holz brennen. Die Holzmaserung kann die Übertragung ungleichmäßig aussehen lassen. Die Holzoberfläche sollte sehr glatt sein.

Mit Bleistift Schraffieren

Für diese Methode benötigt ihr nur die Vorlage, einen Bleistift und Klebeband.

MATERIALIEN

- Vorlage
- Weicher Bleistift
- Klebeband
- Polymer-Radierer oder Sand-Radierer

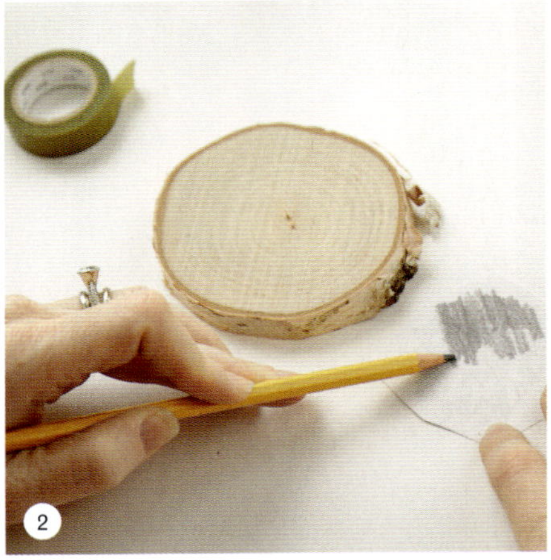

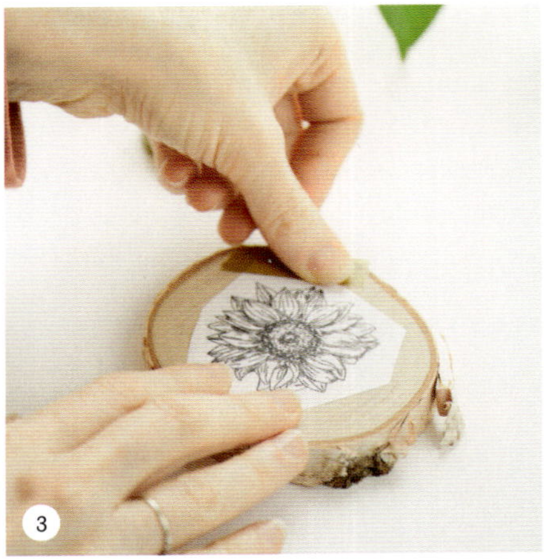

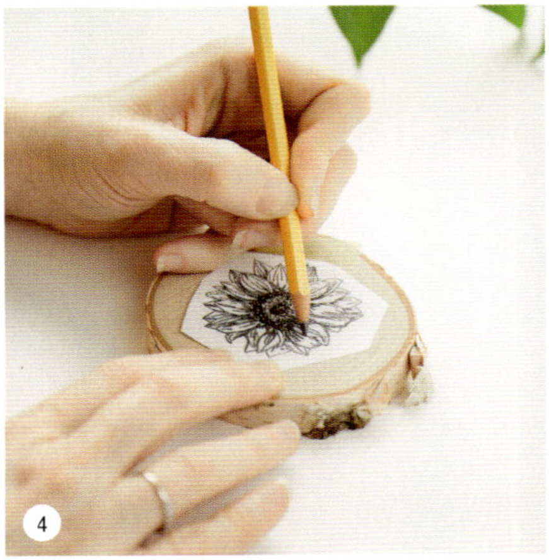

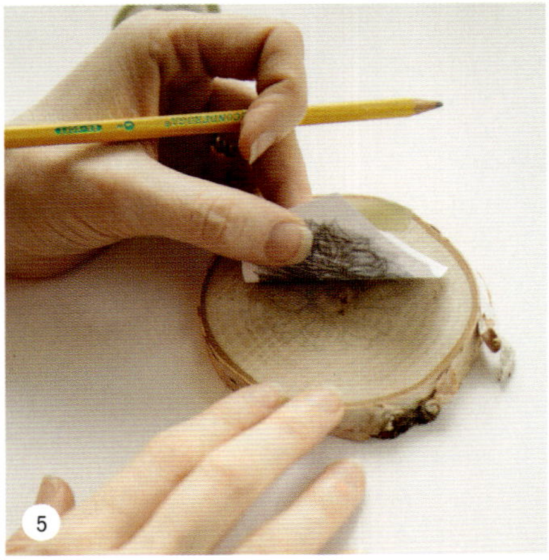

1. Nehmt die ausgedruckte Vorlage und dreht sie um, sodass die Rückseite nach oben zeigt.

2. Schummert mit dem weichen Bleistift über die ganze Rückseite der Vorlage. Achtet darauf, dass ihr über alle Linien schummert, die ihr übertragen wollt. Schummert an den Rändern ruhig etwas über die Linien hinaus, damit ihr nachher beim Übertragen einen Puffer habt.

3. Jetzt dreht ihr die Vorlage wieder um, sodass die dunkle Seite nach unten zeigt, und legt sie auf das Holzstück. Befestigt sie mit einem Klebestreifen. Achtet darauf, dass ihr die Vorlage dabei nicht zu stark hin- und herschiebt oder darauf herumreibt, weil der Bleistift sonst auf das Holz abfärbt.

4. Zeichnet das Motiv vorsichtig nach, indem ihr mittleren bis starken Druck ausübt. Zeichnet die Linien so akkurat wie möglich nach. Je genauer ihr nachzeichnet, desto sauberer wird euer Motiv aussehen.

5. Nachdem ihr nachgesehen habt, ob auch wirkliche alle Linien auf das Holz übertragen wurden, könnt ihr die Vorlage wieder entfernen.

6. Wenn das Motiv vollständig übertragen ist, könnt ihr überflüssige Bleistiftlinien mit einem Polymer-Radierer oder dem Sand-Radierer entfernen.

PRO	CONTRA
Ihr benötigt keine außergewöhnlichen Utensilien. Funktioniert gut und das übertragene Motiv sieht sauber aus. Eignet sich für Schriften und die meisten Muster.	Dauert etwas länger und es kann passieren, dass man leicht eine Stelle übersieht. Eignet sich nicht besonders für sehr detailreiche Feinarbeiten.

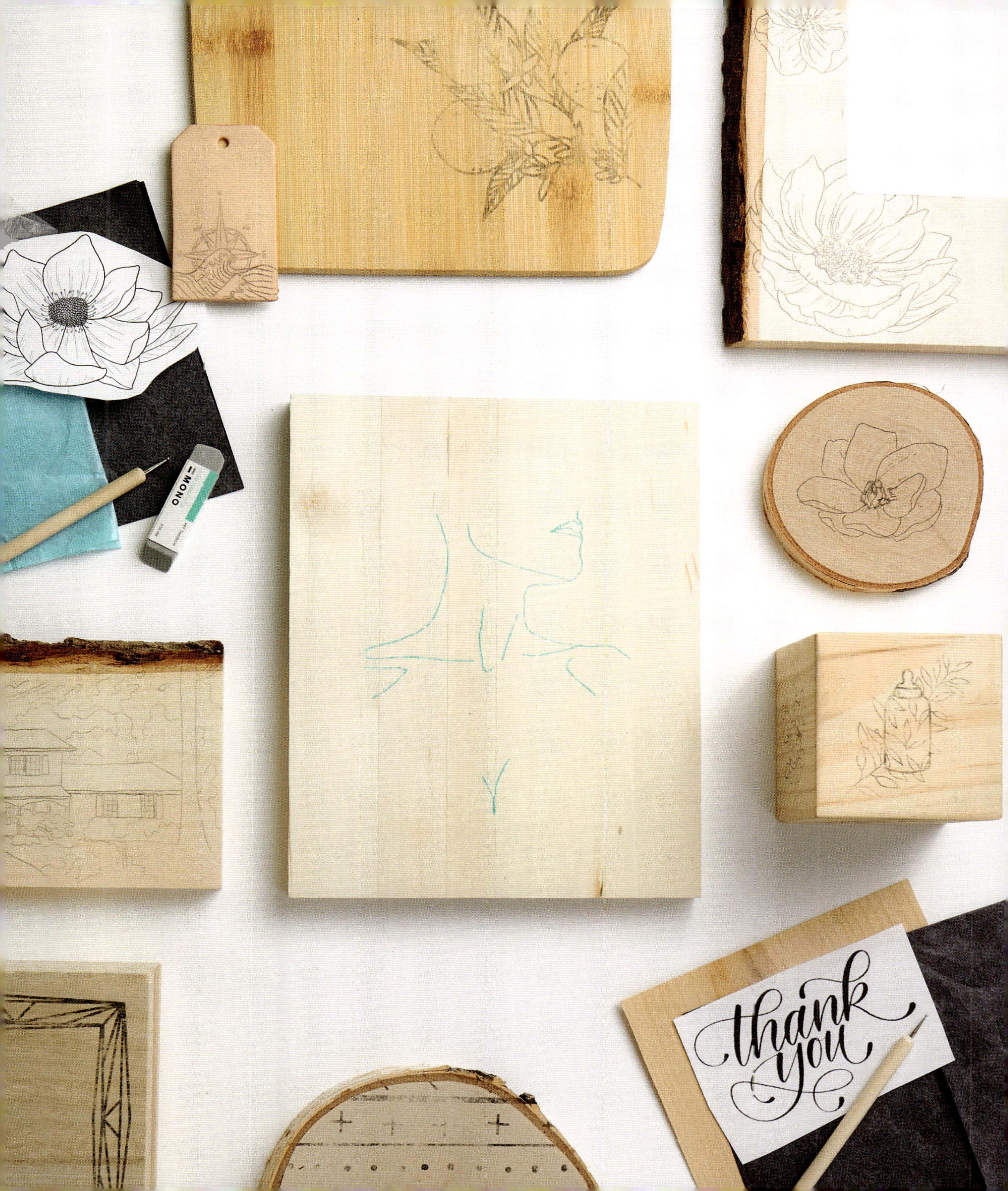
MONO
thank you

Künstlerprofil

SHELLY KIM

Von @lettersbyshells

Künstlerin, Pädagogin, Autorin

Los Angeles, CA

Shelly Kim ist die Gründerin von Letters By Shells. 2015 suchte sie sich zum Ausgleich ihres stressigen Vollzeitjobs als Versicherungsverkäuferin ein kreatives Hobby. Sie hat es sich zur Aufgabe gemacht, mit ihrer Kunst Liebe und Positivität zu verbreiten, und andere Menschen in ihrem Glauben zu bestätigen, dass alles im Leben möglich ist. Shelly ist fest davon überzeugt, dass wir alle gewinnen, wenn wir uns gegenseitig helfen, Dinge miteinander teilen und Mitgefühl zeigen. Zusammen können wir alles schaffen!

Außerdem hat sie bereits mehrere Hand-Lettering-Workshops weltweit gegeben, und sie ist Autorin von zwei Geschenkkartensets mit Lettering-Techniken – *Learn to Create Modern Calligraphy Lettering* und *Learn to Create Art Deco Lettering* (Rock Point, 2017). Im August 2019 wurde Shellys Buch *Digital Hand Lettering and Modern Calligraphy* (Quarry Books) veröffentlicht.

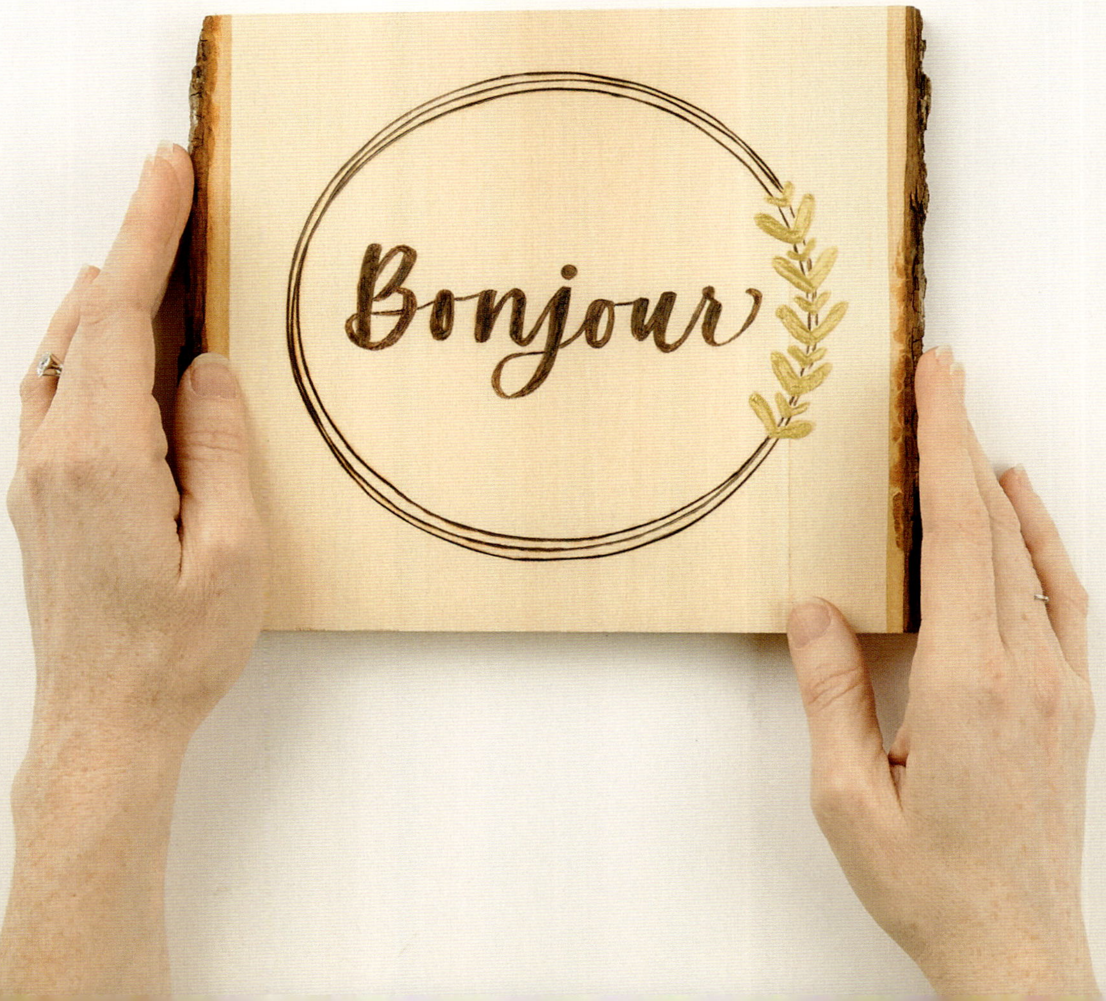

DAS BRENNEN – VON ANFANG BIS ENDE

In diesem Abschnitt nehme ich euch an die Hand und leite euch Schritt für Schritt durch den Brandmalprozess. Habt ihr die Grundlagen einmal drauf – von der Auswahl des Holzes bis zum Finish –, seid ihr bestens gerüstet, es selbst zu probieren. Ihr werdet die Holzgegenstände mit ganz anderen Augen sehen!

Natürlich ist jedes Projekt anders und erfordert eine bestimmte Methode, aber mit dieser Anleitung bekommt ihr eine gute Grundtechnik an die Hand. Ich hätte mir diese Schritt-für-Schritt-Anweisungen gewünscht, als ich damals selbst mit der Brandmalerei begonnen habe.

Da es sich bei den Vorlagen in diesem Buch ausschließlich um Line-Art-Zeichnungen handelt, kommen sie ohne Schattierungen aus. Schattieren gehört zu den Techniken für Fortgeschrittene, die ich in meinen Motiven nicht benutze, aber natürlich könnt ihr gerne Schattierungen zu den Projekten hinzufügen und sehen, ob euch diese Technik gefällt!

Allgemeine Schritt-für-Schritt-Anweisungen fürs Brandmalen

1. Wählt einen Arbeitsplatz, der sauber, gut ausgeleuchtet, leer, hart, flach und gut belüftet ist.
2. Wählt eine Vorlage und ein Holzstück aus (siehe Seite 24 Hölzer). Ich benutze Lindenholz und dieses wunderschöne Handlettering-Motiv von @lettersbyshells denn diese beiden Utensilien werden in der Welt der Brandmalerei am häufigsten verwendet.
3. Schmirgelt das Holzstück mit einem 120er bis 220er Schmirgelpapier, bis es glatt ist. Je glatter die Oberfläche, desto leichter das Brennen.
4. Passt die Größe der Vorlage an die Größe des gewählten Werkstücks an.

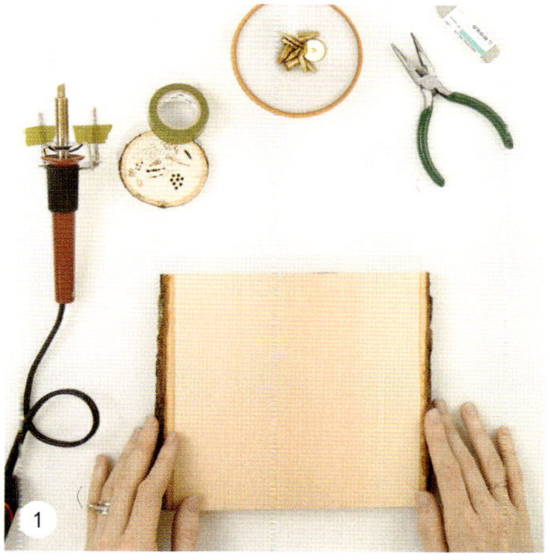

„Habt immer ein Testholz griffbereit, um die Temperatur des Brandmalgeräts oder der Spitze zu testen.“

@snoozebun

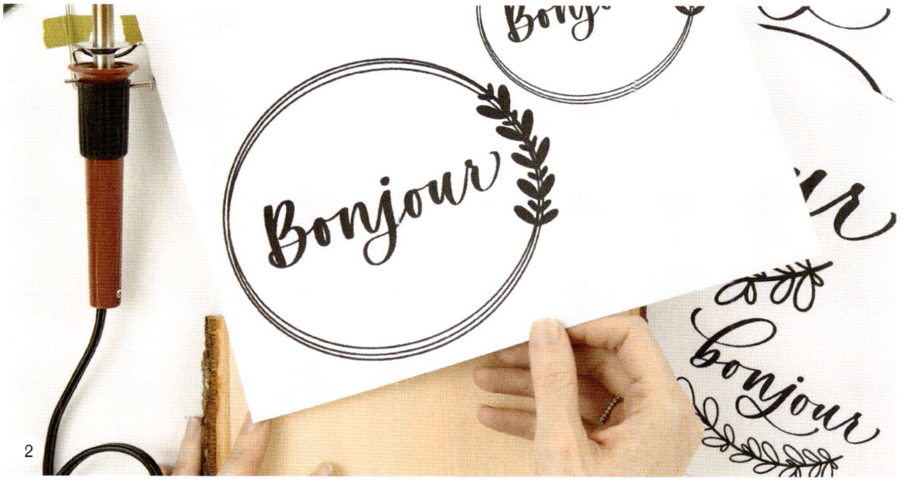

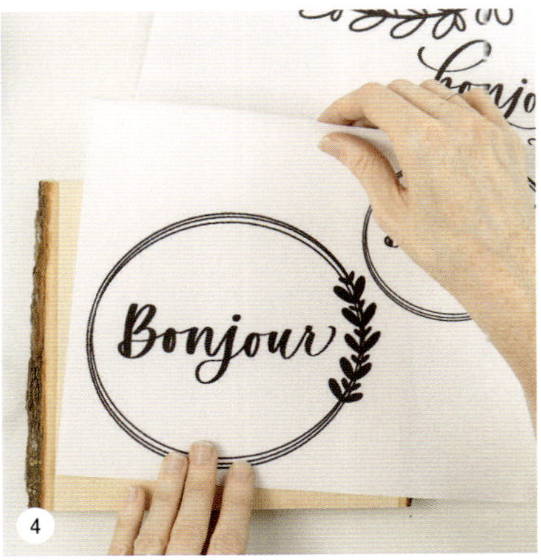

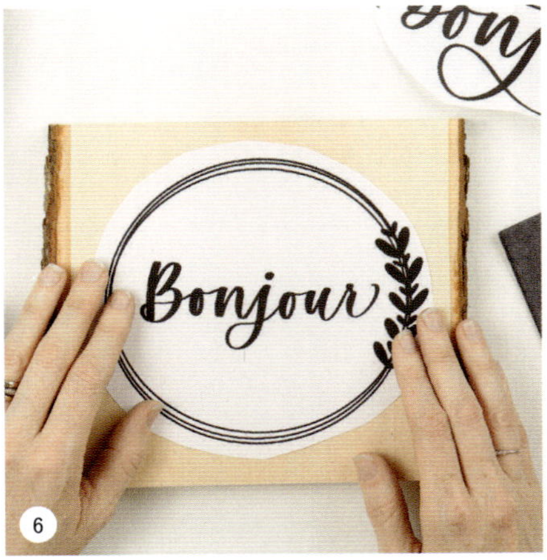

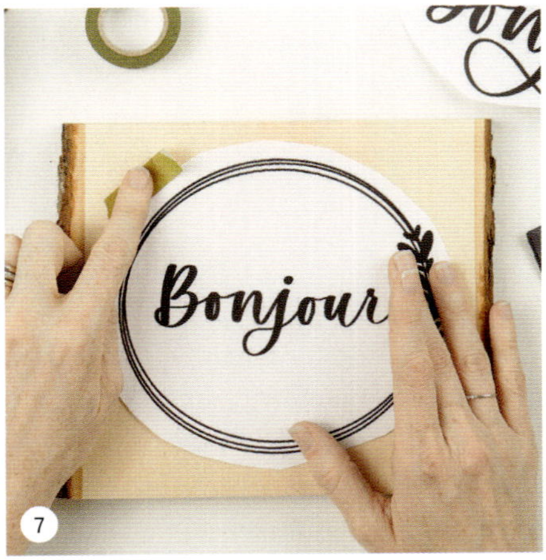

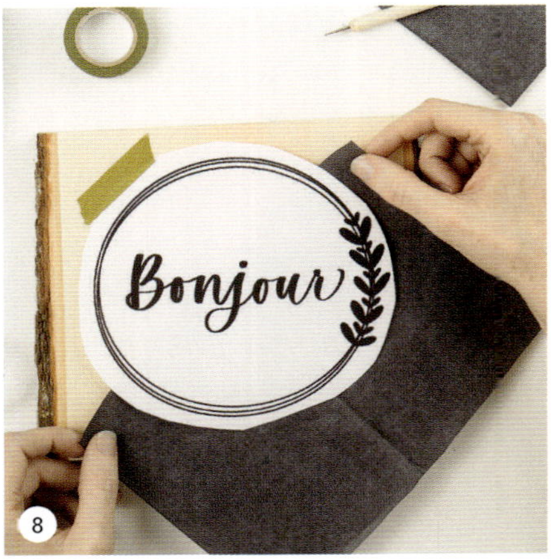

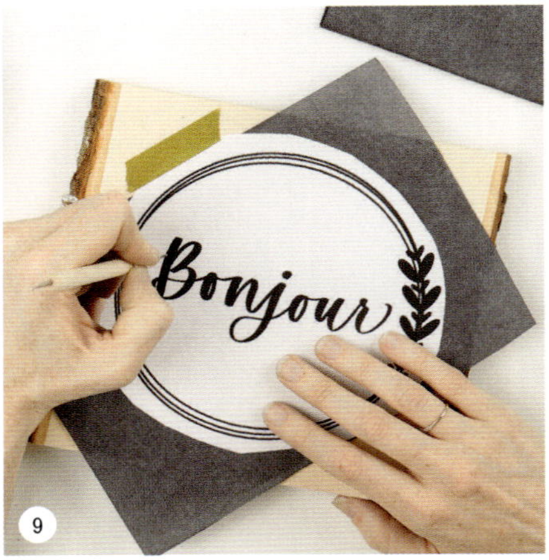

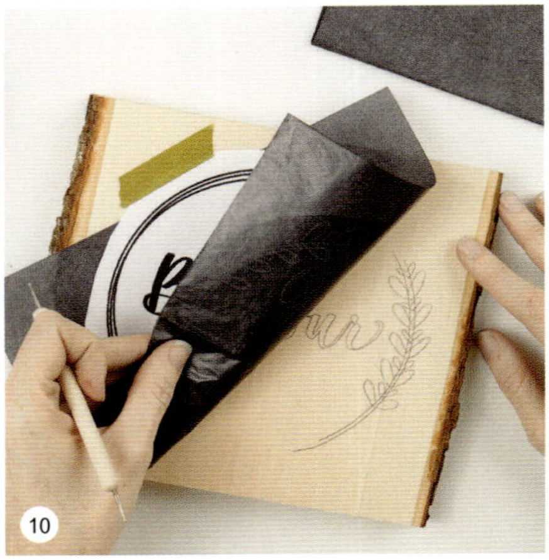

5 Schneidet die Vorlage aus. Achtet darauf, dass ihr sie an den Kanten gleichmäßig ausschneidet. Damit erleichtert ihr euch das Platzieren auf dem Holzstück. Sie muss nicht perfekt ausgeschnitten sein.

6 Entscheidet euch, wo genau das Motiv auf das Holz gebrannt werden soll, und richtet die Vorlage entsprechend auf dem Werkstück aus. Achtet darauf, dass sie gerade liegt. Nehmt euch Zeit für diesen Schritt, damit das Motiv hinterher nicht krumm und schief auf das Holz gebrannt wird. Manchmal hilft es, ein Foto zu machen, um zu sehen, ob die Vorlage gerade liegt.

7 Befestigt die Vorlage mit Klebeband auf einer Seite, sodass sich das Grafitpapier leicht unterschieben lässt. Eine größere Vorlage solltet ihr an mehreren Stellen festkleben.

8 Schiebt das Grafitpapier mit der dunklen Seite nach unten unter die Vorlage. Geht vorsichtig vor, denn wo immer ihr das Papier aufdrückt, überträgt es das Grafit auf das Holz.

9 Fahrt die Linien der Vorlage mit einem Embossingstift, Bleistift oder Kugelschreiber vorsichtig und mit leichtem bis mittlerem Druck nach (siehe Seite 28 Transfertechniken). Wo immer ihr Druck aufwendet, überträgt sich das Grafit auf das Holz, also geht langsam und sorgfältig vor. Grafit lässt sich nur schwer entfernen, deswegen ist hierbei Genauigkeit gefragt! Je sauberer die Übertragung, desto schöner die Brennarbeit. Damit eure Hand nicht zu sehr zittert und ihr eine saubere Übertragung und einen gleichmäßigen Brand erhaltet, könnt ihr sie beim Transferieren auf dem Werkstück ablegen.

10 Bevor ihr die Vorlage und das Grafitpapier vom Holz entfernt, versichert euch, dass das Motiv komplett übertragen wurde.

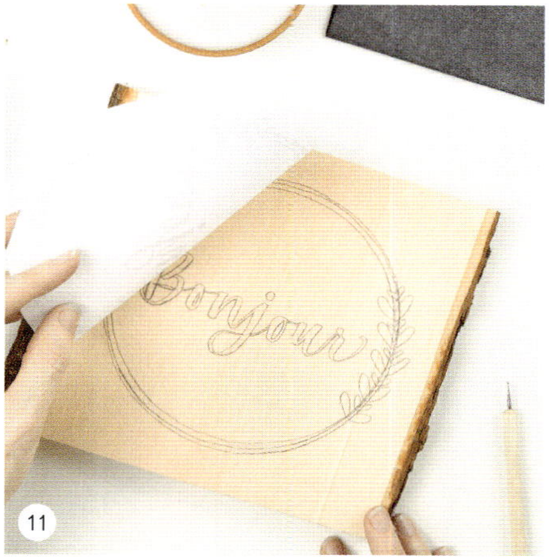

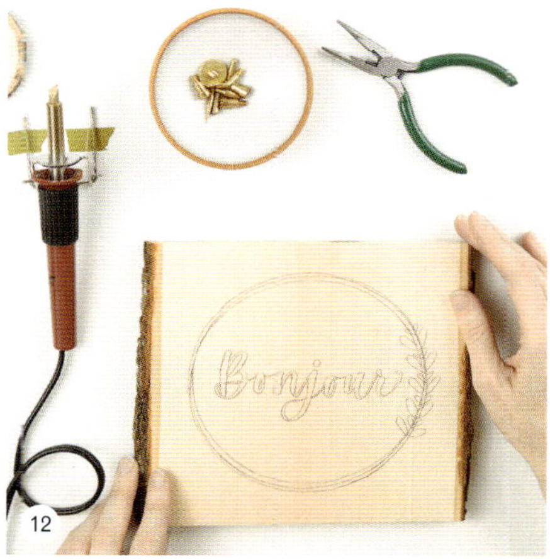

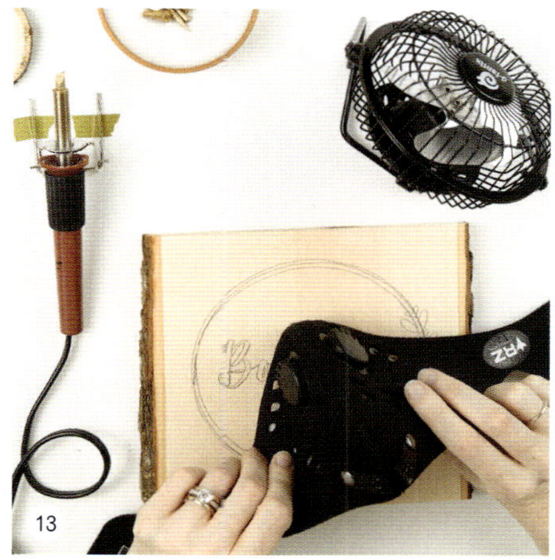

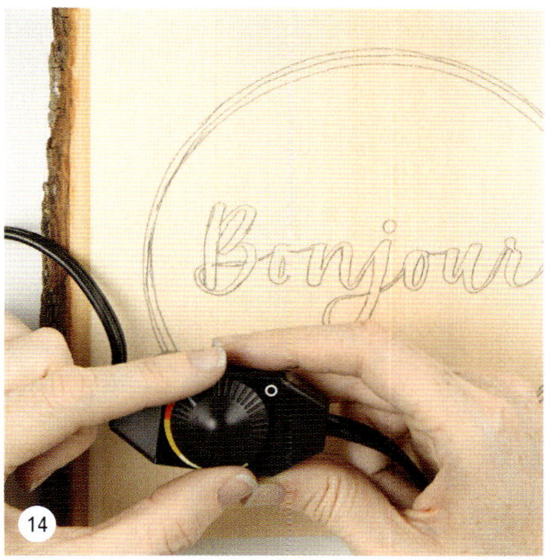

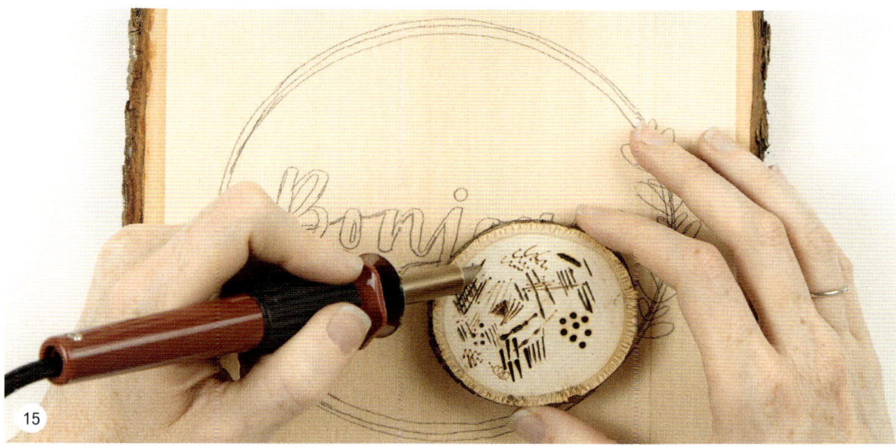

11 Wenn ihr mit dem Übertragen fertig seid, entfernt die Vorlage und das Grafitpapier.

12 Wählt die richtige Spitze für euer Motiv und den gewünschten Brandeffekt (siehe Seite 18 Formspitzen). Die Formspitze sollte sauber und fest in dem Brandkolben befestigt sein (siehe Seite 22 Pflege der Formspitzen). Legt eine Schale und Zange bereit, um die heiße Formspitze auswechseln zu können.

13 Befolgt die Sicherheitsanweisungen und versichert euch, dass die Spitze, alle Stecker und der Kolbenhalter stabil und sicher sind, bevor ihr mit dem Brennen loslegt. Benutzt eine Schutzausrüstung, um euch und andere in eurer Nähe zu schützen (siehe Seite 11 Sicherheit).

14 Schaltet das Brandmalgerät ein, sodass es sich aufheizt (siehe Seite 16 Der richtige Brenner). Brennstationen sind innerhalb von Sekunden heiß, Brandmalkolben brauchen wenige Minuten. Beginnt mit einer mittleren Temperatur.

15 Bevor ihr loslegt, testet die Temperatur auf der Rückseite des Werkstücks oder auf einem Testholz, das aus demselben Holz besteht wie euer Werkstück, um ein Gefühl für die richtige Temperatur und die Formspitze zu bekommen.

16 Beginnt mit dem Brennprozess. Geht langsam vor. Zieht den Brandmalkolben zu euch hin – nicht schieben. Dreht das Werkstück beim Brennen so, dass ihr immer einen guten Blick auf die Formspitze habt. Überlasst dem Brandmalkolben die Arbeit. Lasst ihn über das Holz gleiten, während ihr die Linien nachfahrt. Damit die Formspitze nicht zittert, stabilisiert ihr eure Hand mithilfe des kleinen Fingers oder legt sie auf einem zweiten Holzstück, das ihr direkt neben das Werkstück

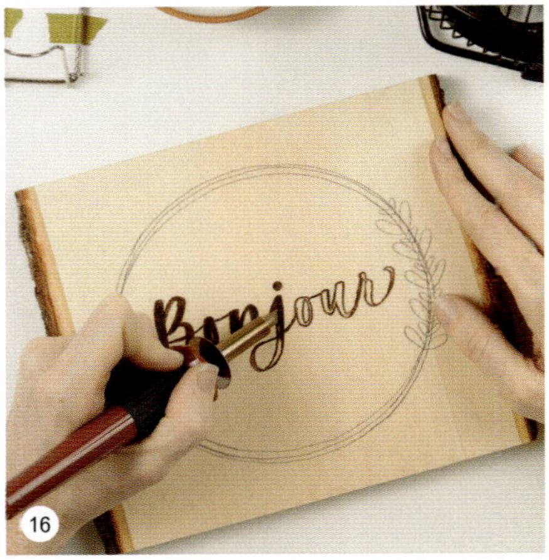

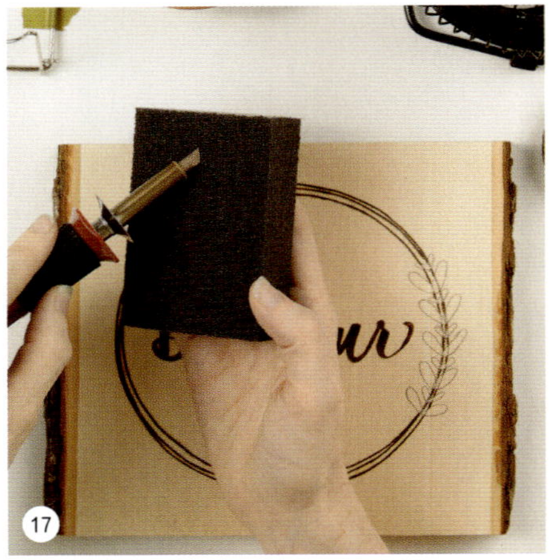

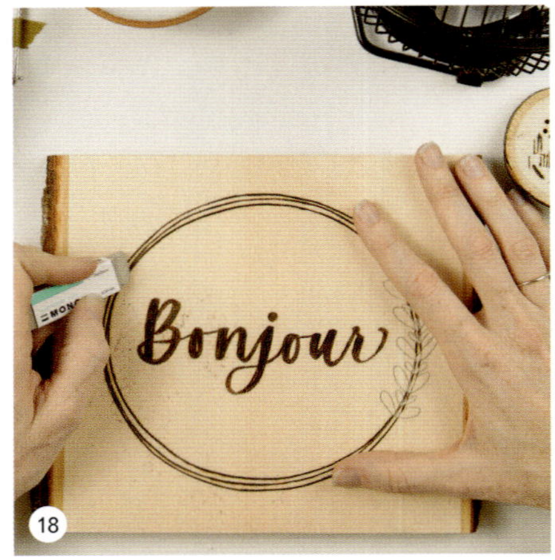

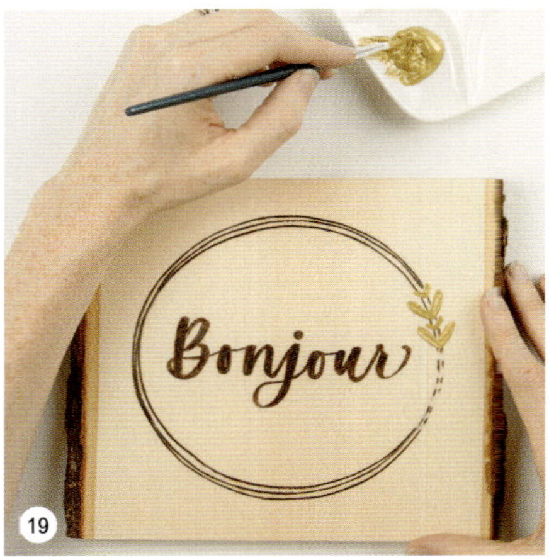

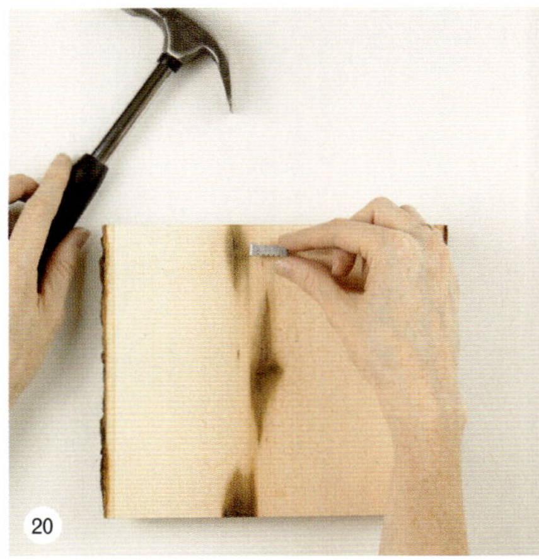

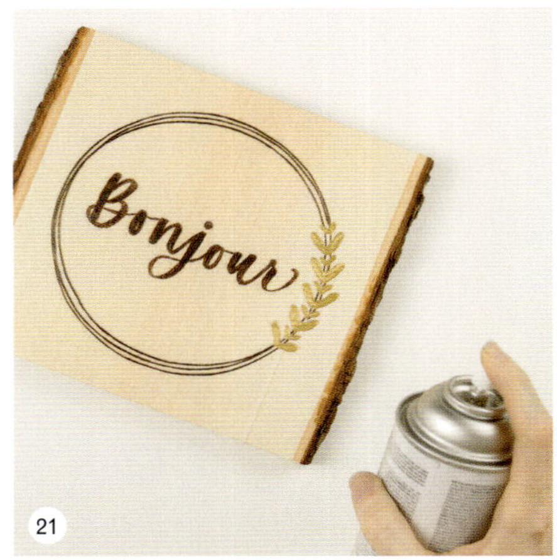

platziert, ab. MACHT LANGSAM. Senkt im Zweifel die Temperatur und arbeitet noch langsamer.

17 Haltet den Brandmalstift sauber. Falls er nicht so sauber brennt, wie er eigentlich sollte oder die Brandlinien „holprig“ aussehen, reinigt ihn kurz mit Schleifpapier oder einer Messingbürste, um die angesammelte Kohle zu entfernen. Hierfür eignen sich ein feuchter Schwamm, feines Schmirgelpapier (als Block), eine Messingbürste oder ein Lederriemen.

18 Wenn der Brand fertig ist, entfernt alle übrig gebliebenen Übertragungslinien, die ihr nicht gebrannt habt. Zum Entfernen von Grafitlinien benutze ich den Sand-Radierer.

19 Jetzt könnt ihr das Werkstück noch mit Farbe verzieren, was manchen Stücken wirklich den letzten Schliff gibt. Achtet darauf, dass ihr vor dem Färben Radiergummireste und Staubpartikel von der Oberfläche entfernt (siehe Seite 42 Farbe verleihen).

20 Tragt zum Abschluss ein geeignetes Finish auf (siehe Seite 48), damit euer Werkstück auch lange hübsch aussieht. Für dieses Projekt benutze ich ein Sprühfinish.

21 Befestigt einen Zacken-Bildaufhänger, damit ihr das Kunstwerk an die Wand hängen könnt. Ihr könnt es auch auf der Rückseite signieren oder eine persönliche Notiz darauf schreiben.

22 Postet das fertige Werkstück auf Instagram und nutzt das Handle @woodburncorner, damit euer Kunstwerk von der Community bewundert werden kann.

STRUKTUR GEBEN

Strukturen auf einem Brandbild können echte Hingucker sein. Die folgenden Techniken sind vielleicht etwas zeitaufwendig, aber dafür kann sich das Endergebnis sehen lassen. Eingebrannte Wirbel, Punkte, Linien, Zick-Zack-Muster und andere Strukturelemente lassen euer Werkstück richtig professionell aussehen.

„Sorgt dafür, dass die Leute euer Brandmalbild anfassen wollen – benutzt eine hohe Temperatur, tiefe Brandlinien und verschiedene Strukturen!“

@burnedessentials

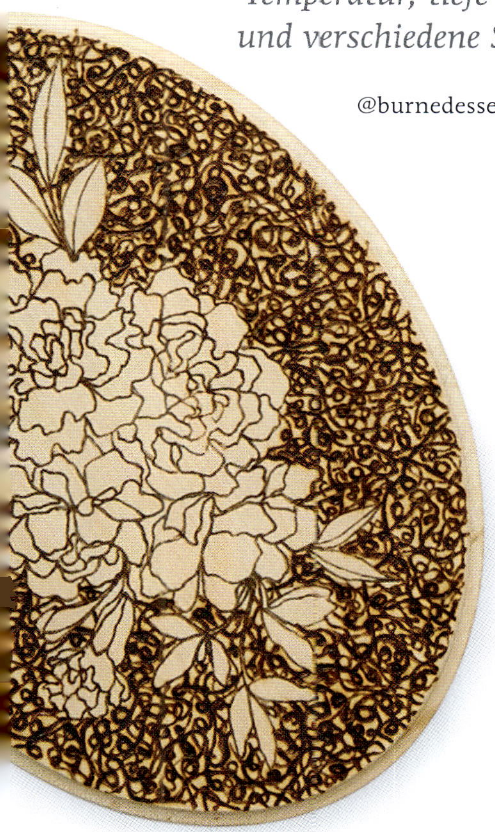

Habt ihr euch einmal mit den verschiedenen Techniken zum Strukturgeben vertraut gemacht, könnt ihr sie für die unterschiedlichsten Brandmalprojekte anwenden. So lassen sich zum Beispiel Schriftzüge, Hintergründe, Gegenstände oder Landschaften mit Strukturen hervorheben. Sie können auch zum Schattieren angewandt werden oder um dem Werkstück Tiefe zu verleihen. Strukturelemente ziehen die Aufmerksamkeit des Betrachters auf sich und fesseln seinen Blick. Am liebsten würden wir mit der Hand darüberfahren.

KÜNSTLERPROFIL

ALLI KOCH

von @allikdesign

Künstlerin, Autorin

Dallas, Texas

Alli K Design wurde 2014 von Alli Koch gegründet. Die in Dallas (Texas) lebende Künstlerin hat ihre Liebe für Kunst und Design zum Beruf gemacht. Als Autorin von drei veröffentlichten Büchern – *How to Draw Modern Florals, Florals by Hand* und *Bloom* – möchte sie auch andere inspirieren, kreativ zu sein. Allis Kunstwerke zieren viele der Mauern in Dallas Fort Worth und überall den gesamten Vereinigten Staaten. Außerdem verkauft sie ihre Werke auch in kleinen Geschäften. Wenn Alli nicht gerade Kunst fertigt, hält sie Vorträge vor anderen Kunstschaffenden zu Themen wie Karriere und Unternehmertum. Sie spricht auf Konferenzen oder in ihrem Podcast, *Breakfast mit Sis*, den sie zusammen mit ihrem Vater samstags morgens aufnimmt. Auch wenn Alli bereits die Chance hatte, mit erfolgreichen Unternehmen zusammen zu arbeiten und ihre Kunst landesweit bekannt ist, zeichnet sie immer noch am liebsten im Bett, angekuschelt an ihre Katzen und mit einer heißen Tasse süßem Tee.

Ihr werdet sehen, wie unterschiedlich ein und dasselbe florale Motiv von Alli aussehen kann, dank verschiedener Strukturtechniken. Dies ist nur eine kleine Auswahl an Strukturelementen, doch hier gibt es kein Richtig und kein Falsch und ich möchte euch ermutigen, ruhig herumzuexperimentieren. Bei diesen Ausfülltechniken ist es hilfreich, eurer Hand und dem Brandmalkolben gelegentlich eine Pause zu gönnen.

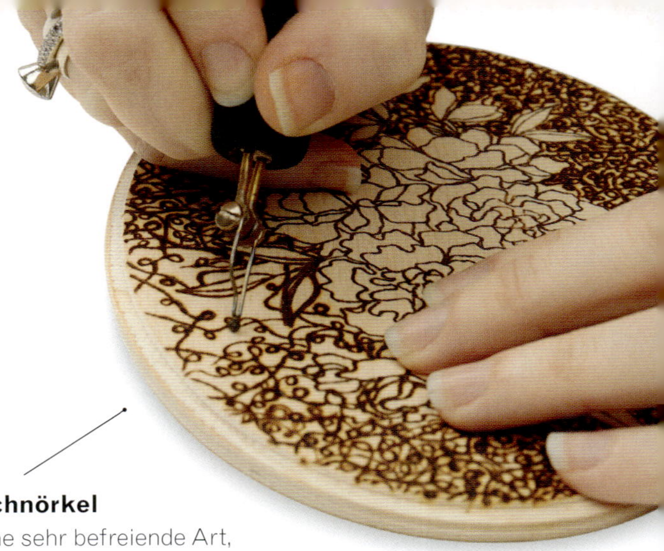

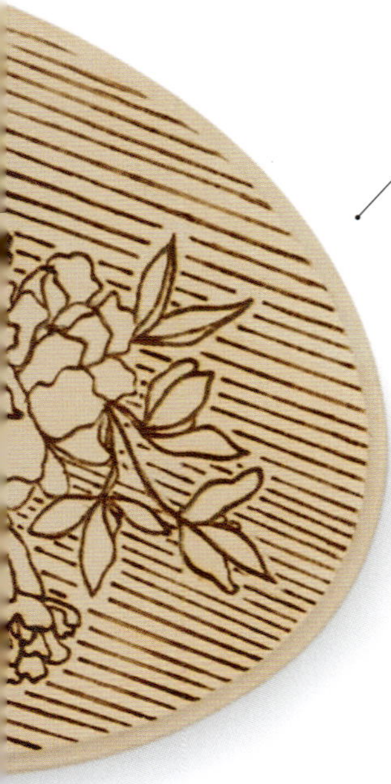

Gerade Linien

Eine visuell ansprechende Art, um einen Hintergrund auszufüllen. Ihr könnt sie entweder freihändig oder mithilfe eines Lineals einbrennen. Beide Varianten sehen wunderschön aus. Sie verwandeln euer Werkstück in einen echten Hingucker, der den Blick fesselt.

Schnörkel

Eine sehr befreiende Art, einen Hintergrund auszufüllen. Entspannt euch und lasst den Brandkolben einfach dahin gleiten, wohin er möchte. Für diesen Hintergrund empfehle ich eine Gleit-Spitze, da ihr damit problemlos in alle Richtungen auf dem Werkstück fahren könnt. Verziert den ganzen Hintergrund oder nur ausgewählte Bereiche mit Schnörkeln.

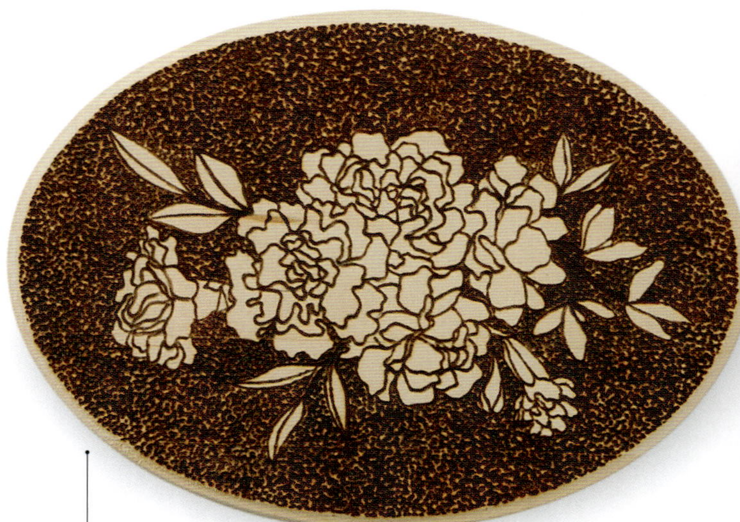

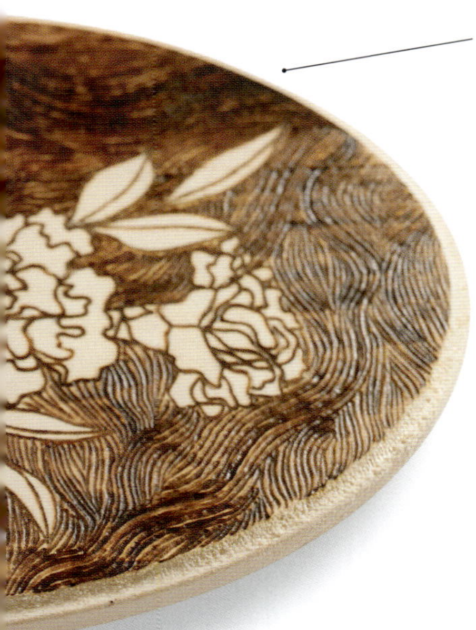

Wellen

Wirklich eine coole Technik. Sie erfordert zwar etwas Geduld, was den Effekt aber Wert ist. Führt den Kolben nicht in geraden Linien hintereinander, sondern wellenartig über das Holz. Ich beginne meistens in der Mitte des Werkstücks und arbeite mich nach außen vor.

Punkte

Auch bekannt als Punktstich, verleiht diese Technik dem Brandbild einen faszinieren Effekt und eine tolle Struktur. Ihr könnt damit Druckschrift verzieren, Schattierungen kreieren oder sie langsam weniger werden lassen, was einen interessanten Effekt erzeugt. Diese Technik ist sehr zeitaufwendig, weswegen ich euch empfehle, Pausen zu machen und mal eure Hand ein wenig auszuschütteln.

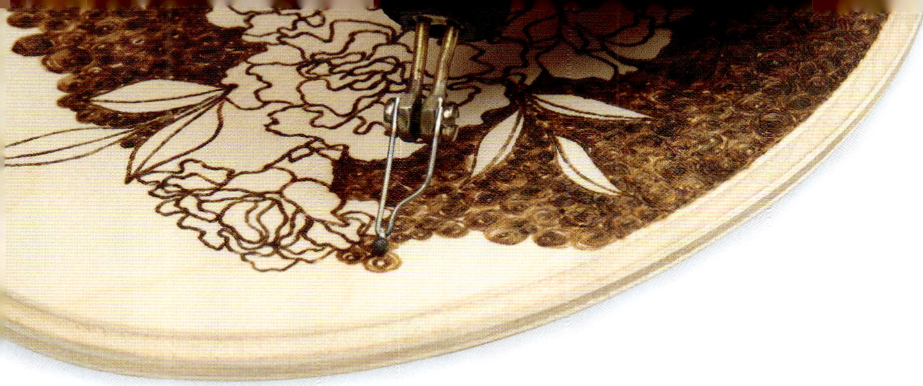

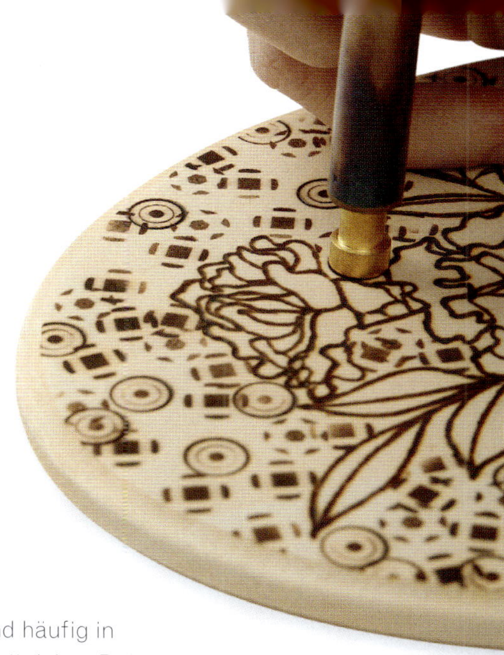

Spiralen
Kleine Spiralen oder Wirbel zu kreieren finde ich sehr entspannend. Ihr könnt dafür eine Gleit- oder Schreibspitze verwenden, aber ich benutze am liebsten die Gleitspitze, weil sie sich leicht in alle Richtungen bewegen lässt. Ihr könnt die einzelnen Spiralen kreieren, indem ihr die Spitze entweder in kleinen Kreisen von außen nach innen oder von innen nach außen bewegt.

Heiße Stempel
Heiße Stempel sind häufig in Formspitzensets mit dabei. Dabei handelt es sich um stempelähnliche Formspitzen, die unterschiedliche Motive erzeugen. Für diesen einzigartigen Hintergrund benutzt ihr mehrere verschiedene Stempelspitzen. Diese Strukturtechnik habe ich zum ersten Mal bei @afyre_design gesehen. Sie kreieren damit wirklich coole Designs.

„Eine hohe Temperatur für Punkte/Punktstich.“

@_burnin_vibes_

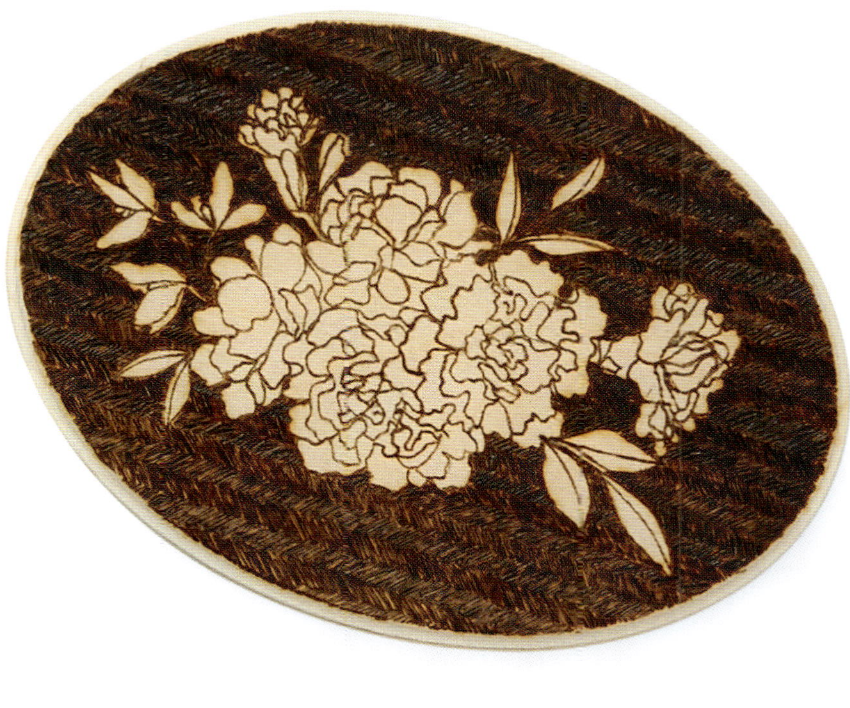

Chevron-Muster
Dieses Muster besteht aus zwei diagonalen Linien, die spitz zulaufen und sich immer wiederholen. Dicht aneinander angeordnet, erzeugen sie einen wunderschönen 3D-Effekt. Hierfür benutzt ihr eine Gleit-, Spaten- oder Schreibspitze.

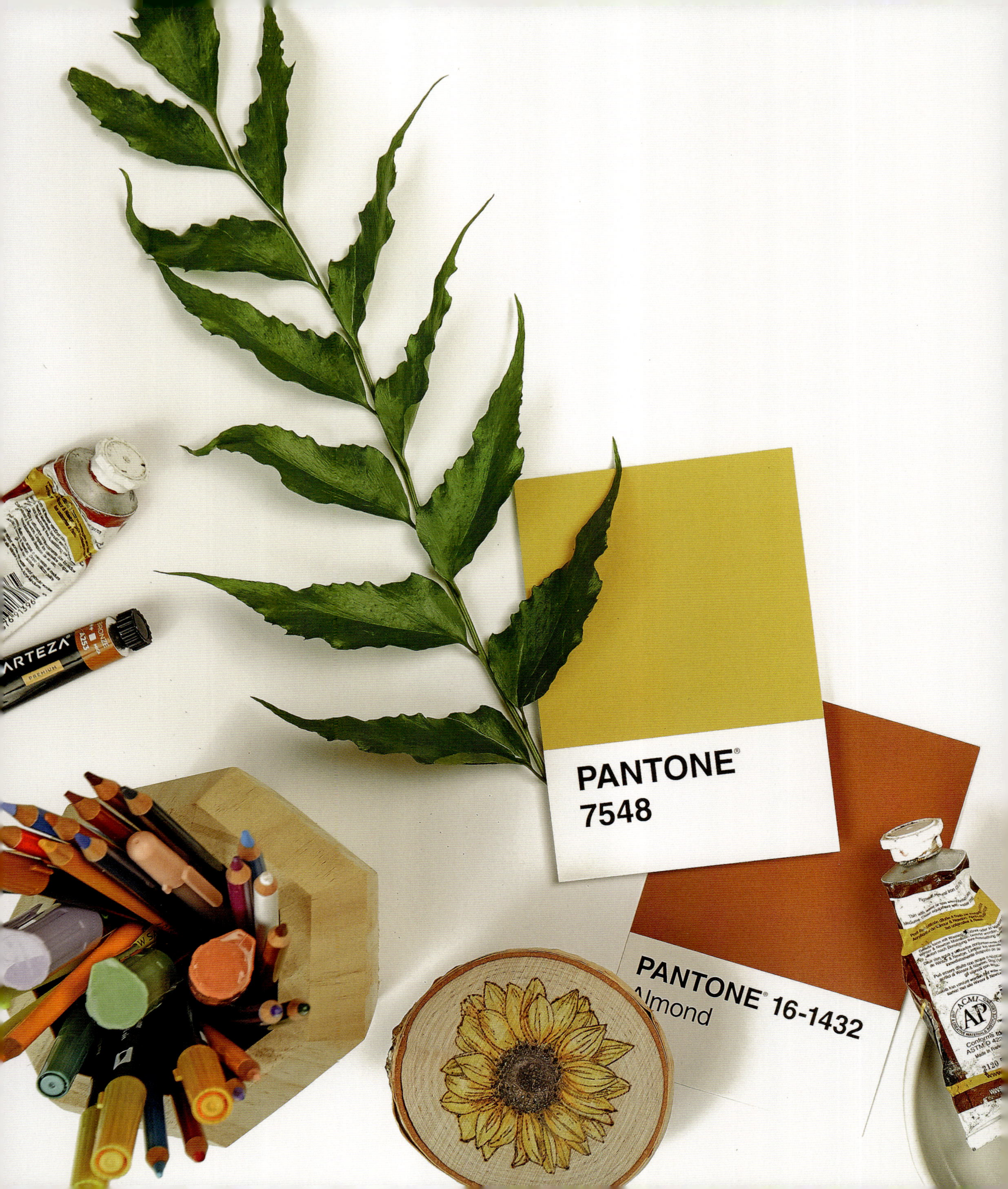
PANTONE®
7548
PANTONE® 16-1432
Almond
ARTEZA
PREMIUM

FARBE VERLEIHEN

Farbe kann einem Brandbild nochmal ein völlig neues Aussehen verleihen. Farben haben eine ganz individuelle Wirkung auf die betrachtende Person. Sie rufen eine bestimmte Stimmung oder ein Gefühl hervor und ziehen die Aufmerksamkeit des Betrachters auf sich. Mit Farben könnt ihr eurem Werkstück in seiner Gesamtheit den letzten Schliff geben. Das Aussehen eines Brandbilds kann sich dadurch dramatisch verändern. Je nach Farbton, ob leuchtend, matt, einfarbig, dunkel, metallic oder hell, erhält das Werkstück einen ganz neuen Look.

Neben den verschiedenen Farben und Nuancen könnt ihr auch aus einer Vielzahl an Farbarten wählen, die sich in ihrer Wirkung unterscheiden. Es ist also von Vorteil, wenn man etwas über die Eigenschaften der jeweiligen Farbarten weiß, damit man die richtige Wahl für den gewünschten Effekt trifft. Im nächsten Abschnitt vergleiche ich neun verschiedene Farbsorten auf demselben Holzstück (Birke). Dieser Vergleich soll euch dabei helfen, die richtige Farbe für euer Projekt auszuwählen.

Wichtig: Jede Farbe, egal welche Art, darf unbedingt erst nach dem Brand aufgetragen werden. Ihr solltet auf keinen Fall auf Farbe brennen.

„Tragt Farbe mit Bedacht auf.“

@burnedessentials

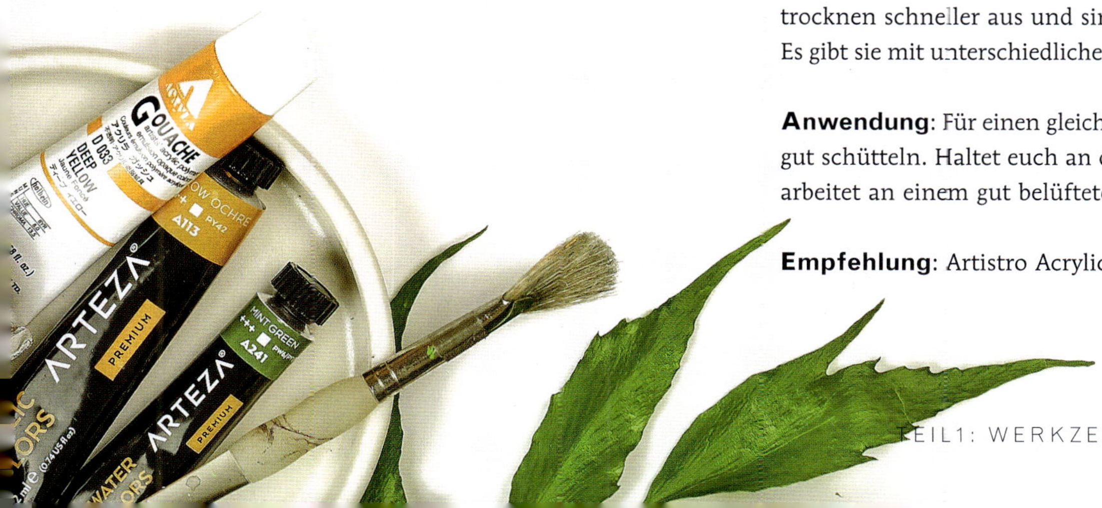

Acryl

Acrylfarbe ist eine ausgezeichnete Wahl, weil sie so vielseitig ist und sich sehr gut für Holzarbeiten eignet. Je nachdem, ob sie mit Wasser verdünnt oder mit einem Verdicker angereichert wird, lassen sich komplett unterschiedliche Ergebnisse erzielen. Dank ihrer hohen Lichtbeständigkeit bleiben Acrylfarben auch nach langer Zeit leuchtend, selbst wenn sie direkter Sonneneinstrahlung ausgesetzt sind. Die Farbe lässt sich leicht von Händen und Pinseln entfernen, nicht aber aus der Kleidung. Acrylfarben gibt es in allen Farben des Regenbogens, und durch Mischen können sich neue Farbtöne ergeben. Sobald die Farbe trocken ist, wird sie wasserfest und kann nicht mehr verflüssigt werden.

Anwendung: Für Acrylfarben eignen sich herkömmliche Farb- oder Wasserpinsel sehr gut. Stellt ein Glas Wasser und Papiertaschentücher griffbereit, um den Pinsel zwischendurch zu reinigen oder die Farbe zu verdünnen.

Empfehlung: Wählt zum Einstieg dickflüssige, professionelle Acrylfarbe, weil ihr die leicht andicken oder verdünnen könnt, sodass sie wie Aquarellfarbe verwendet werden kann.

Lackmarker

Lackmarker sind deckend und erzeugen eine glänzende Farboberfläche. Es gibt sie entweder auf Acryl- oder Ölbasis. Die Palette an Farben ist breit, aber nicht so vielfältig wie die von Aquarellfarben, Gouache oder Acrylfarben. Acryl-Lackmarker trocknen schneller aus und sind geruchloser als Öl-Farbstifte. Es gibt sie mit unterschiedlichen Spitzen, von breit bis sehr fein.

Anwendung: Für einen gleichmäßigen Farbfluss vor Gebrauch gut schütteln. Haltet euch an die Sicherheitsanweisungen und arbeitet an einem gut belüfteten Platz.

Empfehlung: Artistro Acrylic Farbstifte mit feiner Spitze.

Fasermaler

Fasermaler gibt es in vielen verschiedenen leuchtenden Farben, die sich miteinander vermischen lassen. Diese in jedem Haushalt herumfliegenden Farbstifte enthalten Tinte, die gleichmäßig in eine Faserspitze, in der Regel aus Filz, läuft. Es gibt sie in allen möglichen Varianten. Sie können wasserfest, mit einem trockenen Tuch abwischbar, säurefrei, wasserbasierend, mit Wasser abwischbar, permanent oder sogar auswaschbar sein. Für ein Kunstprojekt mit Holz sind säurefreie oder dokumentechte Fasermaler die beste Wahl, weil die Farbe auch nach langer Zeit nicht verbleicht. Fasermaler auf Wasserbasis haben den Vorteil, dass man die Farbe leicht verdünnen, mit anderen Farben vermischen oder übermalen kann.

Anwendung: Eine Vorbereitung der Oberfläche ist nicht nötig. Zum Vermischen könnt ihr eine zweite Farbe zur Spitze eures Filzstifts hinzufügen und dann auf das Holz auftragen oder erst eine Farbe auf das Holz auftragen und dann mit einer zweiten darübergehen.

Empfehlung: Tombow Faserstifte auf Wasserbasis sind säurefrei, geruchslos, selbstreinigend und vermischbar.

„Am besten lernt und wächst man, indem man ausprobiert! Legt einfach los!“

@countrypinesshop

Gelstift

Die Tinte eines Gelstifts ist dick, geruchslos und deckend. Der Gelstift besitzt eine Kugelspitze, die mit Gelpigmenten gefüllt ist. Allerdings verschmiert die Farbe leichter, braucht länger bis sie trocken ist, die Stifte entleeren sich schneller und lassen manchmal kleine Stellen aus aufgrund der Zähflüssigkeit des Gels. Abgesehen davon lassen sich diese Stifte sehr gut führen und erzeugen wunderschöne Linien. Gelstifte eignen sich sehr gut für Holzprojekte, um das Brandbild mit leuchtenden Farben oder weißen Highlights zu verzieren, Brandlinien zu akzentuieren oder dem ganzen Bild einen fluoreszierenden oder metallischen Touch zu verleihen.

Anwendung: Funktionieren wie ein normaler Stift. Keine Vorbereitung nötig. Viele Brandmalkünstlerinnen benutzen weiße Gelstifte für ihre fotorealistischen Werke, um die Stellen zu akzentuieren, an denen das Licht reflektiert. So wirken die Bilder noch realistischer. Mit einem schwarzen Gelstift lassen sich Brandlinien gut hervorheben. Vorsicht, solange die Farbe noch feucht ist, verschmiert sie leicht.

Empfehlung: Sakura stellt hervorragende Gelstifte her. Um Brandlinien zu betonen, gerade auch auf bemalten Werkstücken, verwende ich gerne den Paper Mate InkJoy-Stift.

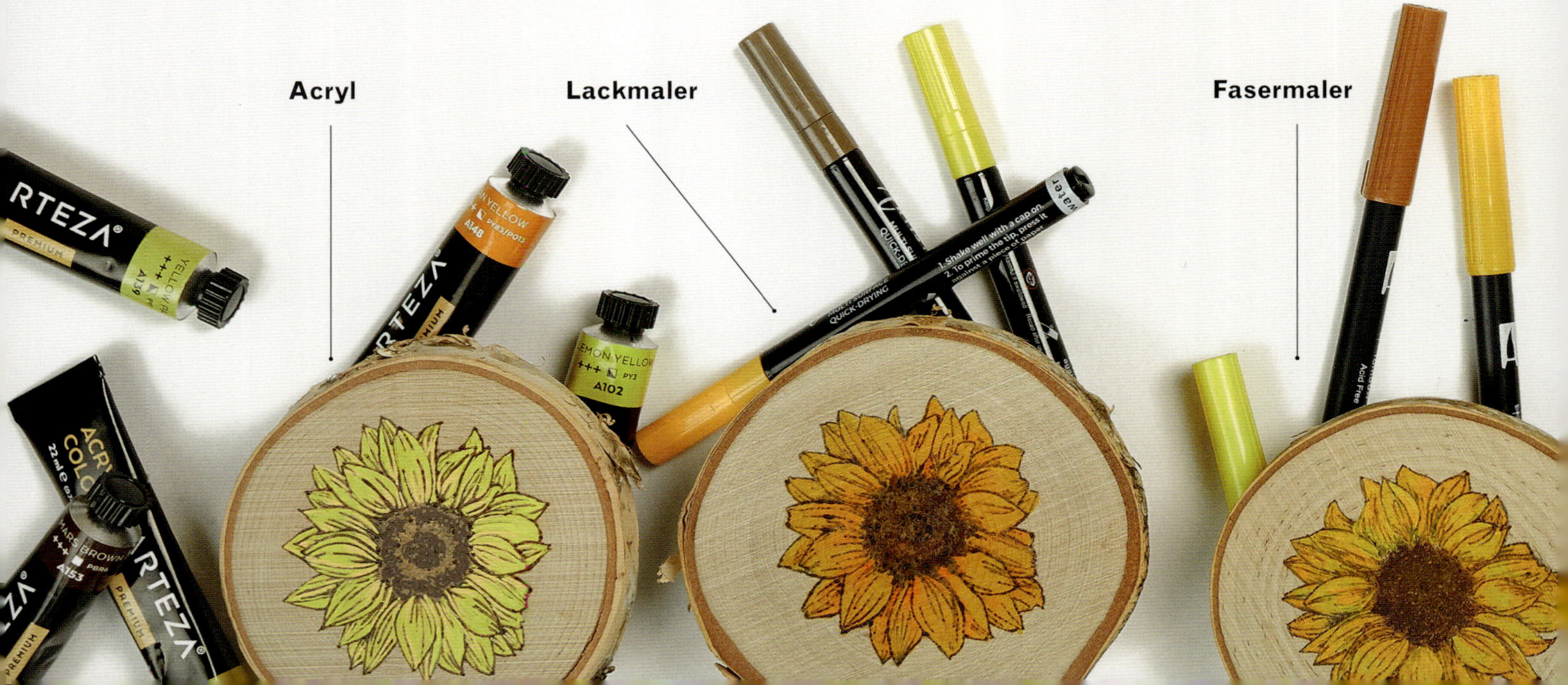

Aquarellfarbe

Aquarellfarbe gibt es in allen möglichen Farbtönen, sie lässt sich einfach vermischen, trocknet schnell und hat ein mattes Aussehen. Je nachdem, mit wie viel Wasser man sie verdünnt, kann man einen satten bis transparenten Farbton erzeugen. Aquarellfarbe ist als Palette oder in Tuben erhältlich. Wenn sie schon getrocknet ist, kann sie mit Wasser wieder verflüssigt werden. Sie zieht auf Holz sehr gut ein.

Anwendung: Für Aquarellfarbe eignet sich ein normaler Pinsel oder ein Wasserpinsel. Ich empfehle, die Farben auf einer Palette zu mixen. Hierfür eignet sich ein Pappteller oder ein Keramikteller. Außerdem benötigt ihr ein Glas mit Wasser und Papiertücher. Achtet darauf, nicht zu viel Wasser auf dem Holz zu verwenden, weil es sich sonst ausdehnen und einreißen könnte. Falls ihr aus Versehen über die Linien gemalt habt, könnt ihr die überschüssige Farbe mit einem feuchten Wattestäbchen oder einem sauberen, feuchten Pinsel entfernen und anschließend mit einem trockenen Taschentuch darübertupfen. Besonders entlang der Maserung tendiert Aquarellfarbe dazu, über die Brandlinien zu laufen. Dagegen hilft eine Maskierflüssigkeit. Diesen Trick habe ich von @northstar_pyrography gelernt.

Empfehlung: Ich benutze am liebsten die Farbe von Arteza. Es gibt auch tolle Aquarellfarbpaletten von Windsor & Newton, aber ich arbeite auch gerne mit der günstigen Variante von Artist's Loft.

„Mit schwarzen und weißen Buntstiften kann man wundervolle Kontrasteffekte erzeugen."

@atlasartistry1

Buntstifte

Buntstifte erzeugen hübsche Farben mit einem leichten Glanz. Die Buntstiftmine besteht aus einer Mischung aus Farbpigmenten und einer Wachs- oder Ölbasis in einer Holzfassung. Es gibt sie auch als Aquarellfarb- oder Pastellstifte. Man kann mit mehreren Farben übereinander malen, man kann sie polieren, bis sie glänzen, sie miteinander vermischen, und einige lassen sich auch wieder wegradieren. Die Handhabung ist einfach, sie kommen in allen möglichen Farbtönen und eigenen sich sehr gut für Holz.

Anwendung: Ihr malt mit dem Buntstift direkt auf das Holz. Zum Vermischen der Farben könnt ihr einen Papierwischer, ein Papiertaschentuch oder einfach eure Finger benutzen. Als Alternative gehen auch Alkohol oder geruchloses Waschbenzin, um Buntstiftfarben zu vermischen, was aber aufwendiger ist.

Empfehlung: Ich benutze am liebsten die säurefreien, weichen, hochwertigen Buntstifte auf Wachsbasis von Arteza Expert oder Prismacolor, weil sie sich leicht auftragen lassen, lichtecht sind und man sie sehr gut vermischen kann.

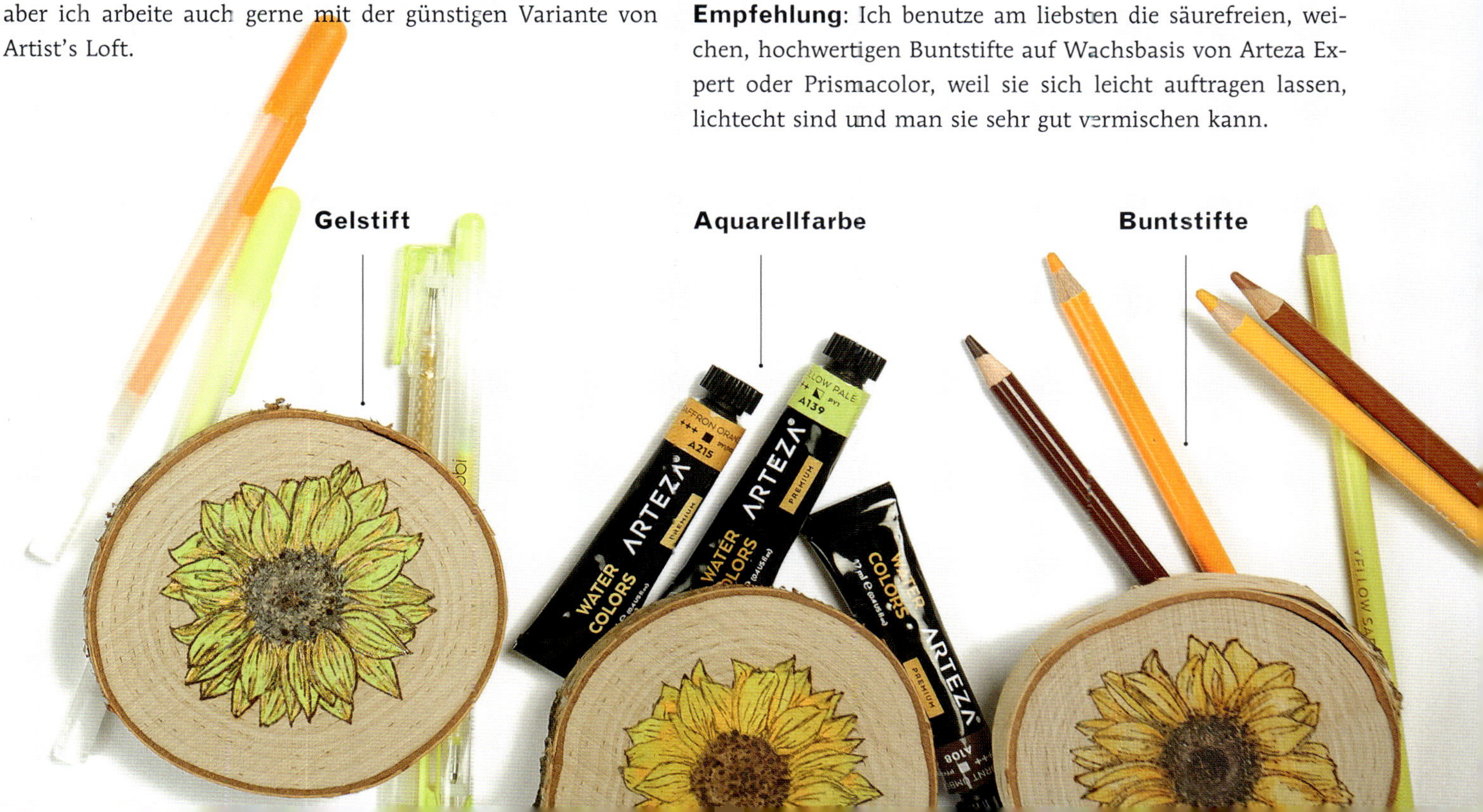

Holzbeize

Beize verleiht dem Holz Farbe, Schutz und Widerstandskraft gegen UV-Licht. Beize basiert in der Regel auf Wasser oder Öl. Es gibt auch Beize, die mit einem Schutzmittel wie Lack, Firnis oder Polyurethan angereichert ist. Die Arbeit mit Beize ist nicht ganz einfach, da Beize stinkt, sich schwer von der Hand oder aus Textilien entfernen lässt, und ihre Dämpfe giftig sind, aber dafür kann man mit ihr wundervolle Effekte auf Holz zaubern.

Anwendung: Haltet euch an die Sicherheitsanweisungen des Herstellers. Testet die Beize immer erst auf einem Testholz, das aus demselben Holz wie eurer Werkstück besteht, bevor ihr sie auf euer Projekt auftragt. Ich benutze für die kleinen Details gerne einen alten Pinsel und für größere Flächen einen Lappen. Manchmal lässt sich Beize nicht so gut verteilen oder hinterlässt Flecken. Dagegen hilft, das Holz vor dem Beizen mit einem Primer vorzugrundieren. Achtet darauf, nicht zu dunkle Beize zu verwenden, denn sie verdeckt all die von euch selbst gebrannten Linien.

Empfehlung: Benutzt eine Beize auf Wasserbasis. Sie kleckert nicht so stark, man benötigt keine Lösungsmittel, um sie von Händen oder Pinseln zu entfernen, und sie lässt sich einfacher auftragen, ohne zu viele Flecken zu machen.

Gouache

Gouache verhält sich ähnlich wie Acrylfarbe oder Aquarellfarbe. Sie ist deckend und matt, wird durch den Zusatz von Wasser aber halbtransparent. Die Farbe verleiht dem Holz Struktur und eine satte Farbe. Gouache trocknet schnell, kann in mehreren Schichten aufgetragen und nach dem Trocknen wieder angelöst werden. Gouachefarbe eignet sich wunderbar für Holzarbeiten.

Anwendung: Für Gouache eignet sich ein Pinsel oder ein Wasserpinsel. Je nach gewünschtem Effekt kann man die Gouache unverdünnt oder mit Wasser vermischt verwenden. Genau wie beim Malen mit Aquarellfarbe oder wasserverdünnter Acrylfarbe solltet ihr nicht zu viel Wasser verwenden, weil das Holz sonst aufreißen könnte.

Empfehlung: Ich benutze ausschließlich die Marke Arteza, weil sie so eine große Auswahl an leuchtenden Farben hat.

Kreidemarker

Kreidefarben sind leuchtend und haben eine hohe Deckkraft. Das Malen auf Holz macht mit diesen pigmentbasierten, lichtbeständigen und geruchlosen Stiften richtig viel Spaß. Kreide ist ein dickes Farbmedium mit einem matten Finish, das sich praktisch auf jede saubere und trockene Oberfläche auftragen lässt. Sie ist in flüssiger Form oder in Form von Stiften erhältlich. Ich benutze am liebsten die Stifte.

Anwendung: Vor Gebrauch gut schütteln. Dann die Spitze des Stifts auf einem Schmierpapier aufsetzen und so lange pumpen, bis die Kreidefarbe in die Stiftspitze läuft. Sobald die Spitze vollständig mit Farbe „vollgesogen" ist, ist der Stift bereit zum Malen. Ihr verwendet ihn wie einen normalen Marker. Vorsicht, damit die Farbe nicht verschmiert. Achtet darauf, dass ihr mit der Kreide nicht über eure Brandlinie malt, da sie diese völlig verdeckt. Sollte doch mal Kreide auf den Linien landen, könnt ihr versuchen, sie mit ein wenig Wasser wieder zu entfernen, was aber nicht so leicht ist.

Empfehlung: Wählt die Kreidemarke nach Farbe und Größe der Spitze aus. Ich benutze am liebsten feine bis mitteldicke Marker.

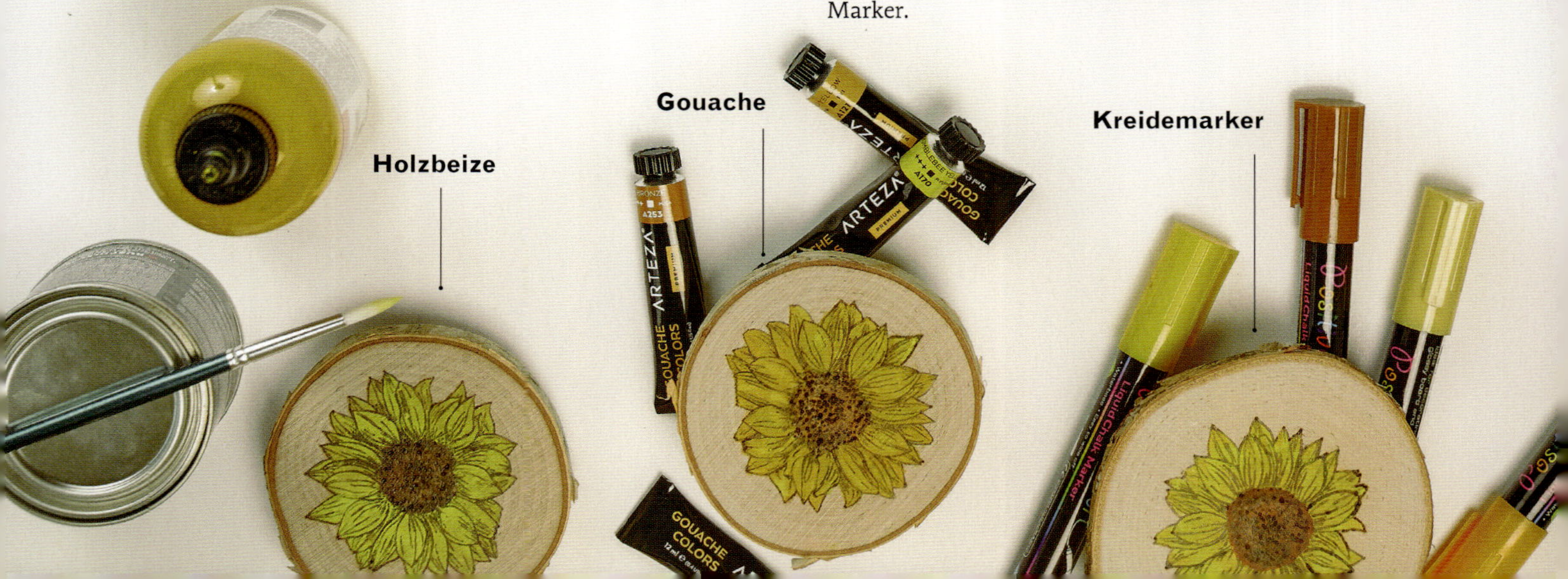

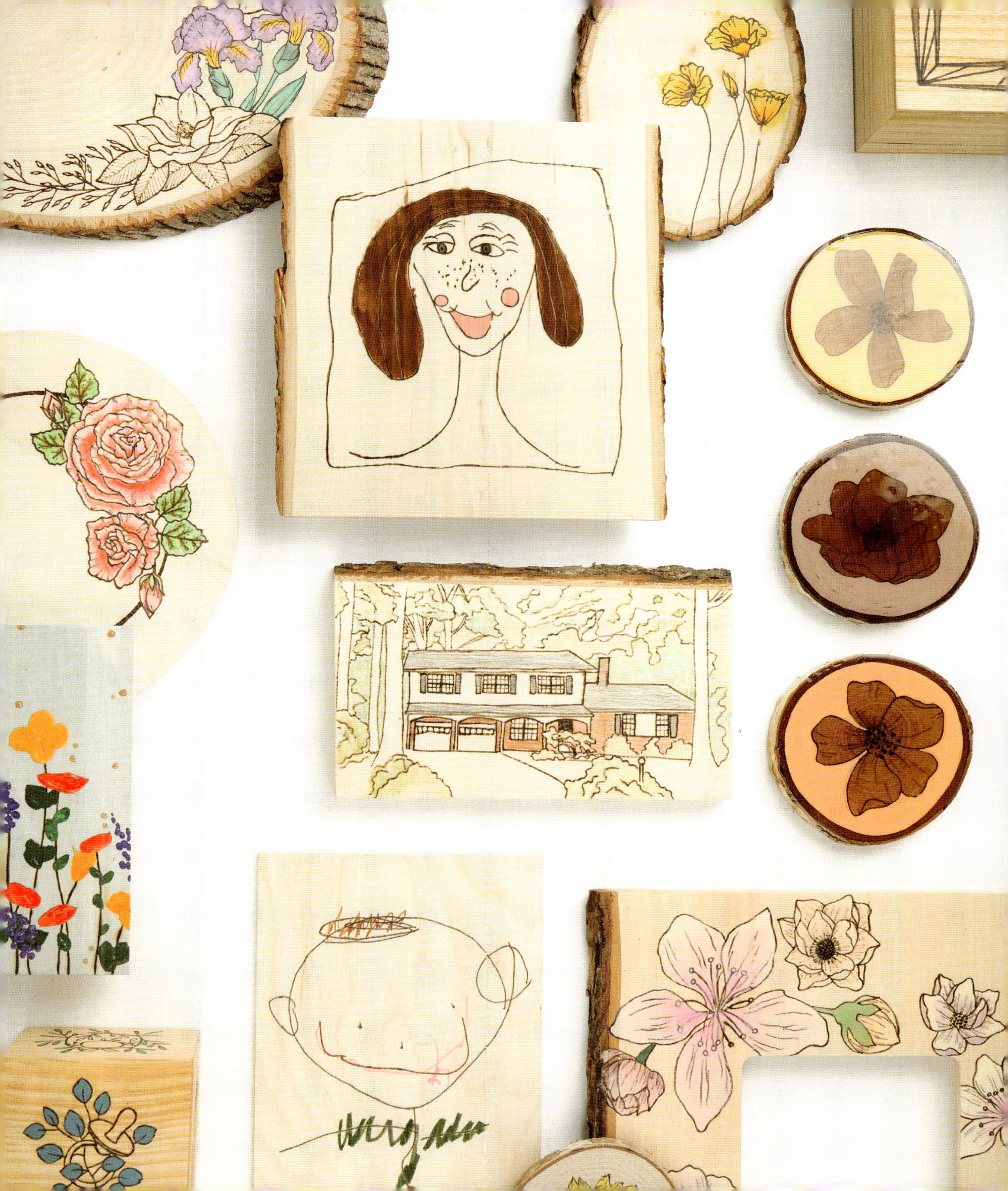

„Testet das Finish immer erst auf einem Testholz.“

@west.pyrography

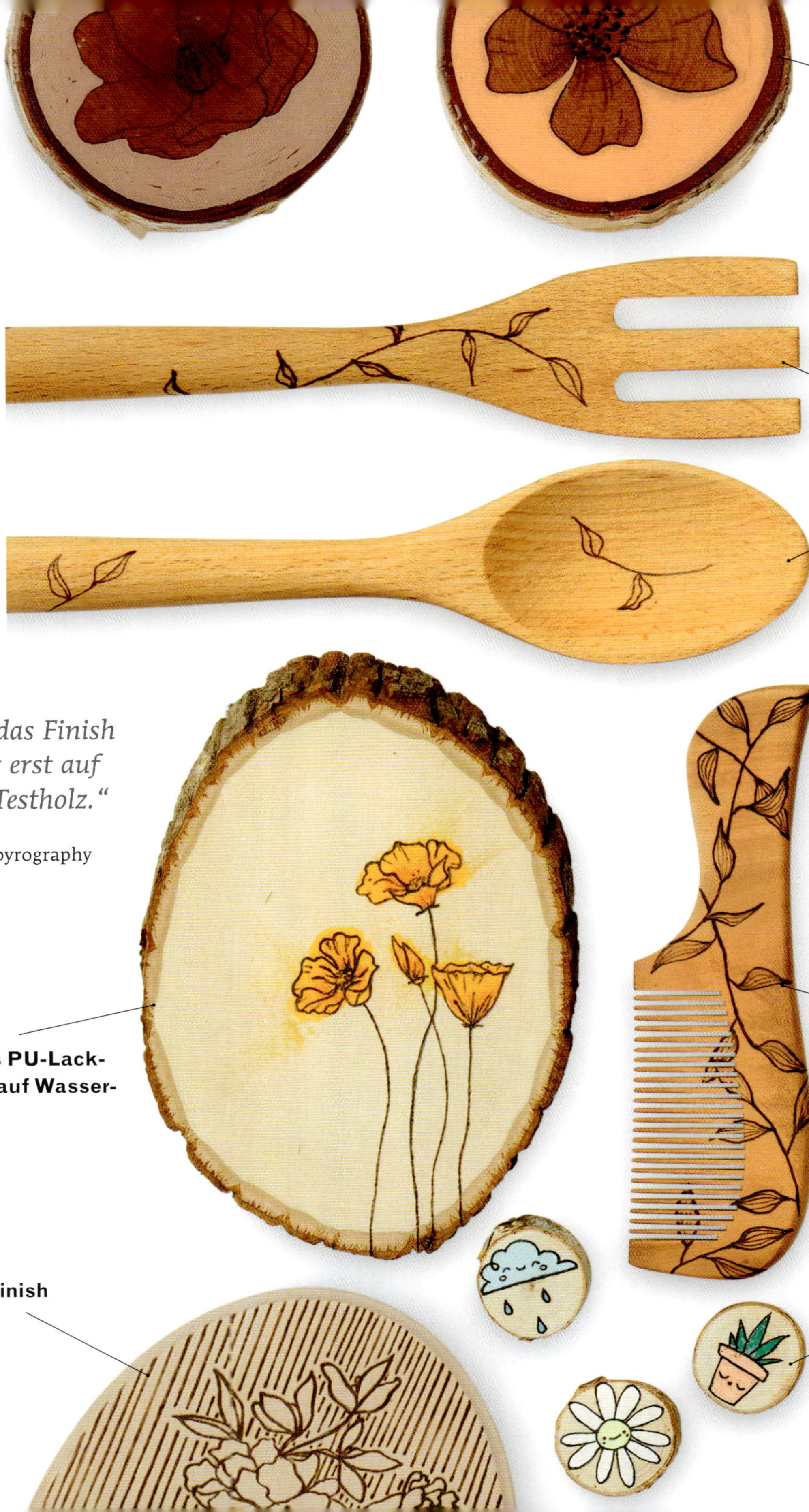

FINISHES

Bei der Wahl des Finishs für euer Projekt solltet ihr folgende Aspekte bedenken:

- Zeit
- Kosten
- Zweck des Werkstücks
- Gewünschter Effekt

Es gibt Oberflächenbehandlungsmittel, die sofort trocknen, und andere, die mehrere Tage zum Aushärten brauchen. Es gibt günstige und teure. Fragen, die eure Wahl beeinflussen, sind zum Beispiel: Kommt das Kunstwerk mit Nahrung in Kontakt? Werden Kinder damit spielen? Soll es glänzend oder matt sein?

Es gibt unendlich viele wissenschaftliche Meinungen und Vorlieben, was die Oberflächenveredelung von Holz betrifft. Deswegen werde ich euch die Finishes vorstellen, die für mich persönlich am besten funktionieren und die in der Brandmalerei-Community am meisten verwendet werden.

Ich benutze für jedes Projekt in diesem Buch ein anderes Finish. Die folgende Tabelle soll euch dabei helfen, das richtige für euer individuelles Projekt und seine Verwendung auszuwählen.

Es gibt noch viele andere Öle wie Dänisches Öl, Tungöl, gekochtes Leinöl und Traubenkernöl, die von anderen Brandmalkünstlerinnen verwendet werden. Ich persönlich benutze sie nicht, weil ich sämtliche Öle ausprobiert und miteinander verglichen habe, und finde, dass die in der Tabelle auf Seite 50 und 51 aufgelisteten Öle die bessere Wahl sind.

„Tragt niemals eine ölbasierte Versiegelung zusätzlich auf eine wasserbasierte Versiegelung auf."

@jrwoodburnings

Name	Kein Finish	Schneidebrettöl/ Mineralöl	Board Cream/Butcher Block Conditioner/Mineralöl und Bienenwachs	Polycrylic
Was ist das?	Holz in seinem Rohzustand	Eine Flüssigkeit auf Mineralölbasis, angereichert mit Vitamin E. Geruchlos, farblos und lebensmittelecht.	Eine halbflüssige bis feste Mischung aus Mineralöl und ungebleichtem Bienenwachs und Carnaubawachs, je nach Marke.	Neben der Sprayvariante oder der zum Aufpinseln gibt es diesen Lack auf Wasserbasis in Matt, Satin, Glänzend und Stark Glänzend.
Anwendung	–	Mit einem Tuch auf die saubere, trockene Oberfläche auftragen. 20 Min. einwirken lassen. Überreste entfernen. Zwei Schichten auftragen.	Mit einem sauberen Lappen oder Papiertuch mit dem Maserungsverlauf auftragen. Mindestens 20 Minuten oder über Nacht einwirken lassen. Überreste der Creme entfernen.	Aufsprühen oder mit einer Bürste aus synthetischen Borsten oder einer Schaumstoffbürste auftragen. Zwei Stunden einwirken lassen, mit feinem 220er Schmirgelpapier schmirgeln, Staub entfernen und eine zweite Schicht auftragen.
Trockenzeit / Aushärtezeit	–	40 Minuten für zwei Schichten.	Für das beste Ergebnis 12 Stunden, mindestens aber 20 Minuten.	3 Stunden für die vorsichtige Verwendung, 24 Stunden für den normalen Gebrauch.
Lebensmittelecht	Ja, kommt auf das Holz an	Ja	Ja	Nein
Kosten €–€€€€	–	€	€	€€
Langlebigkeit	Kein Schutz vor Dellen, Kratzern, UV-Licht oder Wasser, außer der natürlichen Widerstandsfähigkeit des Holzes.	Schützt vor Rissen und Austrocknen. Zieht tief ins Holz ein und hält es feucht.	Das Öl zieht ins Holz ein, während das Wachs seine Oberfläche schützt. Mineralöl schützt das Holz vor Rissen und Austrocknung, indem es Feuchtigkeit spendet, und das Wachs bildet eine wasserfeste Versiegelung, die die Oberfläche schützt.	Schützt die Oberfläche vor Abrieb, Verschleiß, Absplittern und Wasser.
Farbe	Die natürliche Holzfarbe	Verändert die Farbe nicht, betont leicht die Maserung.	Betont die Farbe und verleiht einen warmen Ton.	Farblos, verändert die Farbe nicht.
Rachels Notizen	*Das Holz ist ohne eine Oberflächenbehandlung trocken und heller. Die Brandlinien heben sich stärker von den rauen Partikeln und der trockenen Holzoberfläche ab. Das Werkstück wird nicht vor UV-Licht, Fingerabdrücken, Staub und Schmutz geschützt.*	*Tragt zwei Schichten auf. Lasst sie gut einziehen. Einfache Anwendung. Zieht gut ein und hinterlässt keinen Film.*	*Die Oberfläche kann leicht wachsartig bleiben, wodurch sich Staub und Schmutz absetzen. Am besten geeignet für Schneidebretter und Küchenutensilien. Es betont die Maserung des Holzes, aber verdunkelt Flecken, Astaugen und Stellen im Holz.*	*Wenn ich das Holz mit Farbe verziert habe, benutze ich Polycrylic aus der Sprühdose. Sprüht mehrere Schichten auf. Bei der Variante zum Aufpinseln kann es passieren, dass die Farben verschmieren. Das hängt von der Farbe ab.* *Polycrylic ist sehr dünnflüssig und trocknet schnell. Deswegen benutzt ihr am besten eine Schaumstoffbürste, damit am Ende keine Pinselstriche zu sehen sind. Tragt nicht zu viel auf, weil es sonst eine milchige Farbe annehmen kann.* *Je mehr Glanz, desto mehr Schutz vor Fingerabdrücken.*

Fixativ	Raffiniertes Kokosöl	PU (Polyurethane)	Harz	Mod Podge (Kleber und Lack)
Dieses Fixativ aus der Sprühdose ist matt, farblos und langlebig. Es bietet Schutz vor UV-Licht.	Öl, das bei Raumtemperatur fest ist und flüssig wird, sobald sich die Raumtemperatur erhöht.	Gibt es auf Wasserbasis und auf Ölbasis. Die Wasserbasis-Variante funktioniert besser. Zum Aufsprühen oder Aufpinseln.	2-Komponenten-Mischung aus Harz und Härter. Stark glänzendes Epoxidharz.	Ein Decoupage-Mittel, All-in-one-Kleber, Versiegeler und Oberflächenschutz. Erhältlich in Matt oder Glänzend.
Die Sprühdose kräftig schütteln. Dann mehrere dünne Schichten in einer Wischbewegung an einem gut belüfteten Ort auf die saubere Oberfläche auftragen.	Mit einem sauberen Tuch das geschmolzene Öl auf die saubere, trockene Oberfläche auftragen. 15 Minuten einziehen lassen. Überreste entfernen.	Für Wasserbasis: Gleichmäßig aus 25–30 cm Entfernung aufsprühen. Oder mit einer Schaumstoffbürste auftragen.	Muss zu gleichen Teilen vermischt werden, muss sofort aufgetragen werden und verteilt sich selbst gleichmäßig.	Mit einer Schaumstoffbürste auf die saubere und trockene Oberfläche auftragen.
10 – 15 Minuten, Gebrauch nach 1 Stunde.	15 Minuten	Trocknet innerhalb von 30 Minuten, sodass keine Fingerabdrücke mehr entstehen.	Trocknet innerhalb von 24 Stunden, vollständig ausgehärtet nach 72 Stunden.	48 Stunden für vollständige Aushärtung, trocken innerhalb weniger Stunden.
Nein	Ja	Nein	Ja, nach vollständiger Aushärtung	Nein
€	€	€€€	€€€€	€
Schützt, Farben können wieder verflüssigt werden.	Spendet dem Holz Feuchtigkeit und schützt die Oberfläche. Wasserabweisend.	Schützt vor UV-Licht, Schimmel, ist wasserabweisend. Für die beste Langlebigkeit sind 4 Schichten empfehlenswert. Nur Harz ist langlebiger.	Sehr langlebig, wird hart, sobald es trocken ist, wasserfest, kratzfest.	Versiegelt und schützt Holz, wasserabweisend.
Verändert die Farbe nicht, vergilbt nicht.	Verändert die Farbe nicht. Betont die natürliche Holzfarbe.	Farblos, kann das Holz aber im Laufe der Zeit vergilben. PU auf Ölbasis hat einen gelberen Ton.	Farblos, das Holz kann nach langer Zeit dunkler und gelber wirken.	Beim Auftragen erst deckend, nach dem Trocknen farblos und verändert die Holzfarbe nicht.
Viele benutzen es, um das Werkstück wischfest zu machen, bevor sie ein anderes Finish auftragen. Ein zweites Finish muss aber nicht sein, weil das Fixativ selbst einen Schutzfilm bildet. *Mit dieser Option könnt ihr später noch mehr Farbe auftragen.*	*Dieses günstige Finish ist in allen Supermärkten erhältlich und funktioniert sehr gut. Kauft auf jeden Fall raffiniertes Kokosöl, weil es sonst ranzig werden kann, was schade wäre.*	*PU auf Wasserbasis riecht weniger, sinkt aber mehr als Polycrylic. Das Holz kann nach längerer Zeit vergilben. Ich benutze eine Schaumstoffbürste, damit am Ende keine Pinselstriche mehr sichtbar sind.*	*Das Auftragen kann schmierig werden. Da es sich selbst verteilt, kann es über die Ränder tropfen. Legt das Werkstück auf einen erhöhten Block, damit es nicht auf dem Tisch festklebt. Gießt das Harz gleichmäßig über die Oberfläche und löst anschließend eventuelle Bläschen mit einer Flamme auf, während das Harz noch feucht ist. Haltet die Flamme einfach über die Oberfläche, sodass die Bläschen platzen. Von @alyoopsartistry habe ich gelernt, erst eine Isolationsschicht aufzutragen, damit das Harz nicht ins Holz einzieht und es dadurch uneben wird.*	*Wird oft verwendet für Werkstücke aus Baumkanten. Sehr gut geeignet für eine Mischung aus verschiedenen Materialien auf dem Holz. Trocknet schnell, Pinselstriche sind sichtbar. Mithilfe eines hellen Lichts, das ihr seitlich anhaltet, könnt ihr die Pinselstriche sehen, solange das Finish noch feucht ist.*

Vergleich der Finishes

Dieses Vergleichsboard soll euch helfen, die richtige Oberflächenbehandlung für euer Werkstück auszuwählen. Ihr könnt darauf sehen, wie die einzelnen Schutzmittel auf den verwendeten Farben wirken, damit ihr euer Kunstwerk nicht im letzten Schritt verhunzt, was wirklich unendlich frustrierend ist!

Das Board veranschaulicht, wie meine Lieblingsfinishes sich auf das Holz, den Brand und die aufgetragenen Farbmittel auswirken. Es zeigt, wie sich Öle gern über die Auftragsstelle hinaus verteilen – selbst über Brandlinien hinweg – oder dass im Mod Podge Pinselstriche sichtbar bleiben. Ihr könnt sehen, dass Kreide eigentlich bei jedem Finish etwas verschmiert, und welches Mittel die Farben betont. Außerdem wird deutlich, wie das gewählte Finish die Brandlinien sowie das Holz selbst verändert. Ich hoffe, dass ihr oft einen Blick auf diese Seite werft und so vielen Werkstücken ein Ende in der Mülltonne erspart.

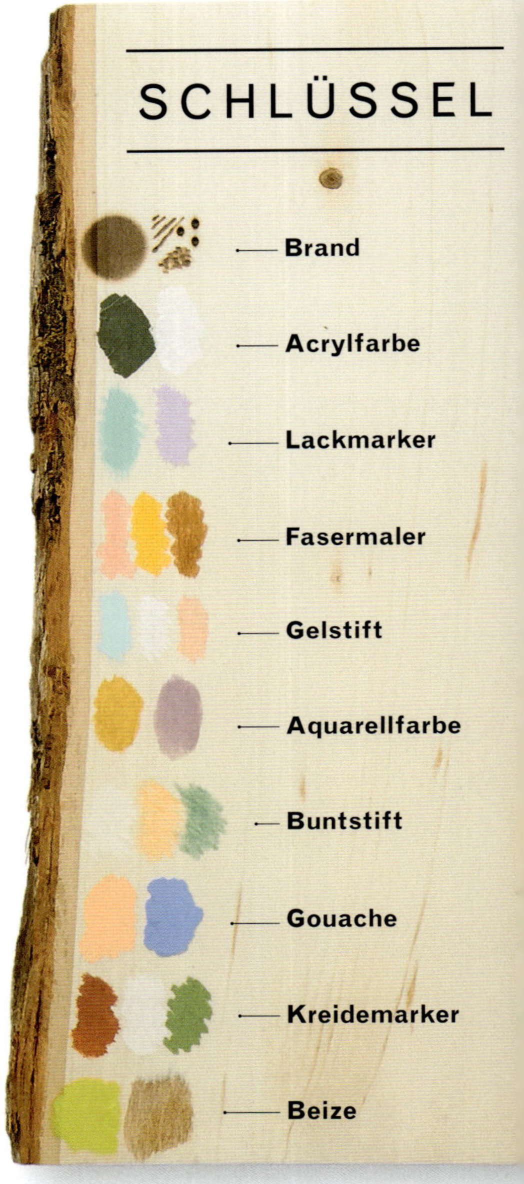

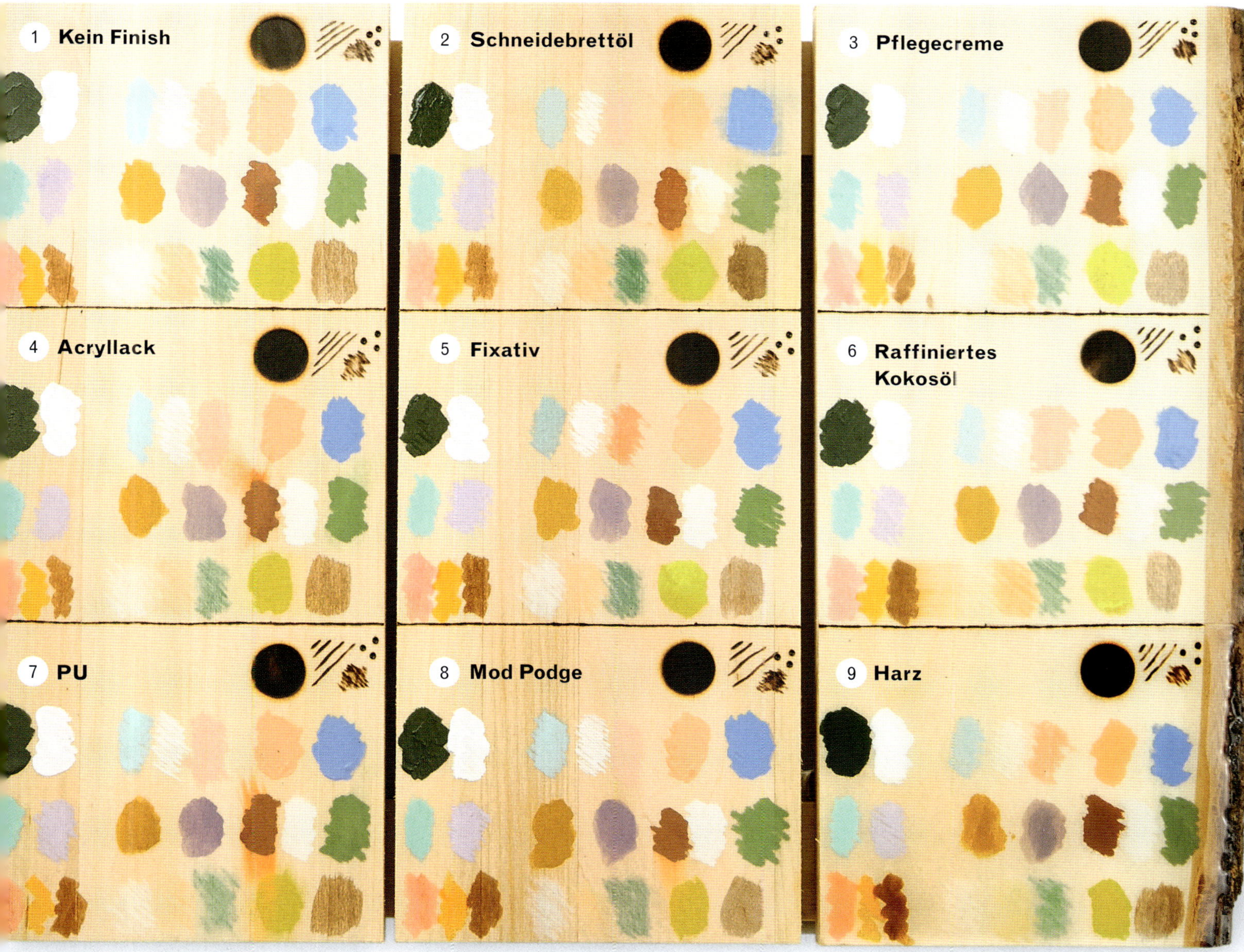
1 Kein Finish
2 Schneidebrettöl
3 Pflegecreme
4 Acryllack
5 Fixativ
6 Raffiniertes Kokosöl
7 PU
8 Mod Podge
9 Harz

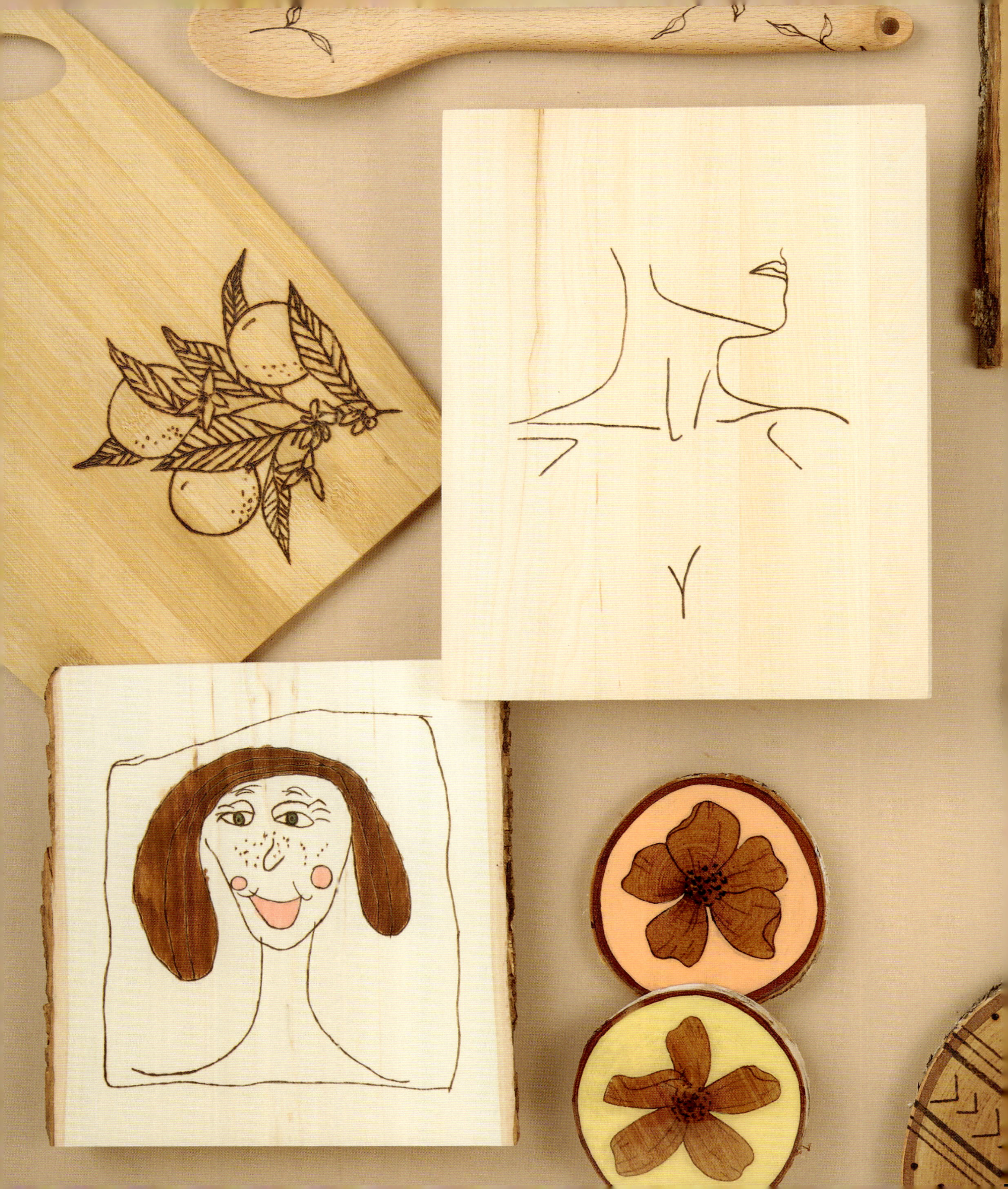

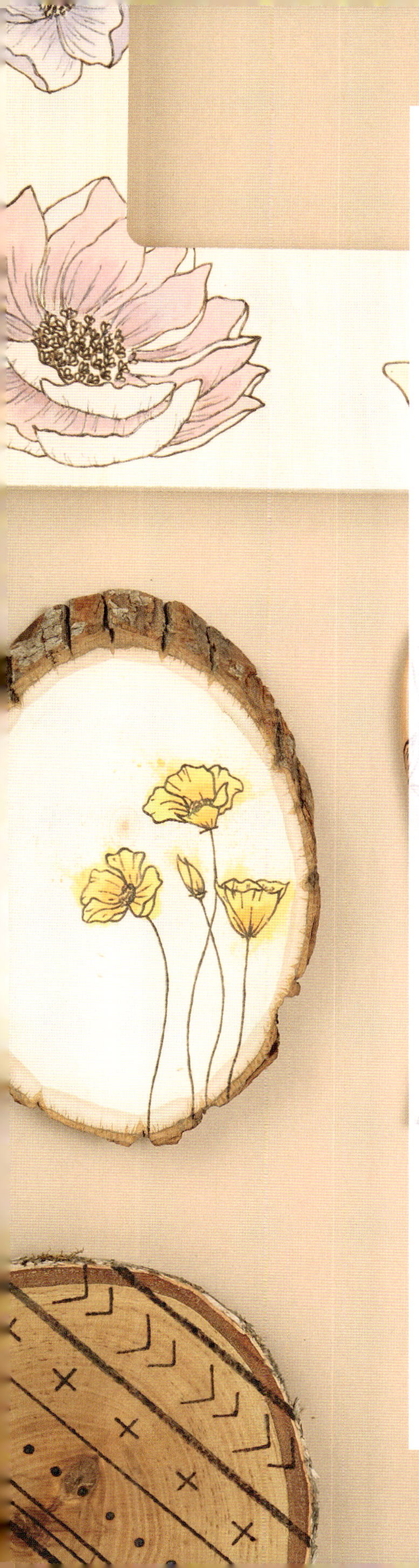

TEIL 2:

PROJEKTE & INSPIRATIONEN

Hölzer

Olivenholz	Servierbrettchen	56
Pfirsich	Holzkamm mit floralem Muster	60
Birke	Holzuntersetzer mit Mudcloth-Muster	64
Buche	Holzlöffel freihändig verziert	68
Kirsche	Holzohrringe	72
Bambus	Spritziges Schneidebrett	76
Linde	Line-Art-Silhouette	80
Furnier	Dankeskarten	84

Andere Oberflächenmaterialien

Kork	Untersetzer mit Blättergirlande	88
Leder	Gepäckanhänger für Weltenbummler	92
Leinen	Leinenrucksack	96

Farben

Aquarellfarbe	Mohnblumenbild auf Holz	100
Acryl	Wildblumen	104
Lackmarker	Babywürfel	108
Gouache	Floraler Fotorahmen	112
Gelstift	Kawaii-Magnete	116
Buntstift	Home Sweet Home-Schild	120
Holzbeize	Holzkiste im Art-Déco-Stil	124
Fasermaler	Kinderzeichnungen verewigen	128
Kreidemarker	Blumige filigrane Holzuntersetzer	132

Rahmen

Bordüren	Persönliche Rahmenverzierungen brennen	136

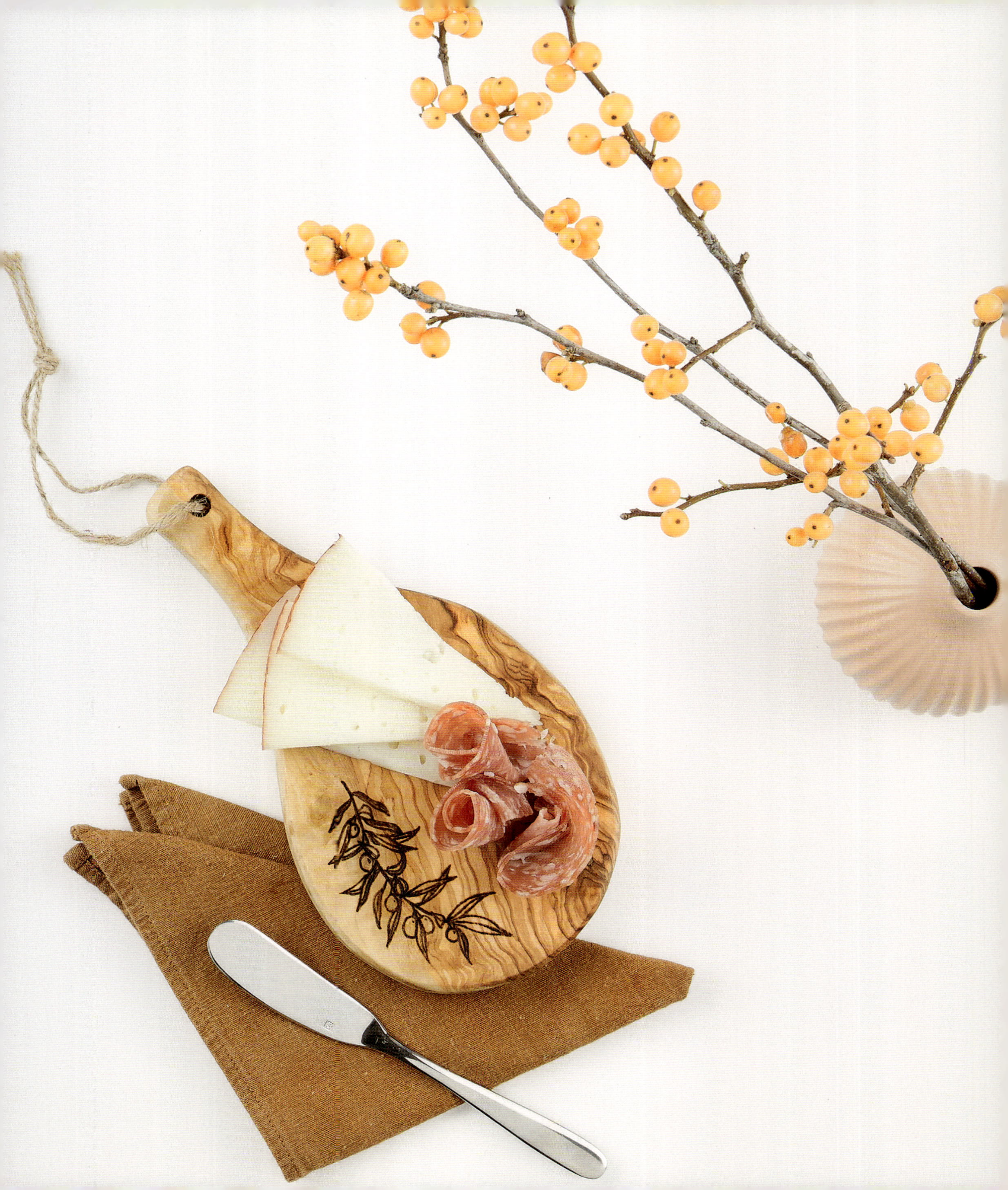

Servierbrettchen

Auf Olivenholz brennen

MATERIALIEN

- Holzbrettchen
- Vorlage
- Transferutensilien
- Schutzausrüstung
- Brandmalgerät + Gleit-, Spaten- oder Schreibspitze
- Lebensmittelechtes Finish

Auf Olivenholz lässt es sich ganz wunderbar brennen. Die Maserung hat unterschiedliche Farben und die Oberfläche ist eher weich, weshalb es eins der Lieblingshölzer von uns Brandmalkünstlerinnen ist. Olivenholz wird sehr gern für Küchenutensilien verwendet. Es gehört zu den schickeren Hölzern, und persönliche Brandverzierungen lassen es noch exquisiter aussehen. Freut euch schon mal auf die vielen Komplimente von euren Gästen!

„Habt keine Angst vor Fehlern – dafür gibt es Schmirgelpapier!“

@somethingrhedey

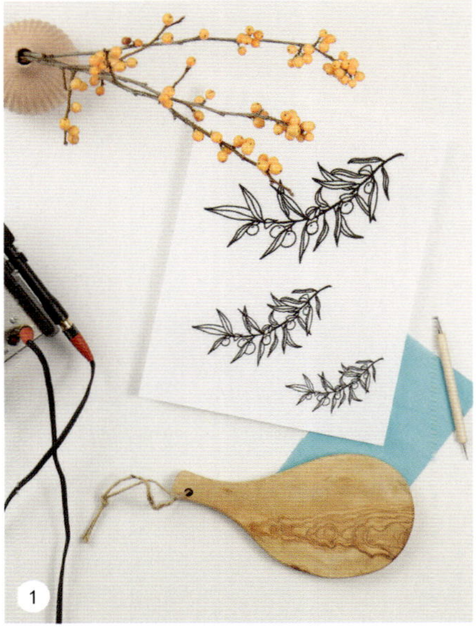

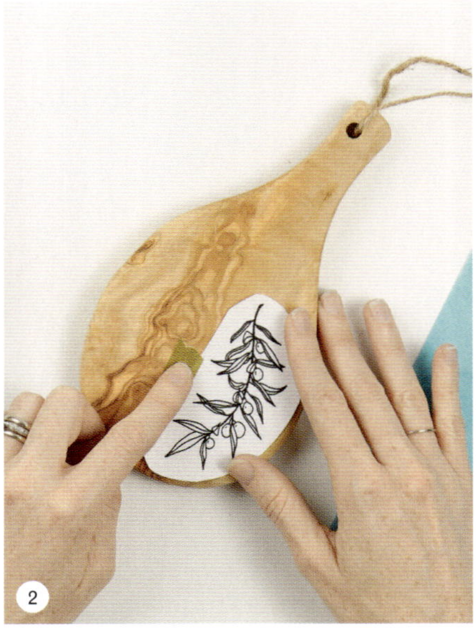

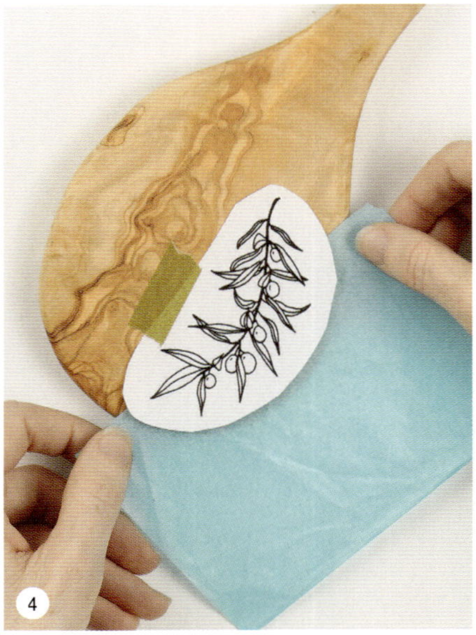

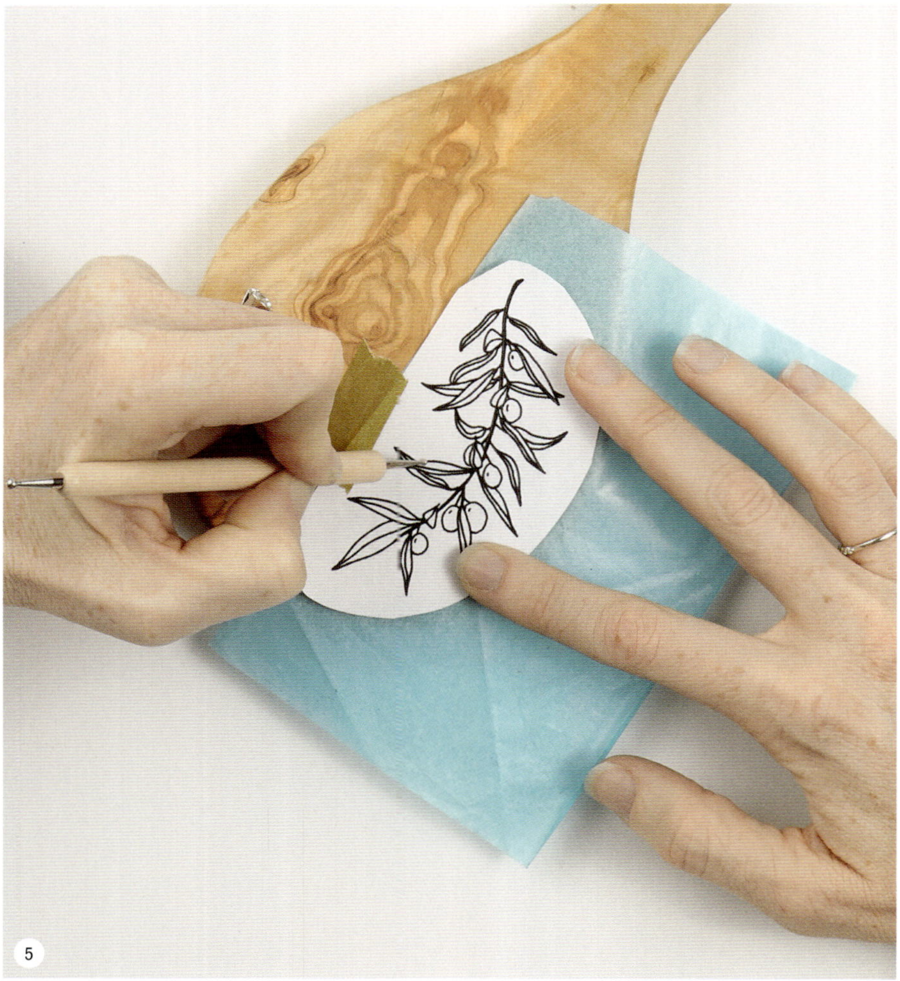

1 Wählt ein Holzservierbrettchen aus. Ich benutze dieses wunderschöne Olivenholzbrett. Achtet darauf, dass es trocken, glattgeschmirgelt und unbehandelt ist.

2 Wählt eine Vorlage und passt sie an die Größe des Brettchens an.

3 Schneidet die Vorlage aus, platziert sie auf die gewünschte Stelle auf eurem Holzbrett und fixiert sie mit Klebeband. Für diese Anleitung benutze ich blaues Transferpapier zum Übertragen des Designs (siehe Seite 28 Transfertechniken).

4 Schiebt das blaue Transferpapier mit der blauen Seite nach unten unter eure Vorlage.

5 Paust das Design mit einem Embossingstift oder einem Kugelschreiber ab.

6 Sobald ihr mit dem Übertragen fertig seid, entfernt die Vorlage und das Transferpapier. Legt euer

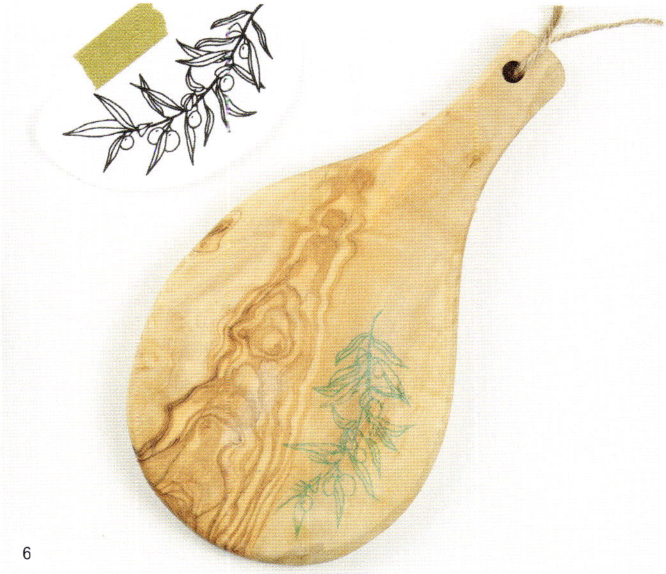

6

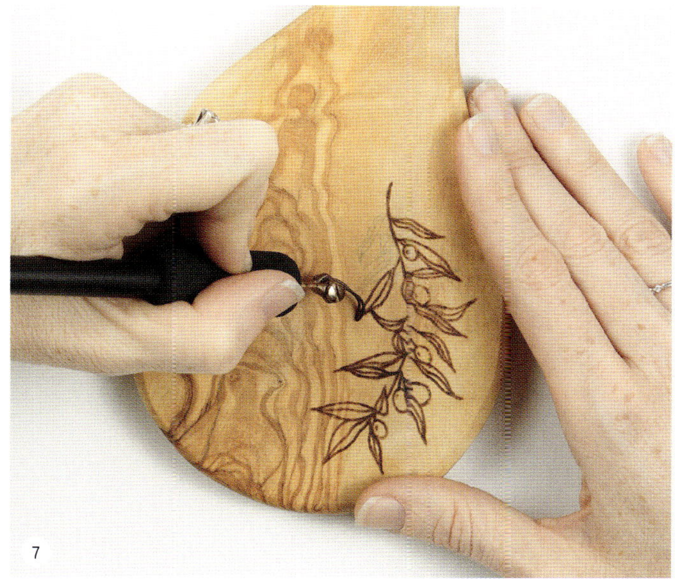

7

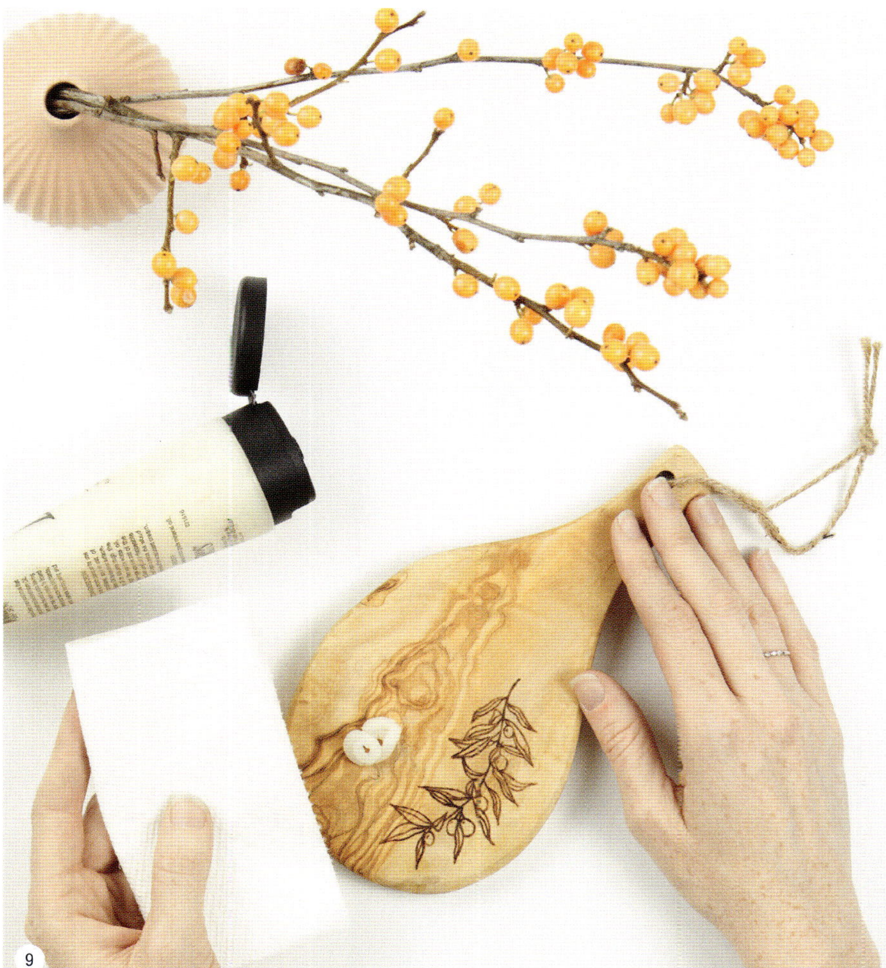

9

Brandmalgerät und die Spitze eurer Wahl bereit. Achtet darauf, dass die Spitze sauber ist (siehe Seite 14 Brandmalgeräte und Seite 18 Formspitzen).

7 Heizt das Brandmalgerät auf, testet die Temperatur auf einem Testholz und fangt an zu brennen. Arbeitet langsam und nehmt euch Zeit. Stützt die Hand mit dem kleinen Finger oder auf einem extra Stück Holz ab, das genauso dick ist wie euer Holzbrettchen.

8 Entfernt sichtbare Übertragungslinien.

9 Damit das Servierbrettchen auch noch nach langer Zeit hübsch aussieht, tragt ein lebensmittelechtes Finish auf.

Alle Vorlagen findet ihr auf quartoknows.com/page/WoodBurnBook

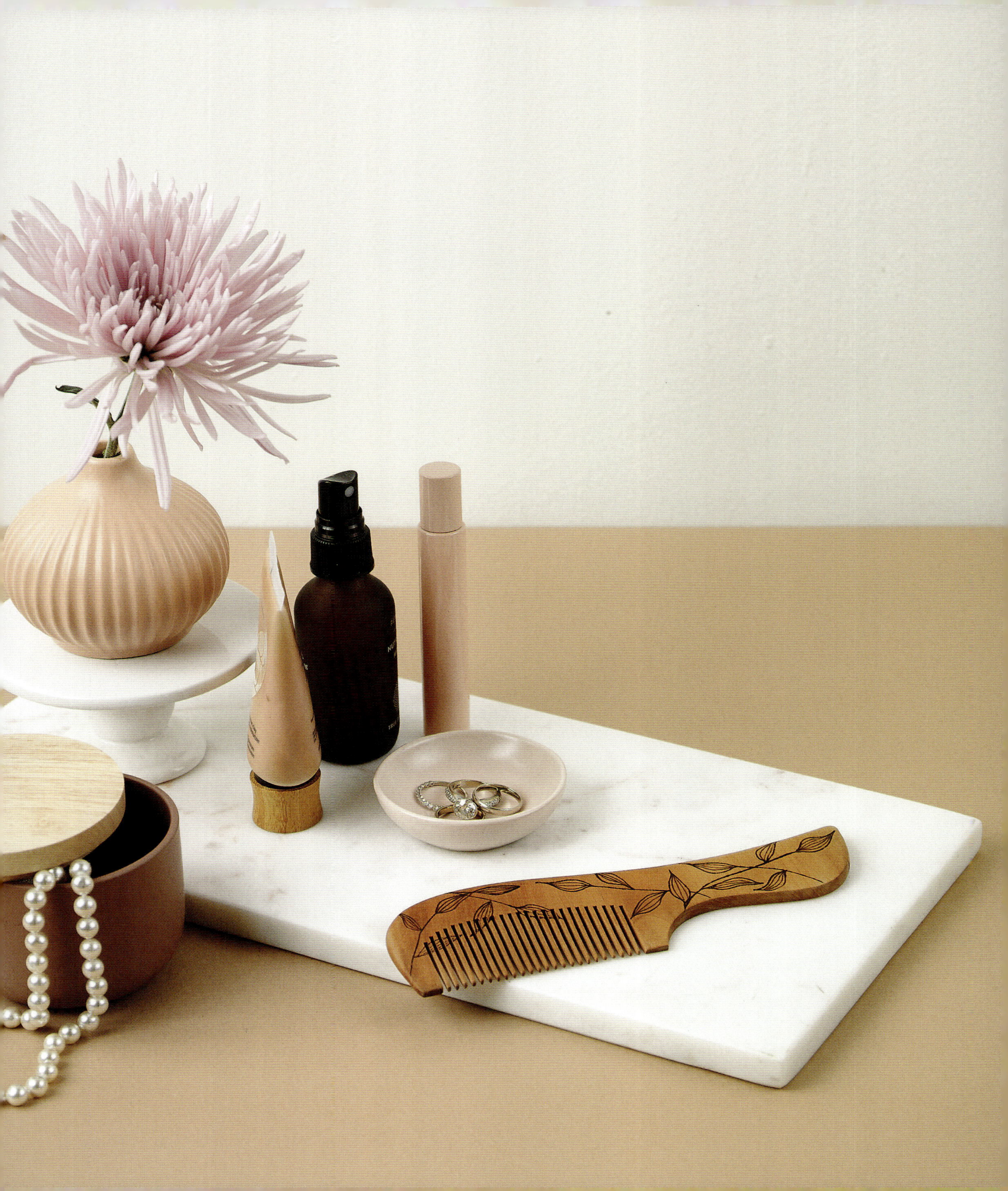

Holzkamm mit floralem Muster

Auf Pfirsichholz brennen

MATERIALIEN

- Holzkamm
- Schmirgelpapier
- Bleistift
- Schutzausrüstung
- Brandmalgerät + Gleit-, Spaten- oder Schreibspitze
- Finish

Pfirsichholz lässt sich hervorragend brennen. Es ist butterweich, besitzt einen intensiven Farbton, duftet herrlich und sieht gebrannt einfach toll aus. Dieser selbst verzierte Kamm sieht so hübsch aus, dass ihr euch die ganze Zeit die Haare kämmen wollt! Der beste Platz für dieses Schmuckstück ist auf einer Kommode, wo ihn jeder bewundern kann.

Ich weiß, ihr dachtet, ihr müsstet nicht frei Hand zeichnen, aber ihr kriegt das hin. Versprochen! Malt dieses leichte Design freihändig auf, nehmt eine dreidimensionale Oberfläche als Unterlage und wagt das Experiment, auf Pfirsichholz zu brennen. Dieser elegante Holzkamm eignet sich auch toll als Geschenk. Ihr könnt noch eine persönliche Signatur hinzufügen.

„Überlasst dem Brandmalkolben die Arbeit! Führt ihn lediglich!“

@spiritfireburns

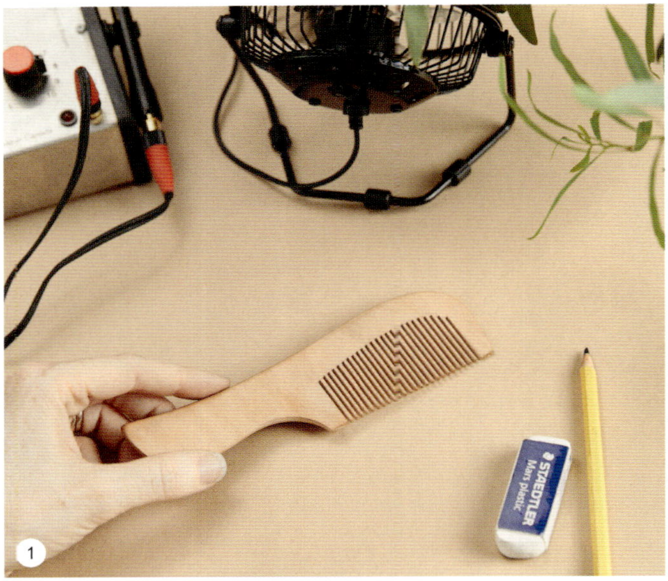

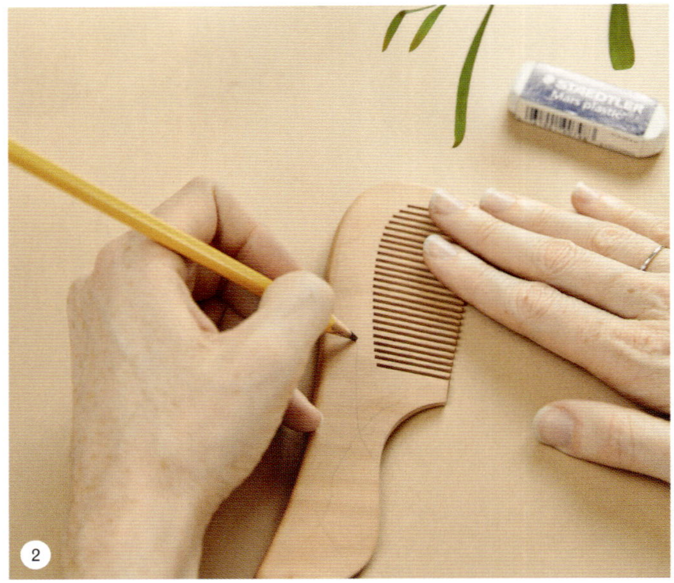

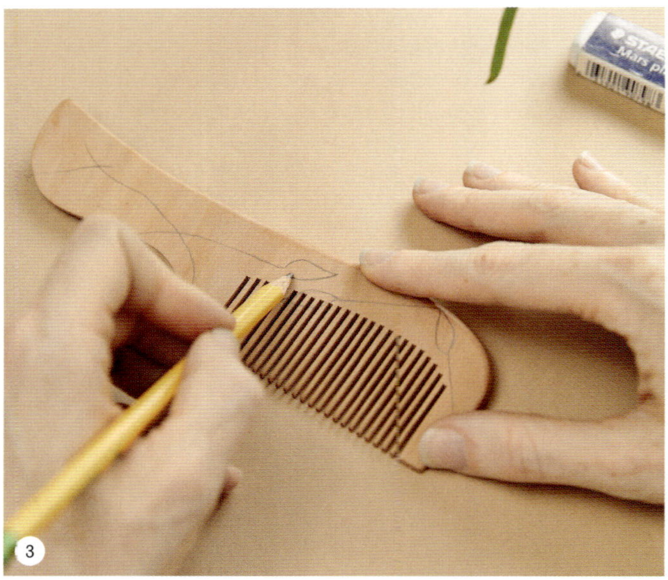

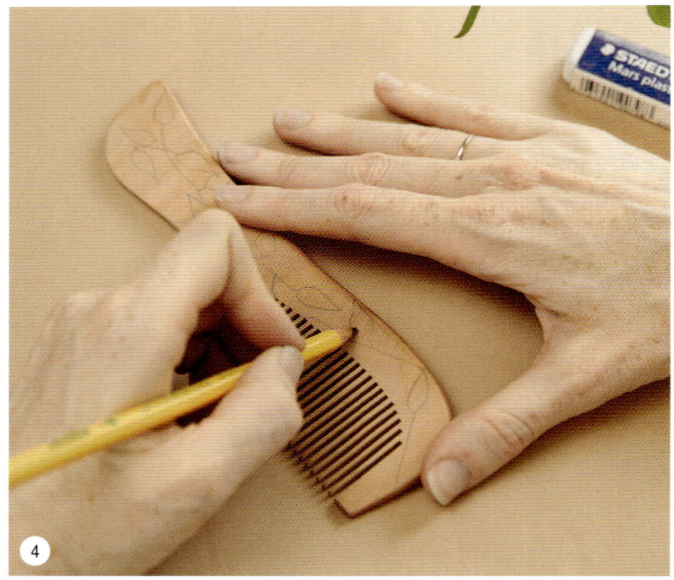

1. Schmirgelt den unbearbeiteten Holzkamm, bis die Oberfläche glatt ist. Für dieses Projekt benutze ich einen Kamm aus Pfirsichholz.

2. Zeichnet mit einem Bleistift Ranken und Stiele auf den Kamm. Malt sie in alle Richtungen auf und lasst Platz für die Blätter.

3. Zeichnet an jedes Stielende ein großes Blatt.

4. Dann fügt ihr weitere Blätter entlang der Ranken auf beiden Seiten hinzu. Zeichnet auch über die Kammzacken. Das Design muss nicht perfekt sein, denn die Natur ist es ja auch nicht, aber versucht, die Blätter etwa gleich groß und gleich geformt hinzubekommen.

5. Zeichnet in jedes Blatt der Länge nach Blattadern ein. Startet an einem Blattende und zeichnet eine Ader neben die andere. Zeichnet die Linien kurvig, damit sie der Blattform entsprechen. Versucht zwischen 3 bis 5 Linien in ein Blatt zu zeichnen.

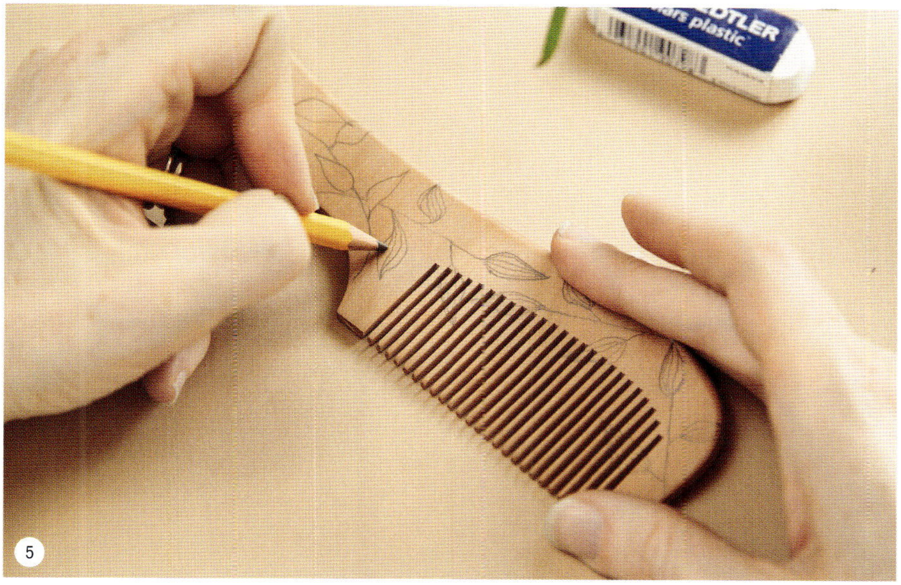

5

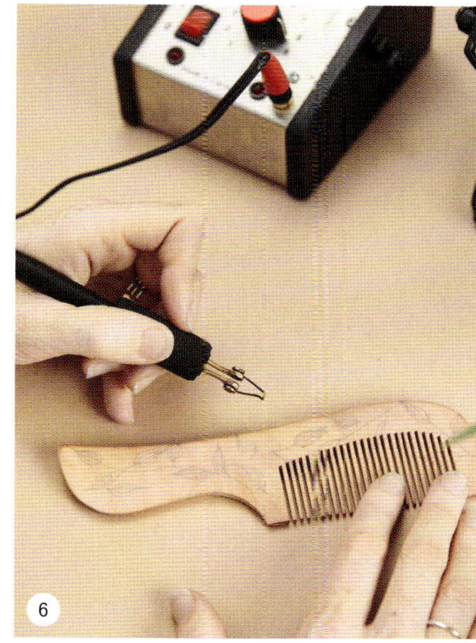

6

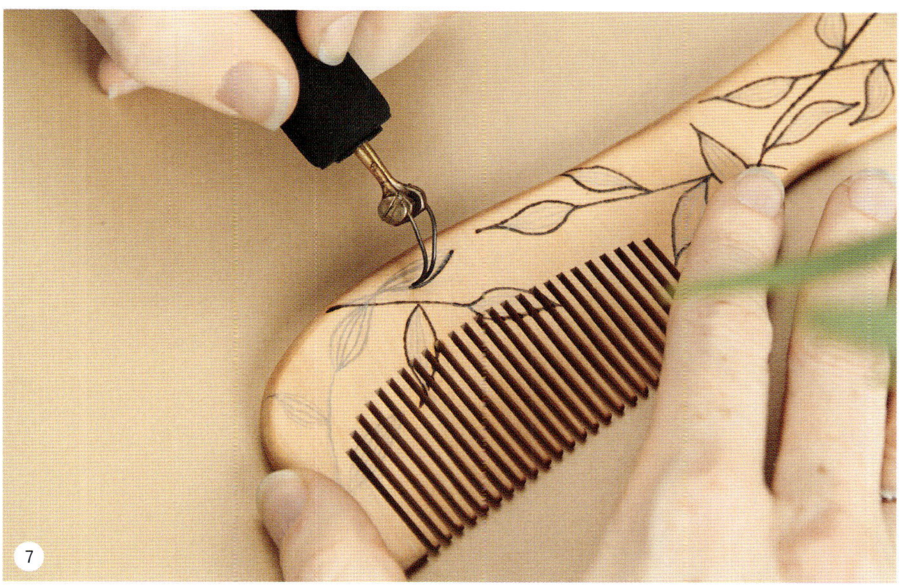

7

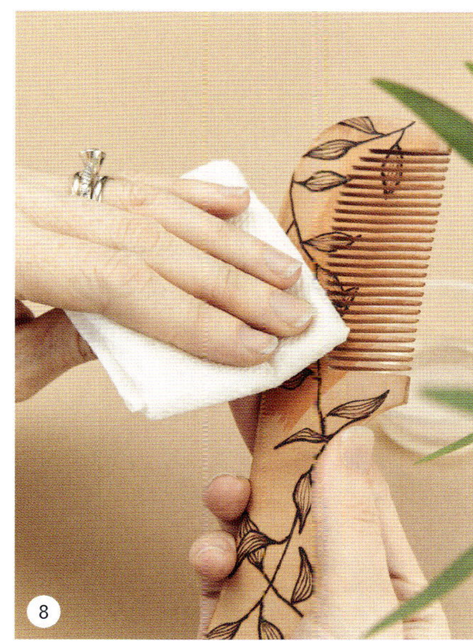

8

6 Wenn das Design fertig ist, wählt eine Formspitze aus, steckt sie sicher ins Brandmalgerät, heizt es auf und testet die Temperatur. Ich empfehle eine Gleit-, Spaten- oder Schreibspitze.

7 Fangt an zu brennen. Arbeitet langsam. Stützt die Hand mit eurem kleinen Finger ab und passt auf die andere Hand auf, die den Kamm festhält. Da der Kamm eine ungewöhnliche Form besitzt, werdet ihr den Griff öfter wechseln müssen.

8 Tragt ein Finish auf, das dem Kamm Feuchtigkeit spendet und das sicher für Haut und Haare ist. Ich benutze ein Mineralöl (siehe Seite 48 Finishes).

„Welches Finish ihr wählt, hängt davon ab, wie ihr das Werkstück verwenden wollt.“

@kirstyangove_art

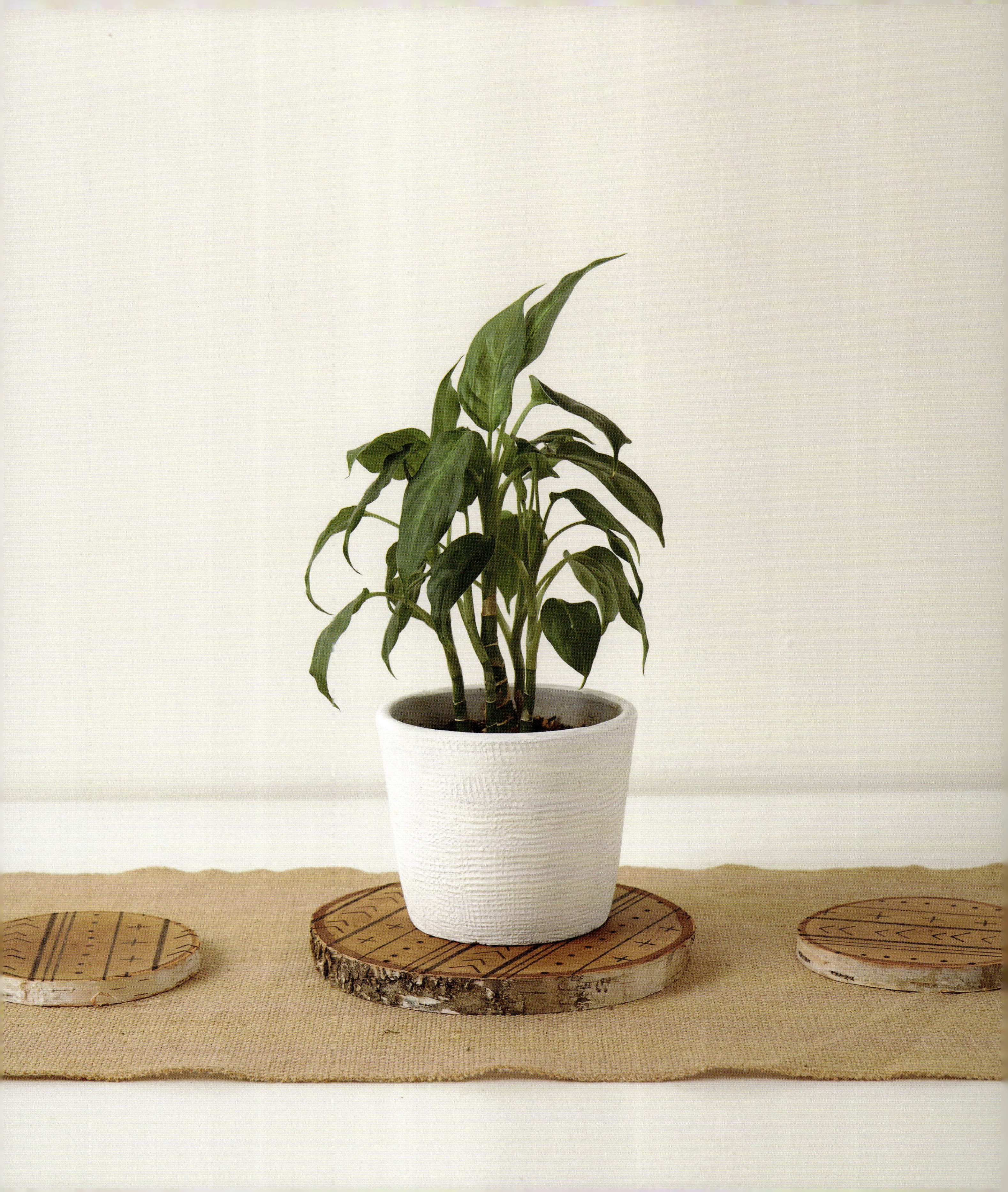

Holzuntersetzer mit Mudcloth-Muster

Auf Birkenholz brennen

MATERIALIEN

- Rundes Holzstück
- Vorlage
- Schmirgelpapier
- Schutzausrüstung
- Brandmalgerät + Gleit-, Spaten- und/oder Schreibspitze
- Transferutensilien
- Finish

Birke ist ein weiteres beliebtes Holz in der Welt der Brandmalerei. Es ist zwar etwas härter, lässt sich aber trotzdem leicht und schön brennen. Das Stück, das ich gewählt habe, besitzt eine natürliche Birkenrinde, die wie Papier aussieht, hat wunderschöne verschiedene Farbnuancen und ist einfach hübsch anzusehen. Das perfekte Holzstück für eine Tischdeko.

Dieser Eye-Catcher eignet sich besonders gut als Untersetzer für eine Kerze oder einen Blumentopf. Auch als Tischdeko macht dieses selbst gebrannte Birkenelement etwas her.

„Wenn ihr mit einem kleinen Holzstück arbeitet, auf dem kein Platz zum Ablegen der Hand ist, benutzt ein zweites Holz, das genauso dick ist wie euer Werkstück."

@craftedandburned

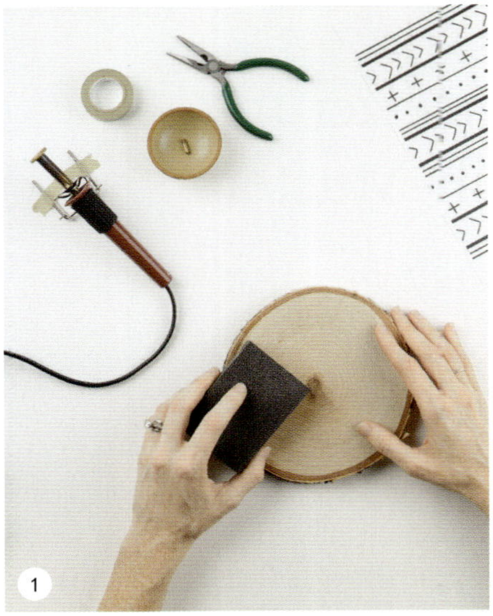

1

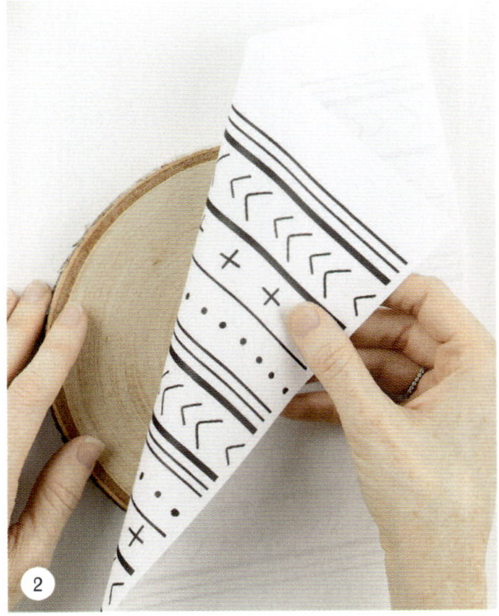

2

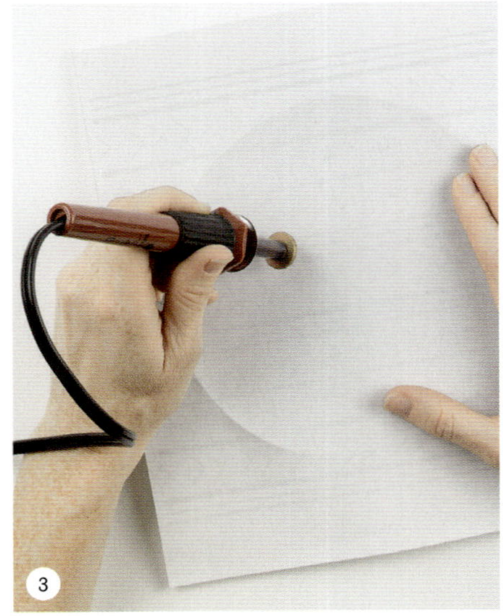

3

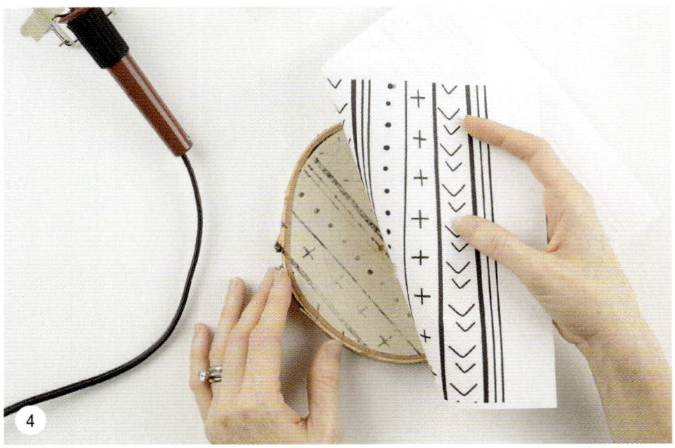

4

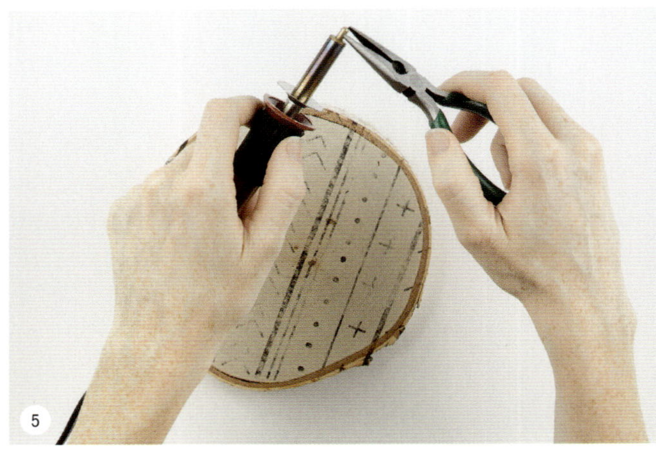

5

1. Wählt eine Vorlage und ein Holzstück aus. Es sollte trocken und glattgeschmirgelt sein. Für dieses Projekt benutze ich einen Birkenteller mit Rinde (siehe Seite 24 Hölzer).

2. Druckt die Vorlage auf einem Laserdrucker aus und platziert sie mit der rechten Seite nach unten auf das Holzstück. Zum Übertragen benutze ich diesmal Hitze. Falls ihr keine Formspitze zum Transferieren habt, könnt ihr auch eine andere Technik anwenden (siehe Seite. 28 Transfertechniken).

3. Übertragt die Vorlage auf das Holz. Ich benutze dazu das heiße Brandmalgerät mit einer Transferspitze. Erhitzt den Brandmalkolben mit dem sicher eingesetzten Transferaufsatz. Bewegt den Kolben in kreisenden Bewegungen (damit ihr nicht zu lange auf derselben Stelle brennt) und übt stärkeren, gleichmäßigen Druck aus.

4. Bevor ihr den Kolben wieder ausschaltet und die Vorlage entfernt, überprüft, ob das Motiv vollständig auf das Holz übertragen wurde.

5. Jetzt wechselt ihr die Formspitze aus (siehe Seite 18 Formspitzen). Entfernt den Transferaufsatz und setzt die gewünschte Spitze zum Brennen des Motivs ein. Vorher solltet ihr ein Keramikschälchen und eine Zange bereitlegen, damit ihr die Formspitze auswechseln könnt, während der Kolben noch heiß ist. Vorm Wechseln der Aufsätze immer das Brandmalgerät ausschalten.

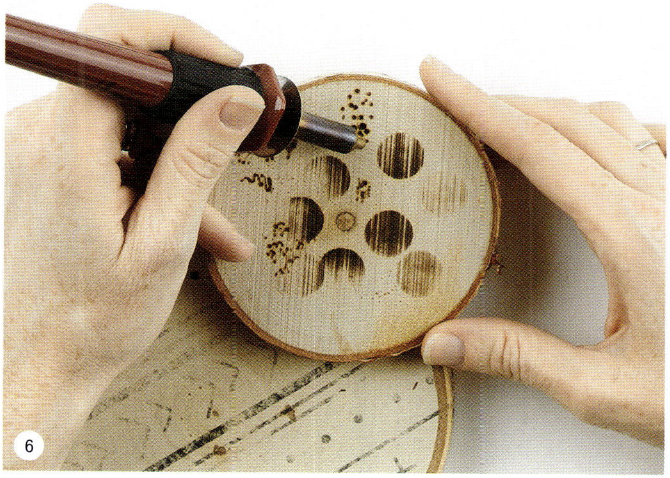
6

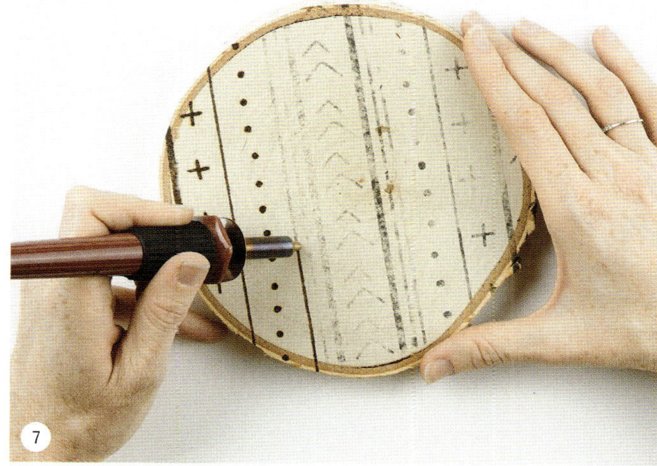
7

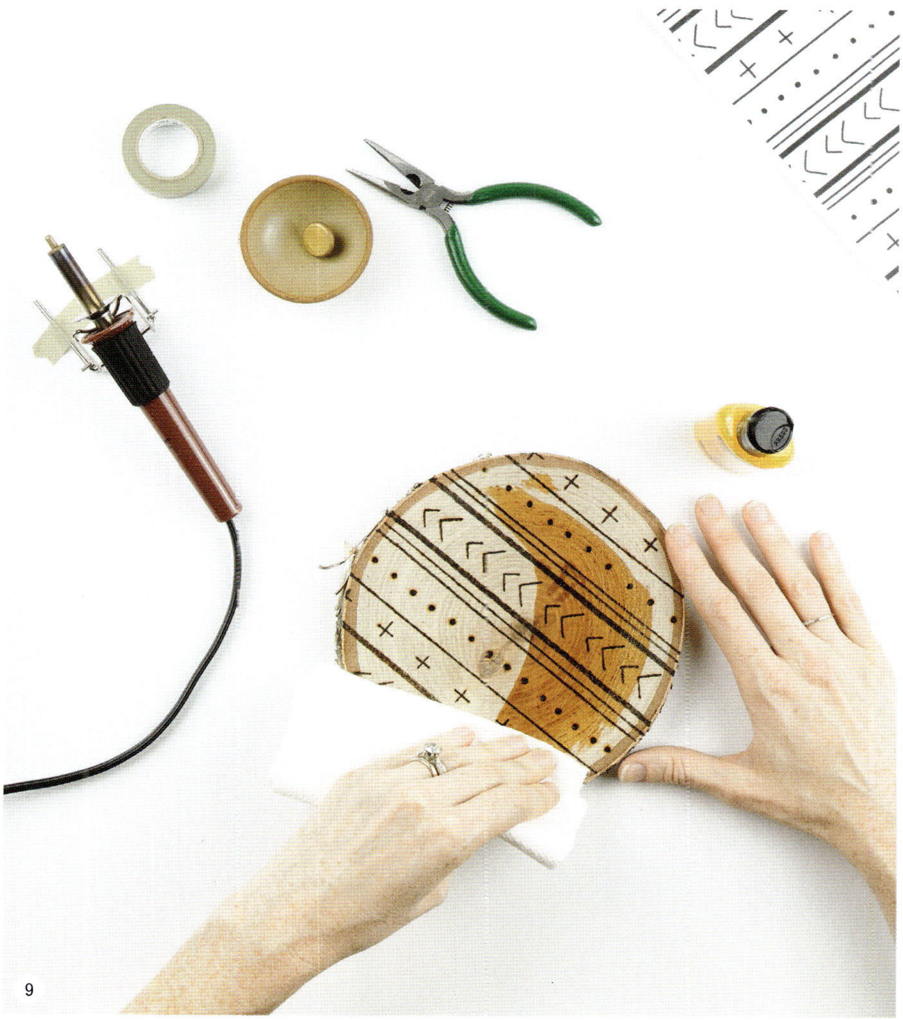
9

6 Schaltet den Brandkolben wieder ein und testet die Temperatur entweder auf einem Testholz (Birke) oder auf der Rückseite eures Werkstücks.

7 Fahrt mit dem Brandmalgerät die übertragenen Linien nach. Arbeitet langsam und mit ruhiger Hand. Denkt daran, den Kolben zu ziehen, nicht zu schieben.

8 Wenn der Brand fertig ist, entfernt ihr die restlichen Übertragungslinien. Hierfür benutze ich den Sand-Radierer.

9 Tragt ein Finish auf (siehe Seite 48 Finishes).

10 Lasst das Werkstück vollständig trocknen, bevor ihr es als Tischdeko verwendet.

Alle Vorlagen findet ihr auf quartoknows.com/page/WoodBurnBook

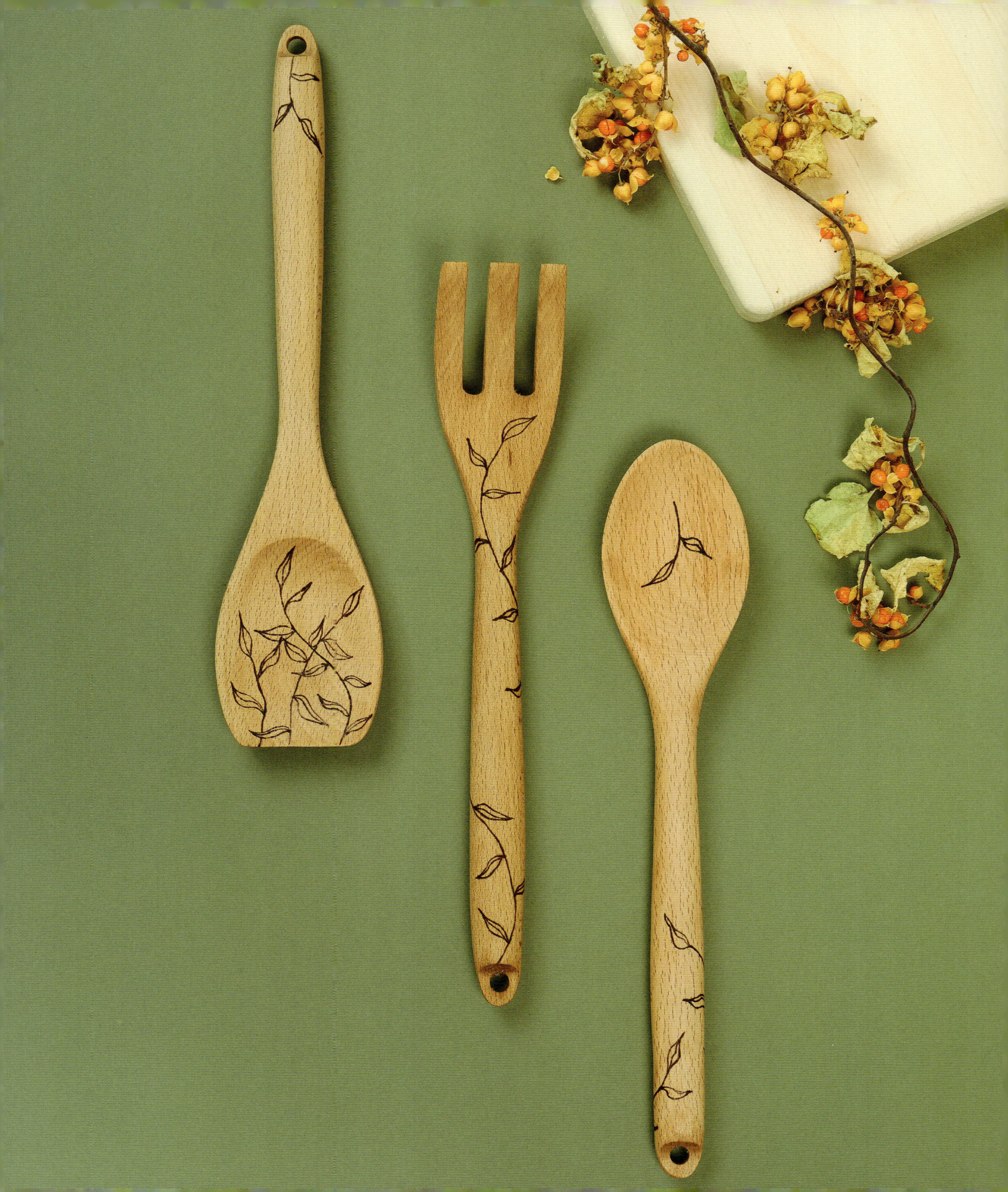

Holzlöffel freihändig verziert

Auf Buchenholz brennen

MATERIALIEN

- Holzutensil
- Schmirgelpapier
- Seife und Wasser
- Bleistift
- Schutzausrüstung
- Brandmalgerät + Gleit-, Spaten- oder Schreibspitze
- Lebensmittelechtes Finish

Buchenholz lässt sich sauber und weich brennen, weswegen es sich ausgezeichnet für ein Küchenutensilien-Projekt eignet. Dieser Holzlöffel mit einem freihändig gezeichneten Blattmotiv, das ihr ganz einfach nachmalen könnt, sieht nicht nur hübsch aus, sondern gibt auch ein praktisches Geschenk ab, das einfach jeder gebrauchen kann. Diese selbst verzierten Kochutensilien sehen so kostbar aus, dass ihr sicher den Satz „Der Löffel ist ja viel zu schön zum Kochen!“ hören werdet.

Dieses Motiv ist einfach und ihr könnt es je nach Form und Größe eures Utensils abwandeln. Mit dieser Zeichentechnik lassen sich auf den Utensilien ganz verschiedene Effekte erzeugen: Die Blätter können sich vom Stiel nach unten hangeln, ihr könnt ein einziges Blatt auf die Löffelkuhle oder mehrere Blätterranken auf die Rückseite des Utensils zeichnen. Probiert einfach aus, was euch am besten gefällt, und kreiert euren ganz eigenen entzückenden und funktionalen Küchenhelfer!

„Drückt beim Übertragen nicht zu fest mit dem Bleistift auf. Vertraut mir!“

@redroofbarnllc

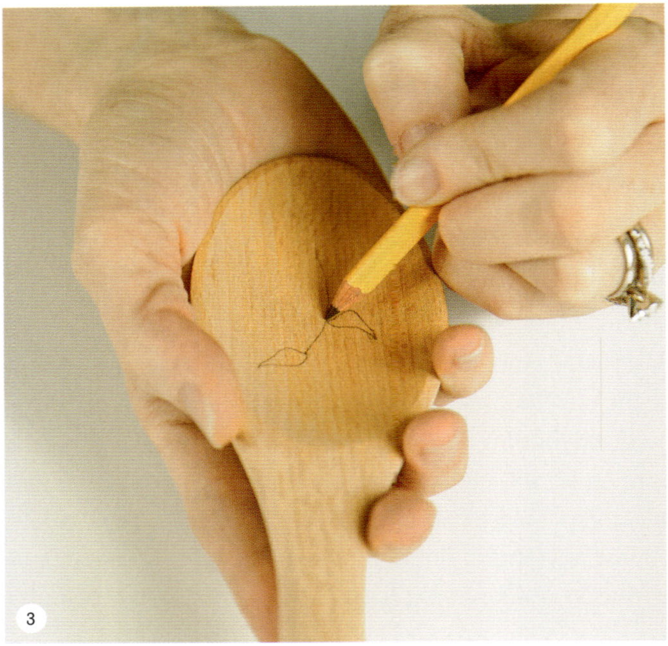

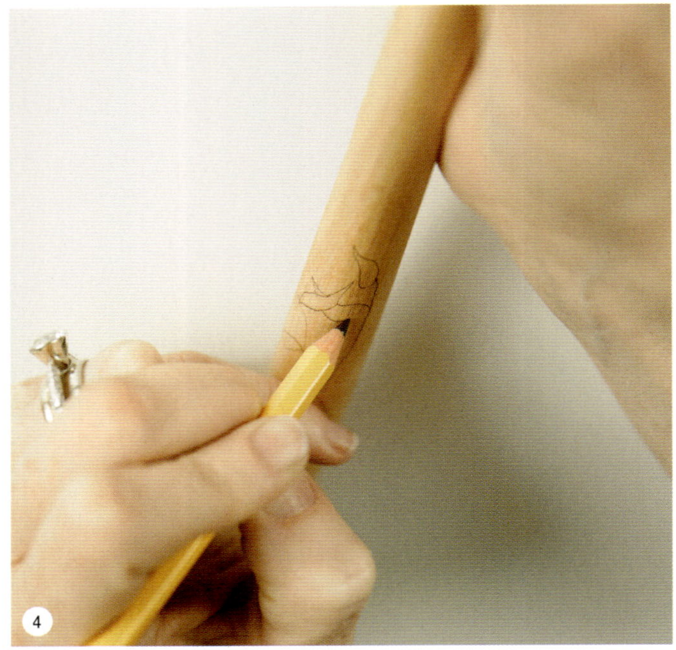

1. Als erstes schmirgelt ihr das unbehandelte Utensil glatt. Reinigt es mit Seife und Wasser und lasst es vollständig trocknen. Für dieses Projekt werde ich Küchenutensilien aus Buche verwenden.

2. Zeichnet mit einem Bleistift vorsichtig die Hauptranke auf den Holzlöffel auf. Dies ist einfach eine geschwungene Linie. Sie kann lang, kurz, kurvig oder gerade sein und kann mehrere Äste besitzen. Lasst eurer Kreativität freien Lauf, ohne mit dem Bleistift zu fest aufzudrücken. Ein leichter Druck, um eine dünne Markierung zu sehen, genügt. So könnt ihr die Reste und eventuelle Fehler hinterher einfacher ausradieren.

3. Wenn ihr mit dem Aufzeichnen der Ranken fertig seid, fügt ihr die Blätter hinzu. Zeichnet dafür längliche Blättchen abwechselnd rechts und links der Ranke, wobei eines gelegentlich von der Ranke gerade nach oben wachsen sollte. Ich beginne mein Blatt immer mit einem Punkt und beende es auch mit einem Punkt. Die Gestaltung des Raums zwischen den beiden Punkten variiert. Versucht, die Blätter etwa gleich lang zu zeichnen. Natürlich müssen sie nicht perfekt aussehen. Das Gesamtbild eurer Ranke könnt ihr verändern, indem ihr die Blätter größer, kleiner, dicker oder dünner malt.

4. Wenn sich zwei Blätter an derselben Stelle befinden sollen, zeichnet ein komplettes Blatt. Das andere zeichnet ihr nur halb hinter das Hauptblatt, so dass der Eindruck erscheint, das zweite Blatt verschwindet hinter dem ersten. Falls es euch schwerfällt das hintere Blatt zu zeichnen, malt es erst vollständig auf und radiert dann die Teile aus, die von dem vorderen Blatt verdeckt sein sollen.

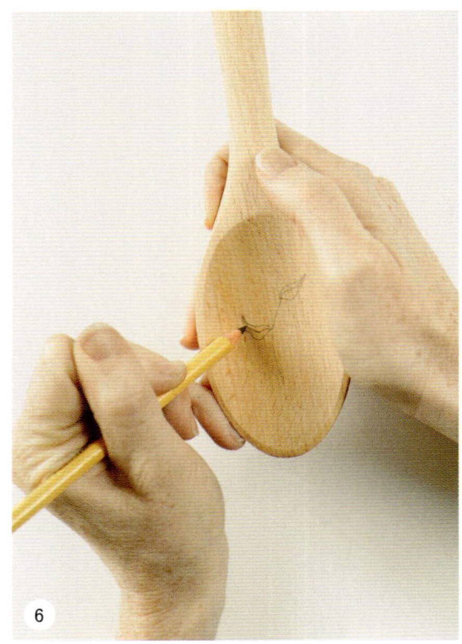

5. Zeichnet so viele Blätter an die Ranke, wie ihr mögt. Ihr könnt sie immer wieder wegradieren und von neuem anfangen.

6 Zeichnet in die Blätter der Länge nach eine dünne Linie – die verleiht noch mehr Blattstruktur. Sie muss nicht exakt in der Mitte oder perfekt sein. Die Natur ist schließlich auch nicht perfekt. Je mehr Variationen, desto realistischer wirken die Blätter.

7 Legt euer Brandmalgerät und die Formspitze eurer Wahl bereit (siehe Seite 18 Formspitzen). Erhitzt das Brandmalgerät und sorgt für die nötige Sicherheit.

8 Fahrt mit dem Brandmalkolben die Bleistiftlinien nach. Arbeitet langsam und ruhig. Auf einem Holzlöffel zu brennen kann etwas heikel sein. Stützt eure Hand, mit der ihr den Kolben führt, mit eurem kleinen Finger ab. Mit der anderen Hand haltet ihr den Holzlöffel auf der Arbeitsplatte fest.

9 Wenn ihr mit dem Brennen fertig seid, radiert ihr die restlichen Bleistiftlinien weg, reinigt den Löffel mit Seife und Wasser und lasst ihn vollständig trocknen.

10 Tragt ein lebensmittelechtes Finish auf den Löffel auf (siehe Seite 48 Finishes). Den Löffel bitte nicht in die Geschirrspülmaschine legen, denn das überlebt der Brand nicht lange. Von Zeit zu Zeit solltet ihr auch das Finish erneuern, damit ihr lange Spaß an dem Löffel habt. Falls ihr ihn verschenkt, könntet ihr dem Utensil ein kleines Kärtchen mit einem Pflegehinweis beilegen, damit der Beschenkte oder die Beschenkte es nicht in die Geschirrspülmaschine legt und es gelegentlich mit einem Schutzmittel einreibt.

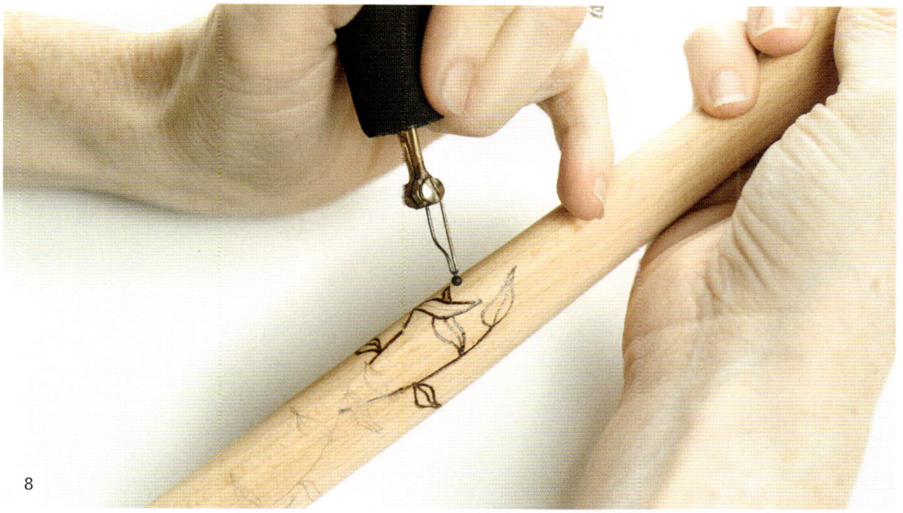
8

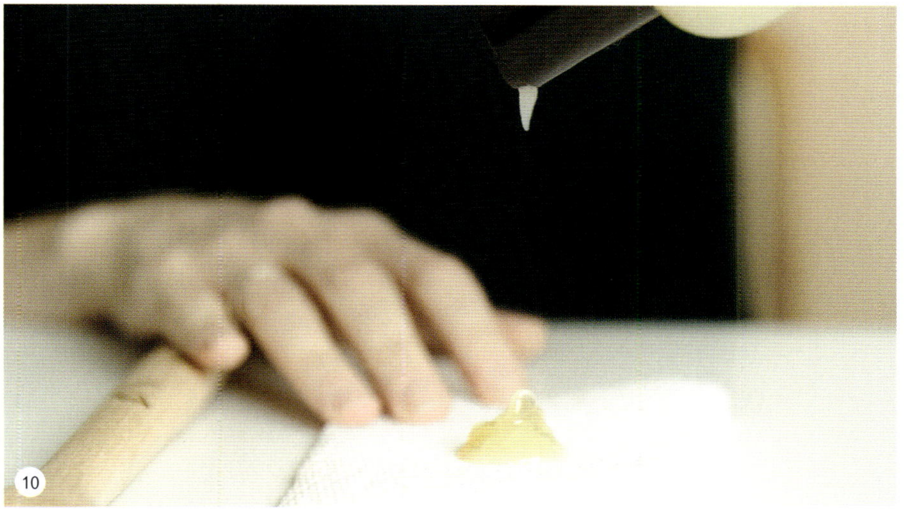
10

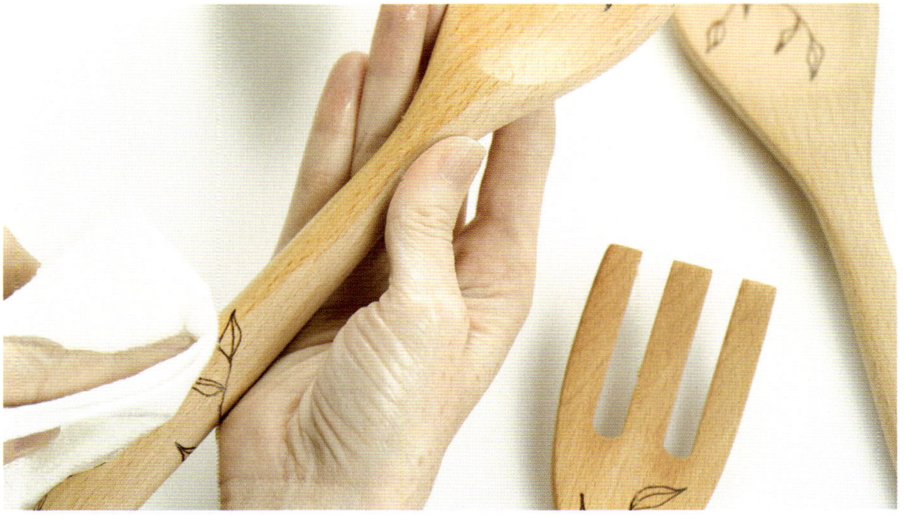

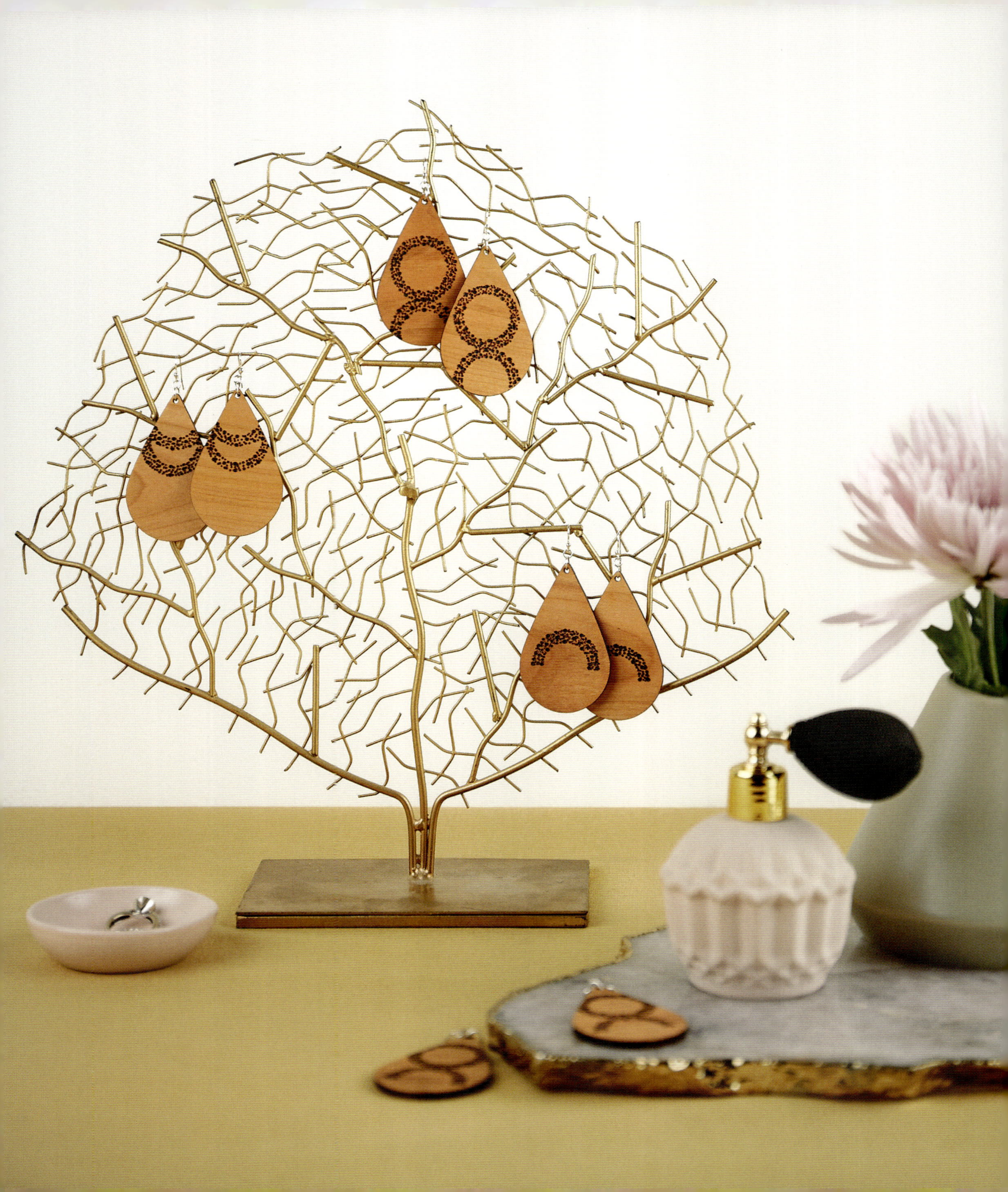

Holzohrringe

Auf Kirschholz brennen

MATERIALIEN

- Blanke Holzohrringe
- Holzscheibe
- Klebeband
- Geschlossener Biegering, 4 mm
- Offener Biegering 6 mm
- Ohrhaken
- Schutzausrüstung
- Brandmalgerät + Gleit- oder Schreibspitze
- Münzen
- Zange
- Finish

Kirsche ist ein sehr hübsches und überall erhältliches Holz. Seine Farbe ist von Natur aus warm und es brennt und duftet herrlich. Für diesen handgefertigten Schmuck braucht ihr schlichte Kirschholzohrringe, ein wenig Zeit, ein paar Punkte und Münzen. Die Ohrringe findet ihr in Bastelläden oder online in allen möglichen Größen und Formen.

Für den grafischen Look, der die Ohrringe zu einem echten Hingucker macht, benutzt ihr Münzen als Schablonen. Diese dezenten Ohrhänger passen zu jedem Outfit, sind leicht, günstig und eignen sich perfekt als persönliches Geschenk.

„Experimentiert viel!“

@completelydevoted_designs

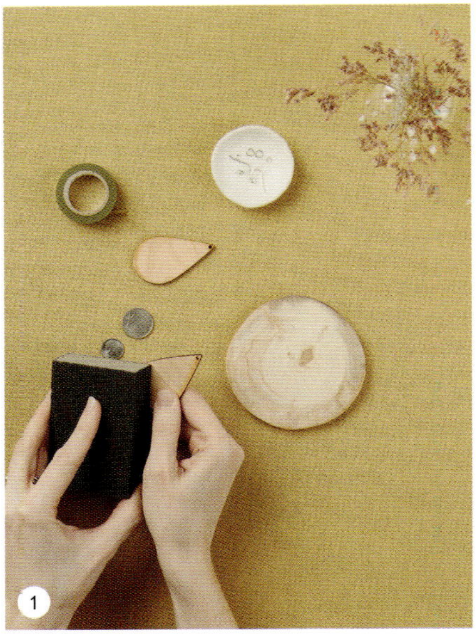

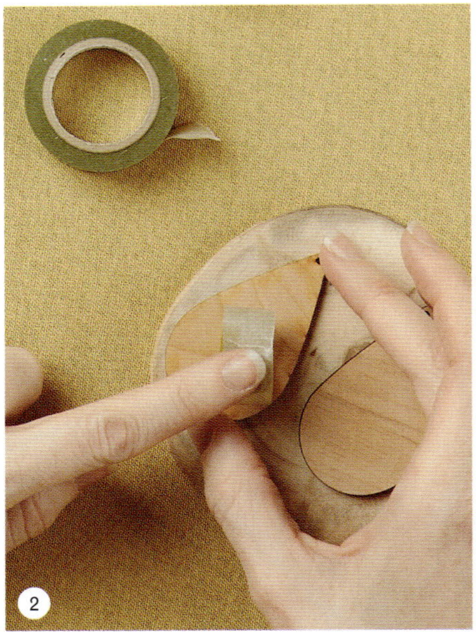

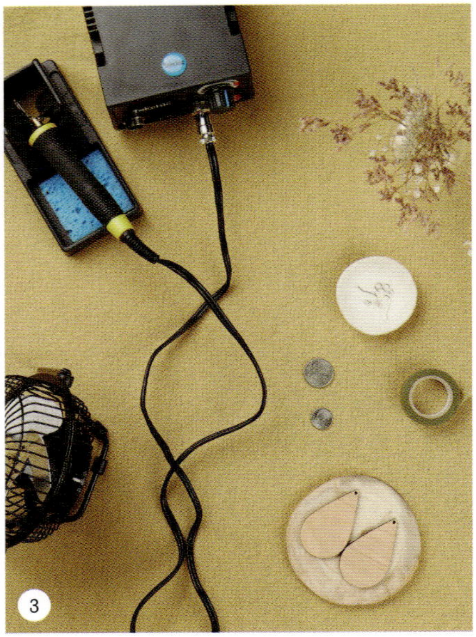

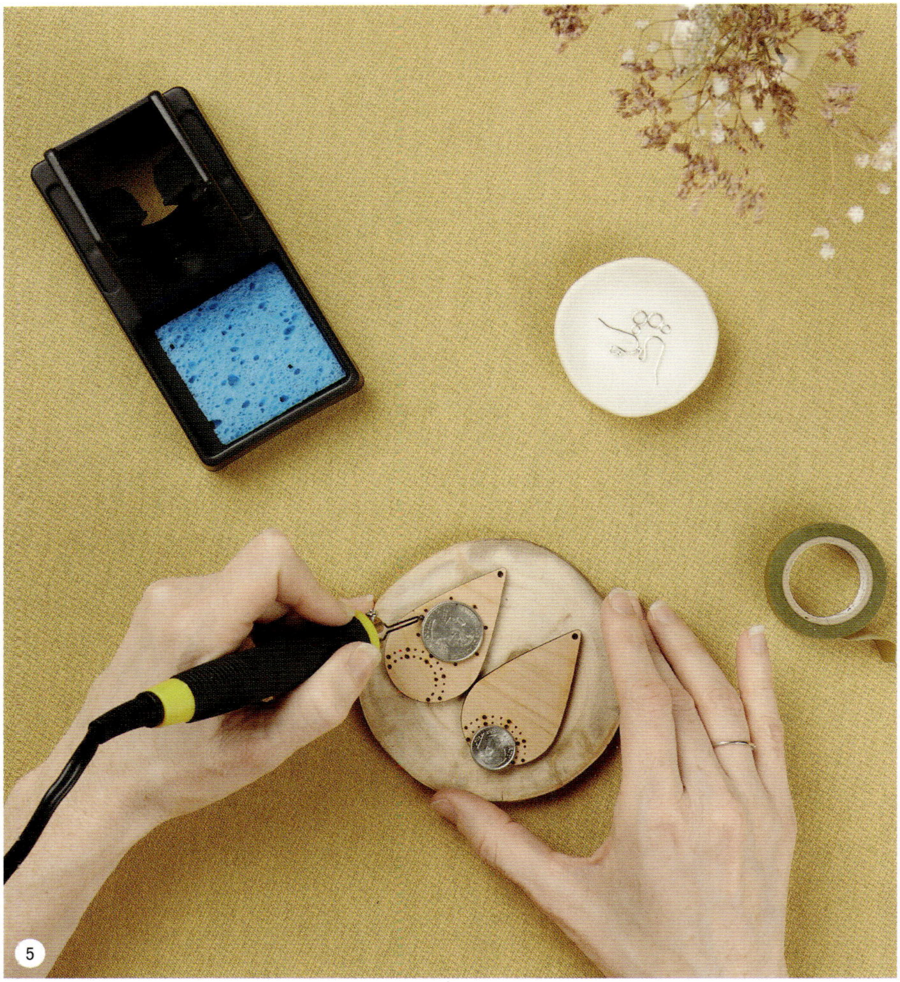

1. Zunächst bereitet ihr die unbehandelten Holzohrringe vor. Sie sollten trocken und glattgeschmirgelt sein. Für dieses Projekt verwende ich Kirschholz.

2. Klebt die Rückseite der Ohrringe auf ein größeres Stück Holz, damit ihr besser mit ihnen arbeiten könnt.

3. Wählt eine Formspitze aus, setzt sie ein und erhitzt das Brandmalgerät. Für dieses Motiv verwende ich eine Gleitspitze mit einer Kugelspitze (siehe Seite 18 Formspitzen).

4. Platziert eine oder mehrere Münzen auf die Ohrringe und klebt sie an gewünschter Stelle auf dem Holz fest.

5. Jetzt brennt ihr mit dem Brandmalkolben Punkte rund um die Münze(n) herum. Wie bei einer Schablone, setzt ihr die Punkte direkt am Rand der Münze.

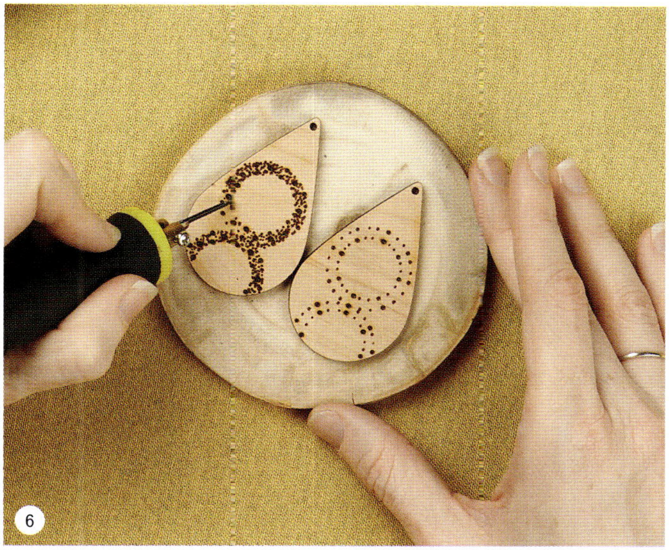

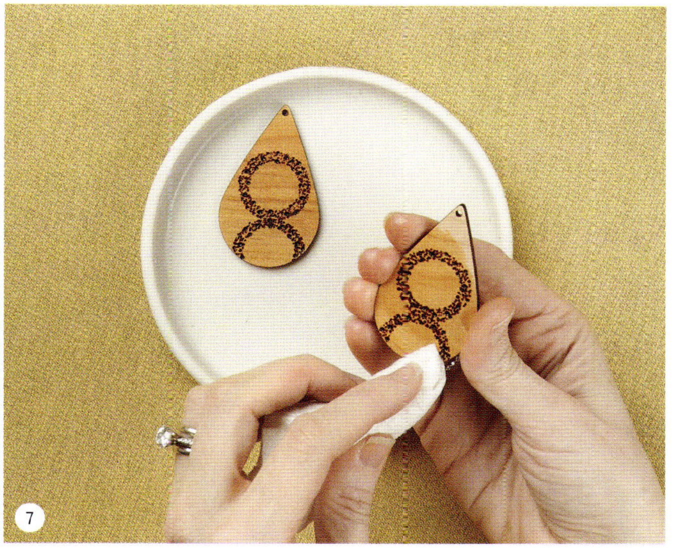

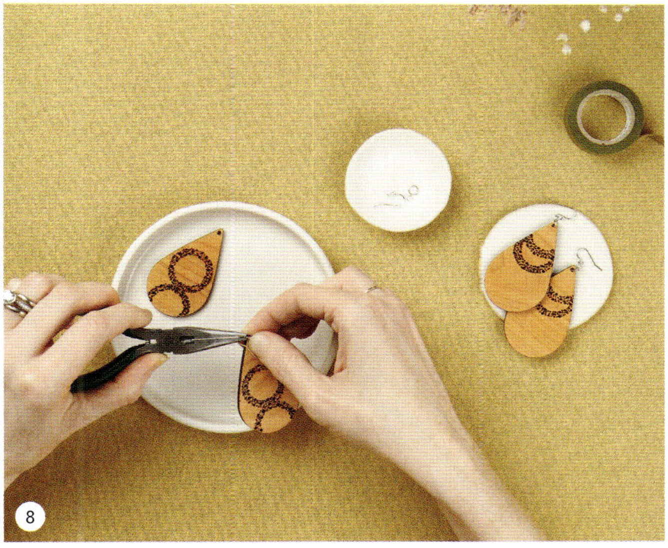

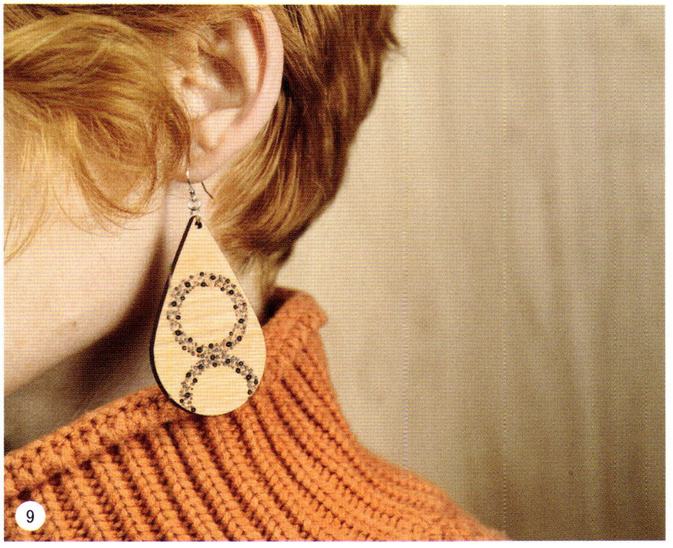

6 Sobald ihr den Kreis aus Punkten auf das Holz übertragen habt, entfernt ihr die Münze(n) und kreiert einen Punktstich-Effekt, indem ihr viele weitere Punkte hinzufügt (siehe Seite 40 Struktur geben). Ihr könnt hier völlig frei gestalten und drei Münzen verwenden, den Kreis mit Punkten ausfüllen oder die Anzahl der Punkte in eine Richtung abnehmen lassen.

7 Anschließend tragt ihr noch ein Finish auf, damit die wunderschöne Kirschmaserung betont wird. Ich benutze einen Holz-Conditioner (siehe Seite 48 Finishes).

8 Öffnet mit einer Zange den offenen Biegering (6 mm), bringt ihn durch das Loch an den Ohrringen an, fügt den geschlossenen Biegering (4 mm) hinzu und schließt den offenen Biegering wieder, damit er nicht aus dem Ohrring rutschen kann.

9 Jetzt schiebt ihr den kleinen, geschlossenen Biegering über den Ohrhaken. Schließt die Öse, damit der Ohrhaken nicht herausrutscht. Und schon habt ihr ein ganz neues Paar Ohrringe! Legt sie an und freut euch auf einen Tag voller Komplimente!

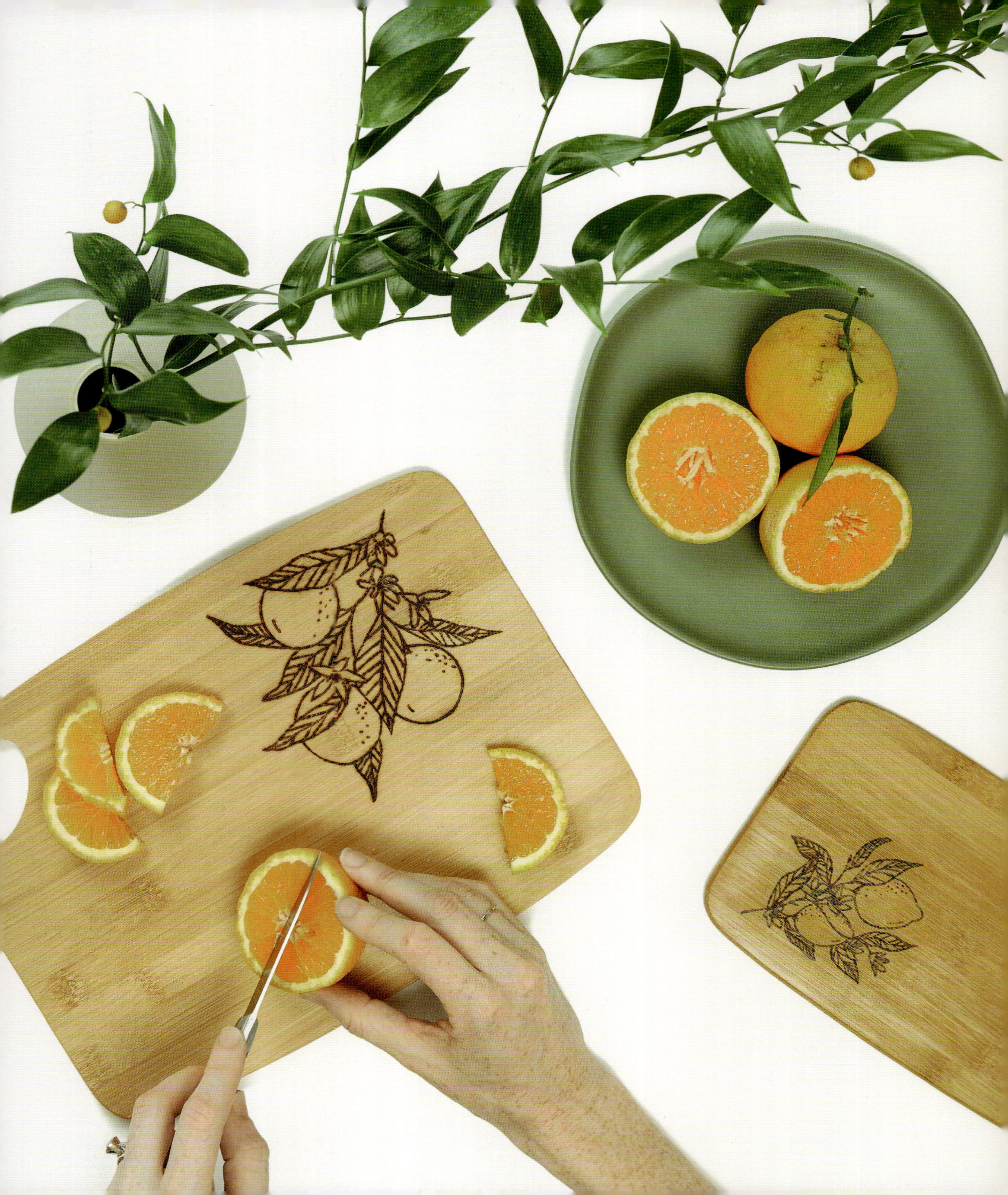

Spritziges Schneidebrett

Auf Bambus brennen

MATERIALIEN

- Holzschneidebrett
- Vorlage
- Schmirgelpapier
- Transferutensilien
- Schutzausrüstung
- Brandmalgerät + Gleit-, Spaten oder Schreibspitze
- Lebensmittelechtes Finish

Ein Schneidebrett zu verzieren macht richtig viel Spaß, weil man am Ende ein wahres Kunstwerk hat, das man auch benutzen kann – und wer mag keine funktionelle Kunst? Dank seiner dicken und faserigen Beschaffenheit eignet sich Bambus perfekt für Schneidebretter. Leider erschweren gerade diese Eigenschaften das Brennen auf dem Holz etwas. Aber keine Sorge, die Mühe lohnt sich allemal!

Dank der filigranen Brandverzierungen wird aus einem günstigen und nachhaltigen Bambusschneidebrett ein wertvolles Lieblingsstück. Auf einem handgebrannten Schneidebrett macht selbst das Gemüseschnippeln Spaß. Garantiert.

„Lange Striche lassen sich einfacher brennen, wenn ihr dem Maserungsverlauf des Holzes folgt."

@sheepianna1

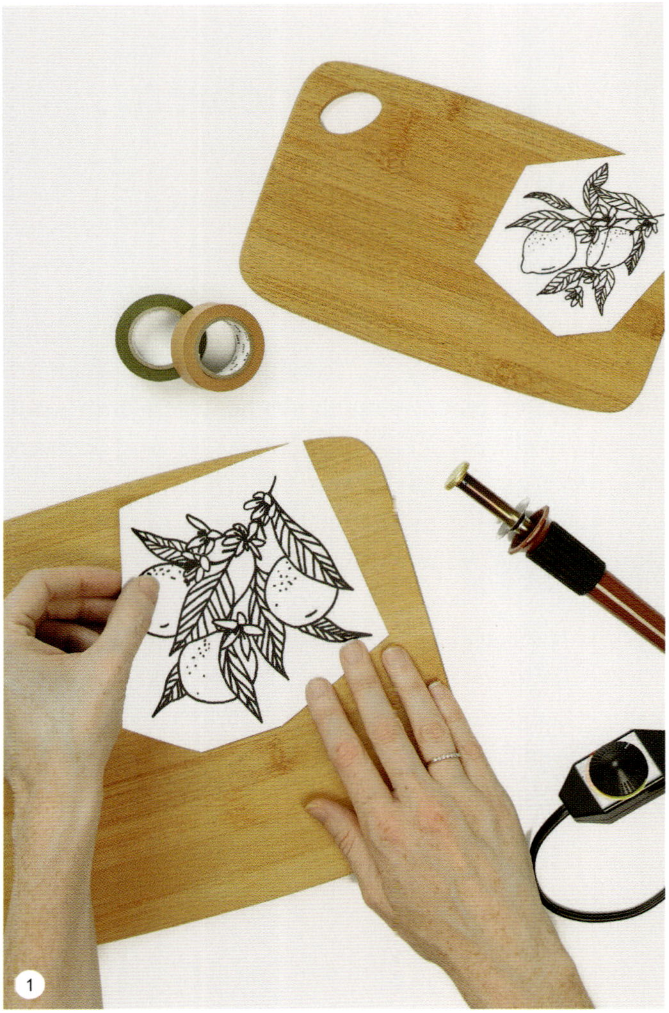

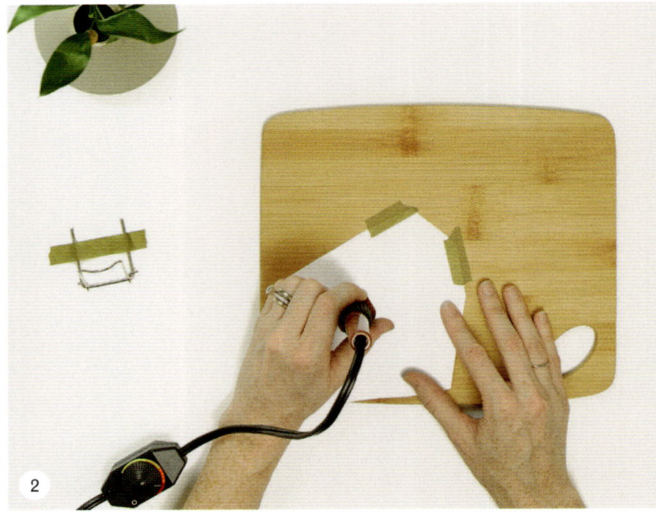

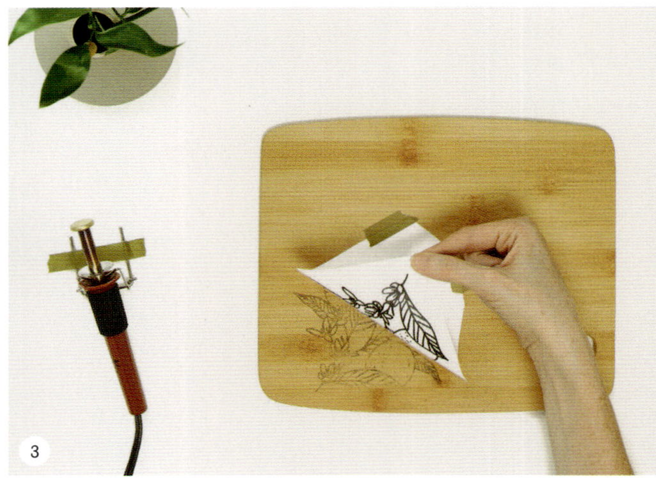

1. Schmirgelt das Holz glatt und wischt die Staubreste ab. Dadurch geht das Übertragen und Brennen leichter. Auch wenn Bambus sich sehr gut für Schneidebretter eignet, lässt es sich aufgrund seiner Härte und der Unebenheiten in der Maserung etwas schwerer brennen. Deswegen solltet ihr es wirklich gut glattschmirgeln. Schneidet eure Vorlage auf die gewünschte Größe zu.

2. Für dieses Projekt könnt ihr als Transfermethode das blaue Transferpapier, Grafit oder Hitze wählen. Ich benutze Hitze als Übertragungstechnik (siehe Seite 28 Transfertechniken). Bei dieser Methode druckt ihr das Motiv spiegelverkehrt (vor allem, wenn es sich um eine Schrift handelt) auf normalem Druckerpapier mithilfe eines Laserdruckers aus. Schneidet das Motiv aus und klebt es mit der Tinte nach unten auf das Holz.

3. Übertragt das Motiv mit dem Brandmalkolben und dem mittelheißen bis heißen Transferaufsatz in kreisenden Bewegungen und mit festem, gleichmäßigem Druck auf das Holz. Verharrt mit dem Kolben nicht zu lange auf derselben Stelle, damit ihr das Holz nicht versengt. Bevor ihr die Vorlage von dem Holz entfernt, seht nach, ob das Motiv vollständig auf das Brett übertragen wurde.

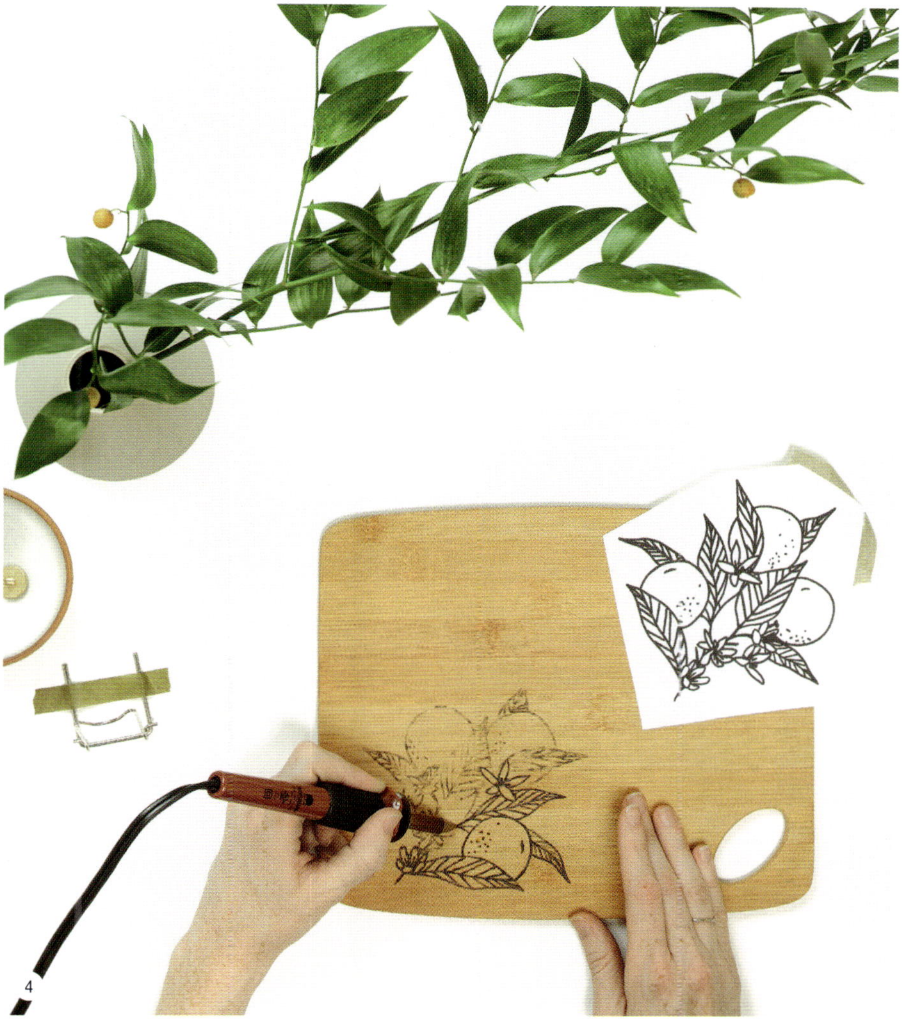

4

4 Schaltet den Brandmalkolben aus und entfernt den heißen Transferaufsatz mit einer Zange und legt ihn in ein Keramikschälchen. Ersetzt ihn durch eine Gleit-, Spaten- oder Schreibspitze. Fahrt die Übertragungslinien mit dem Kolben nach. Da Bambus ein hartes Holz ist, benötigt es höhere Temperaturen zum Brennen. Am besten, ihr testet die Temperatur vorher auf einem anderen Stück Bambusholz. Vergesst nicht, den Kolben zwischendurch zu reinigen, damit die Brandlinien sauber werden.

5 Wenn ihr fertig seid, wascht ihr das Brettchen mit Wasser und Seife und lasst es vollständig trocknen. Zum Schluss bringt ihr das stumpfe Brettchen mithilfe eines lebensmittelechten Öls so richtig schön zum Glänzen (siehe Seite 50 Finishes).

6 Falls ihr das Brettchen verschenkt, legt am besten ein Kärtchen mit einem Pflegehinweis bei, damit der oder die Glückliche es richtig pflegen kann und auch lange etwas davon hat. Holzbrettchen sollten nicht in die Geschirrspülmaschine, und man sollte sie des Öfteren mit einem Öl einreiben, damit der Brand lange hübsch aussieht.

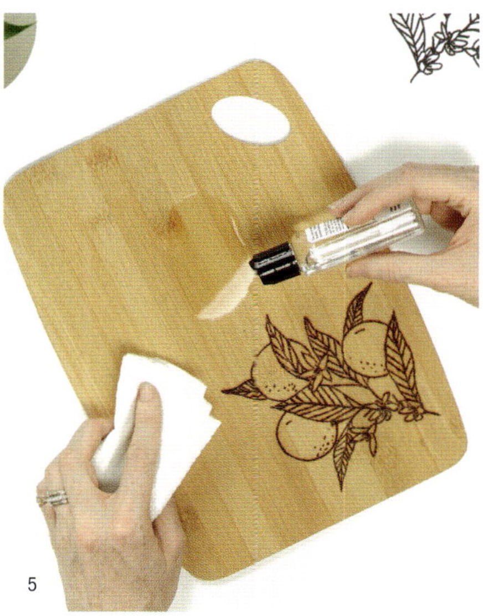

5

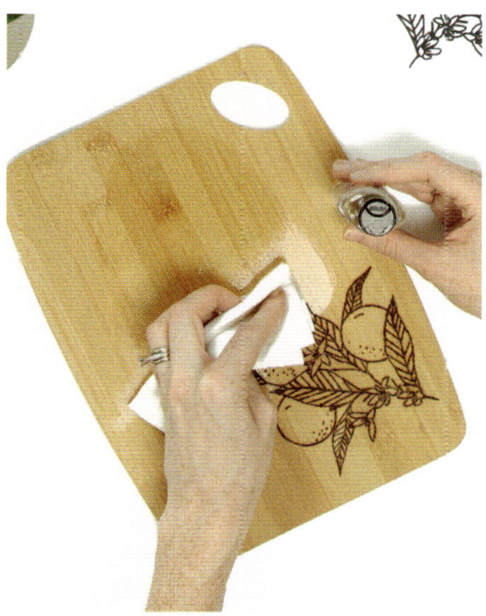

Alle Vorlagen findet ihr auf quartoknows.com/page/WoodBurnBook

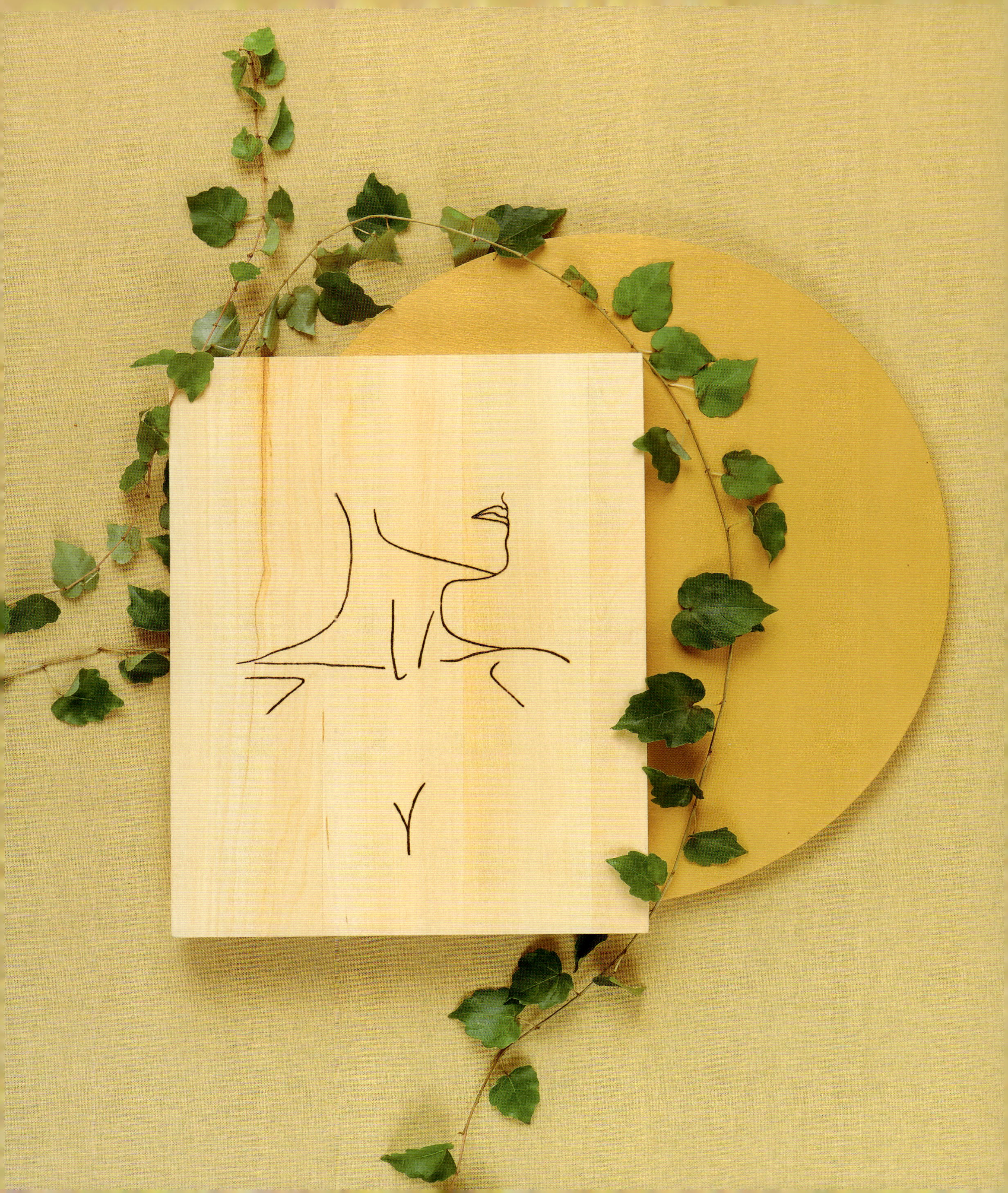

Auf Amerikanischer Linde brennen

Line-Art-Silhouette

MATERIALIEN

- Leinwand aus Holz
- Digitalfoto
- Drucker
- Stift oder Fasermaler mit dünner Spitze
- Schmirgelpapier
- Transferutensilien
- Schutzausrüstung
- Brandmalgerät + Gleit- oder Schreibspitze
- Bildaufhänger
- Finish

Dieses elegante Motiv wurde auf Lindenholz gebrannt, welches mein absolutes Lieblingsholz zum Brennen ist, da es hübsch aussieht, weich und hell ist und kaum Unreinheiten oder harte Maserungslinien aufweist – also das perfekte Holz zum Brennen. Diese schlichte Silhouette auf Lindenholz könnte in einem Museum hängen. Mit dieser Technik könnt ihr ein Foto ohne viel Aufwand in ein ganz persönliches Kunstwerk verwandeln. Die Schönheit liegt in der Einfachheit seiner Herstellung und der Tatsache, dass es eigentlich ein Foto ist. Und obwohl es wie ein echter Picasso aussieht, kostet es kaum etwas.

Sobald ihr die Technik draufhabt, sind eurer Kreativität keine Grenzen mehr gesetzt. Ihr könnt zum Beispiel wunderschöne Brandzeichnungen von eurem Lieblingsrücken, einer filigranen Hand, speckigen Babybeinen oder einem markanten Kinn kreieren. Jede Person, jede Perspektive, jeder Gegenstand, Winkel oder jedes Körperteil hat plötzlich das Potenzial ein originelles Kunstwerk zu sein. Ich wünsche euch ganz viel Spaß beim Entdecken und Ausprobieren dieser Technik!

„Schützt Brandmalwerke vor direktem Sonnenlicht. Die Brände verbleichen sonst.“

@photo_journal_girl

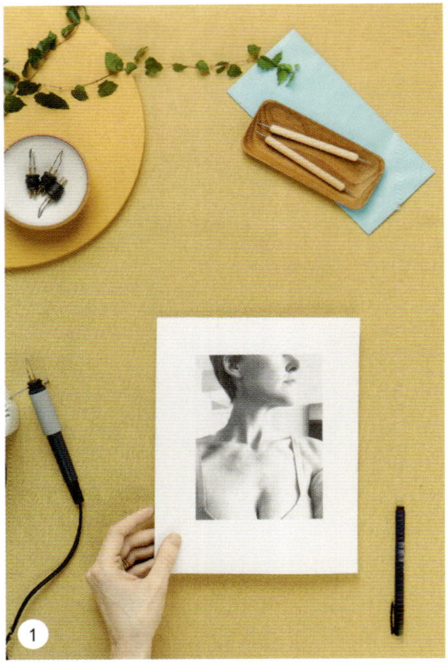

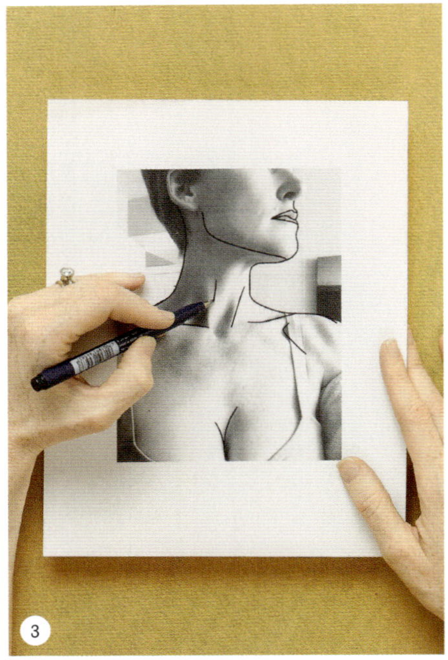

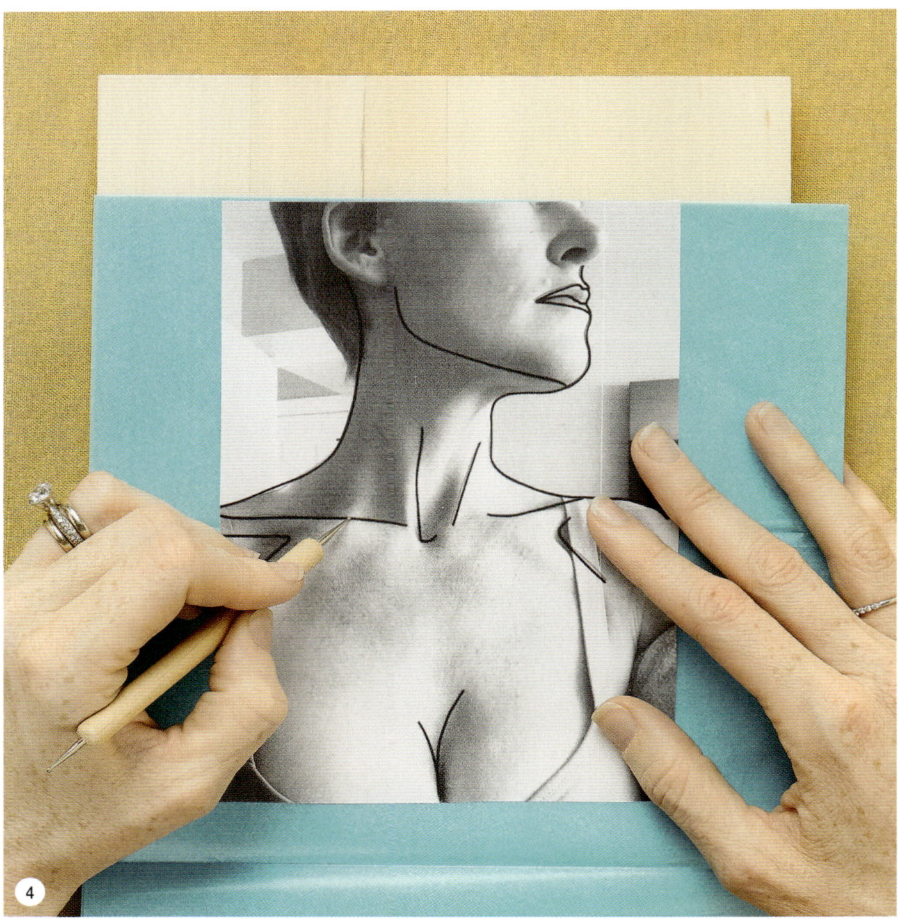

1. Nehmt ein gut beleuchtetes Foto auf oder nehmt ein Foto von einer Person. Profilaufnahmen eignen sich besonders gut. Kommt das Licht von einer Seite, kommt der Schatten schön zur Geltung, was Schritt 3 viel leichter macht. Experimentiert ruhig herum. Probiert verschiedene Winkel aus. Wie wäre es mit einer Serie von unterschiedlichen Körperteilen?

2. Passt das Foto an die Größe eures Holzstücks an und druckt es auf normalem Druckerpapier aus. Ich benutze eine Lindenholz-Leinwand (siehe Seite 24 Hölzer).

3. Fahrt die Hauptlinien auf dem Foto mit einem dünnen Fasermaler (das funktioniert am besten) oder einem Stift direkt auf dem Foto nach. Achtet darauf, dass ihr jeden Schatten oder jede Linie, die ihr betonen wollt, nachfahrt. Denkt daran, dass die Linien, die ihr nachzeichnet später die Linien sind, die ihr auf das Holz brennen werdet. Weniger ist mehr. Diese Linie übertragt ihr im nächsten Schritt auf das Holz.

4. Wenn ihr alle Linien auf dem Papier nachgezeichnet habt, paust ihr es mit der Transfermethode eurer Wahl auf Holz ab (siehe Seite 28 Transfertechniken). Ich empfehle euch entweder das blaue Transferpapier oder die Grafitpapiermethode. Arbeitet langsam und so akkurat wie möglich, damit das Brennen einfacher von der Hand geht. Legt den kleinen Finger ruhig auf dem Holz ab, um die Hand zu stabilisieren.

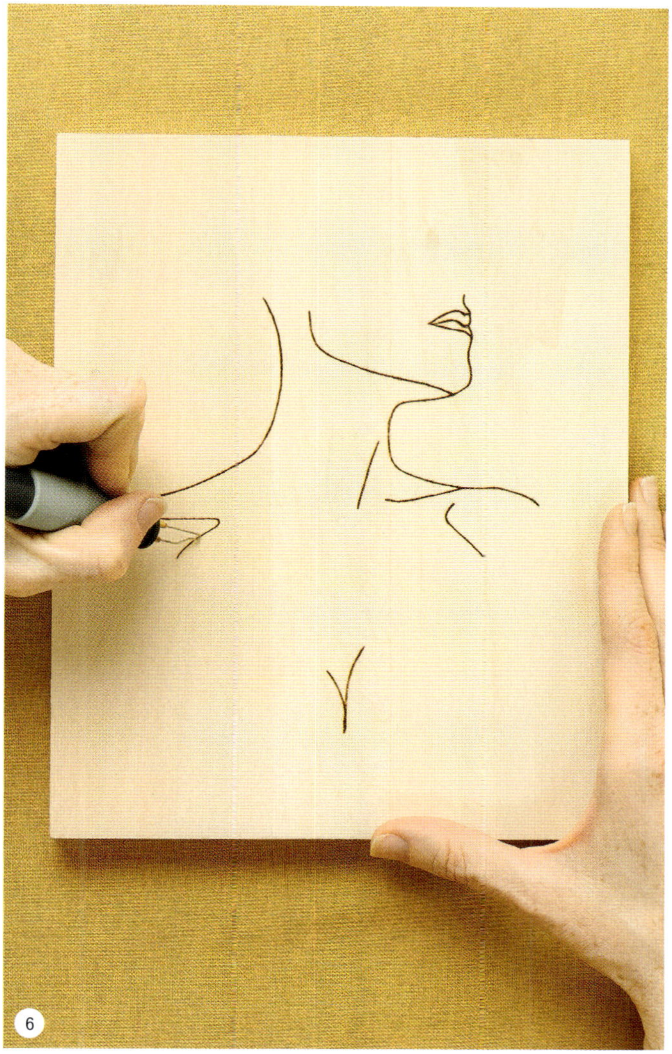

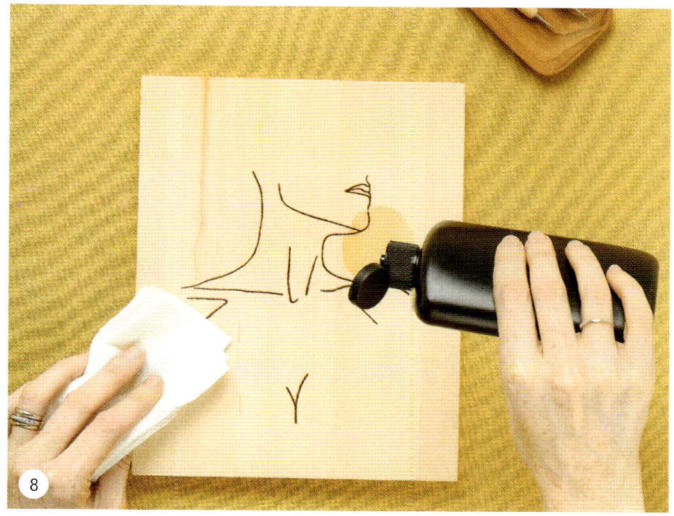

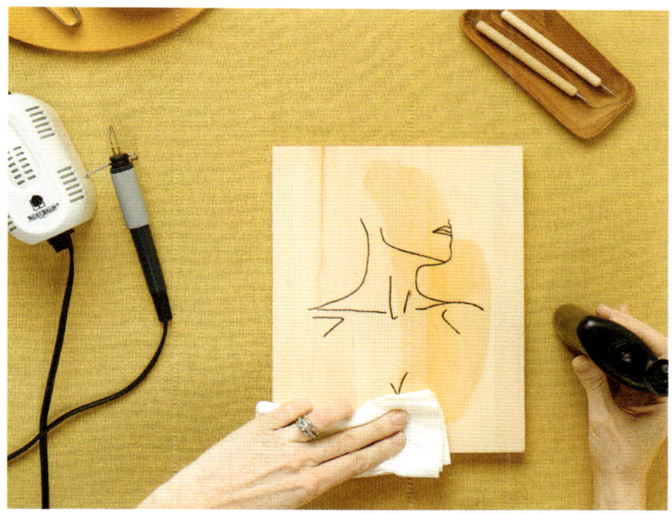

5 Versichert euch, dass alle Linien auf das Holz übertragen wurden, bevor ihr die Vorlage entfernt. Legt die Schutzausrüstung bereit.

6 Für dieses Projekt empfehle ich eine Gleit-, Spaten- oder Schreibspitze (siehe Seite 18 Formspitzen). Erhitzt euer Brandmalgerät und fahrt damit die übertragenen Linien langsam nach.

7 Entfernt alle überschüssigen Übertragungslinien auf eurem Werkstück.

8 Vergesst nicht, euer Meisterwerk zu signieren. Anschließend tragt ihr ein Öl-Finish auf und befestigt einen Bildaufhänger daran (siehe Seite 48 Finishs). Hängt dieses einzigartige Kunstwerk an die Wand oder verpackt es hübsch und schenkt es einer lieben Person.

„Temperatur, nicht Druck!“

@HoneyBadgerBurnings

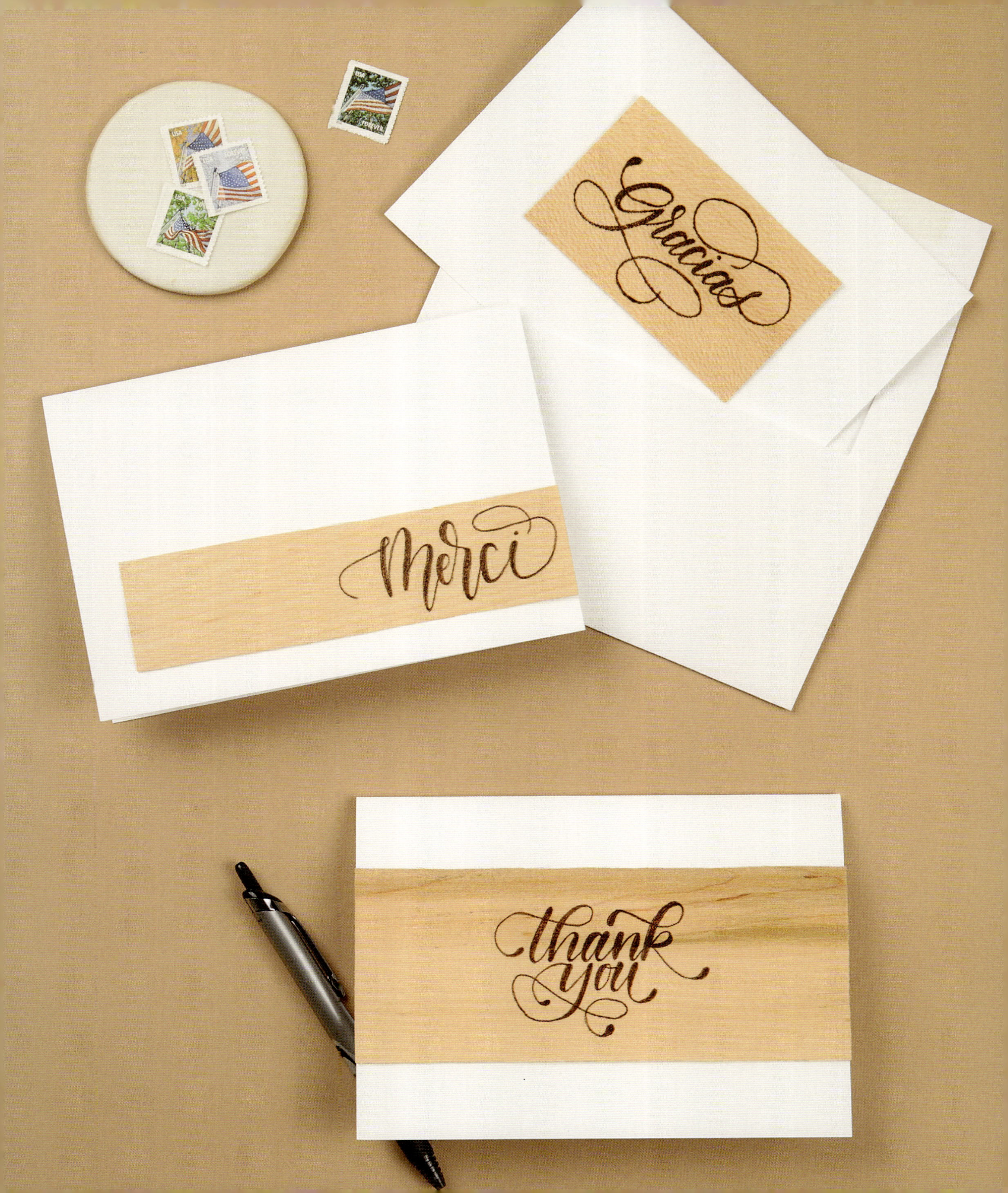
Gracias
Merci
thank you

Dankeskarten

Auf Holzfurnier brennen

MATERIALIEN

- Holzfurnier
- Vorlagen
- Schere, Cuttermesser, Rollschneider oder eine Papierschneidemaschine
- Transferutensilien
- Bleistift, weich
- Schutzausrüstung
- Brandmalgerät + Gleit-, Spaten- oder Schreibspitze
- Weiße Papierkarten und Umschläge
- Flüssigkleber oder Klebe-Haftpunkt

Furnier eignet sich sehr gut für Brandmalprojekte. Seine flache, dünne Oberfläche ist wie gemacht für handgefertigte Dankeskarten, die der Empfänger niemals vergessen wird. Egal, welche Art Dankeskarte euch vorschwebt, Furnier kann man auf die gewünschte Größe und Form zuschneiden.

Leslie von @leslie.writes.it.all hat diese wunderschönen Handlettering-Vorlagen designt, die perfekt sind, um jemandem „Danke" zu sagen. Drückt eure Liebe mit diesen handgefertigten und handgebrannten Karten aus.

KÜNSTLERPROFIL

LESLIE TIEU
von @leslie.writes.it.all
Moderne Schreibkünstlerin und Malerin
Pasadena, Kalifornien

Leslie ist in Südkalifornien geboren und aufgewachsen und hat sich die Kunst der modernen Kaligrafie, Hand-Lettering und Aquarellmalerei selbst beigebracht. Sie betreibt das erfolgreiche Instagramprofil @Leslie.Writes.It.All und ist Autorin des Letteringbuchs *Modern Calligraphy.* Ihre farbenfrohen Werke und Videos, in denen sie ihre Handletteringwerke, Aquarellbilder und andere DIY-Projekte zeigt, ziehen immer mehr Follower an. Ihre kreativen und bunten Videos wurden bei *Insider-Art* und *BuzzFeed* präsentiert. *CreativeMarket* nannte sie in einem Artikel über die „10 besten Schreibkünstler:innen" und das *Country Living Magazine* bezeichnete sie als einen von „13 Kalligrafen, denen man auf Instagram folgen sollte". Ihr Motto: Kunst ist ansteckend. Gebt sie weiter.
Es macht ihr großen Spaß, ihre Handletteringwerke auf den sozialen Medien zu teilen und ihr Wissen an andere weiterzugeben.

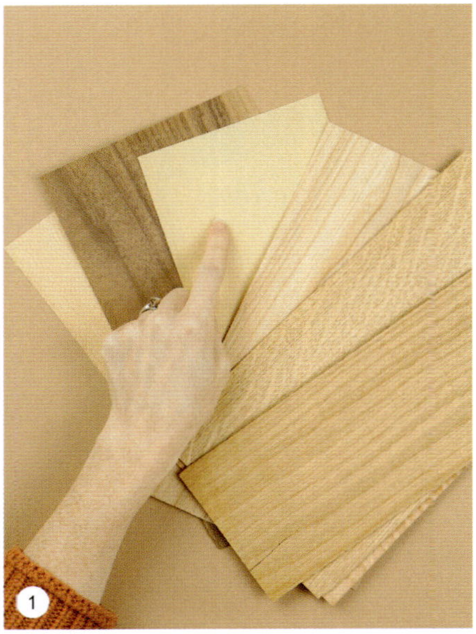

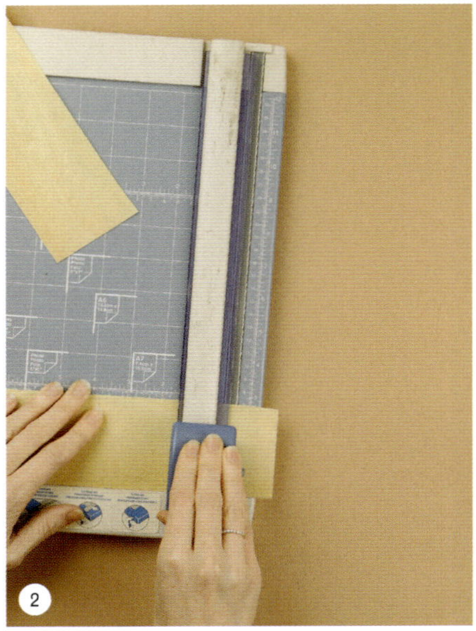

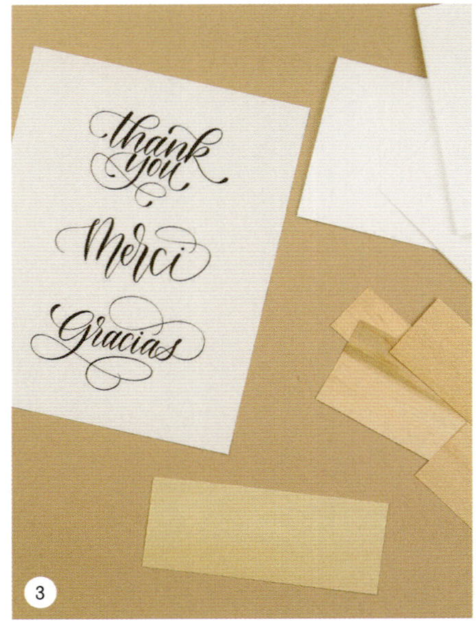

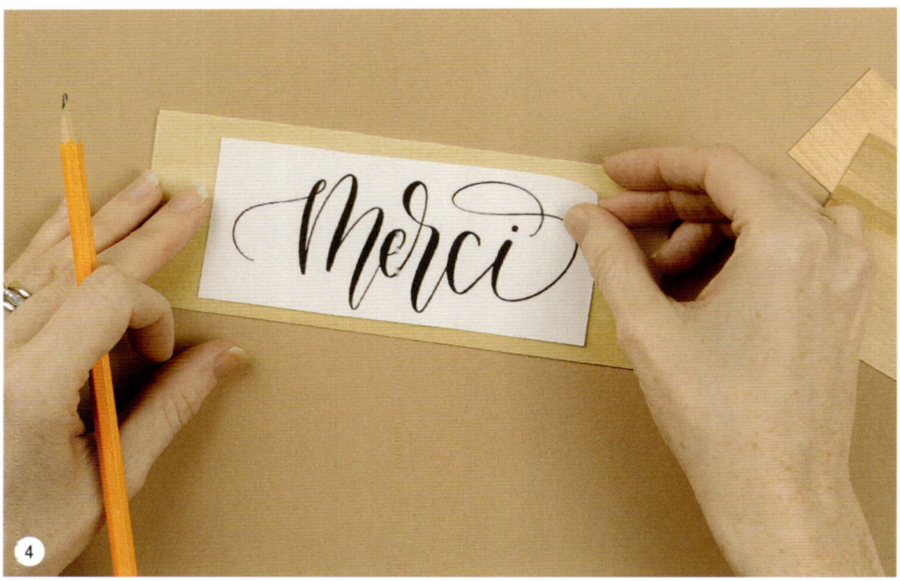

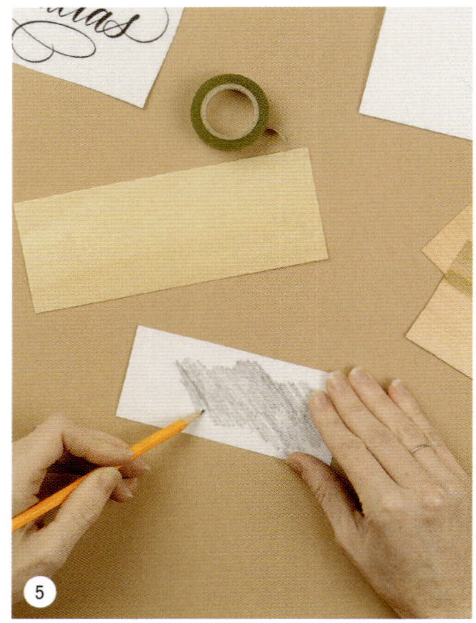

1. Zunächst wählt ihr euer Holzfurnier und eine leere Karte aus. Ich empfehle ein helles Holz, damit euer Motiv besser zum Vorschein kommt (siehe Seite 24 Hölzer).

2. Schneidet die Furnierstücke passend auf eure Karten zu. Hierfür könnt ihr eine Schere, ein Cuttermesser, einen Rollschneider oder eine Papierschneidemaschine benutzen. Ich habe letztere verwendet.

3. Passt die Größe eurer Vorlage an, druckt und schneidet sie aus.

4. Übertragt das Motiv mit blauem Transferpapier, Grafitpapier, Hitze oder der Bleistift-Schraffur. Ich habe als Methode Bleistift-Schraffur verwendet.

5. Wenn ihr euch für diese Methode entscheidet, dreht eure Vorlage um und schraffiert mit dem Bleistift die gesamte Rückseite der Vorlage. Achtet darauf, dass der Bleistift das Motiv vollständig bedeckt.

6. Platziert und klebt die Vorlage nun mit der Bleistiftseite nach unten auf das Furnier.

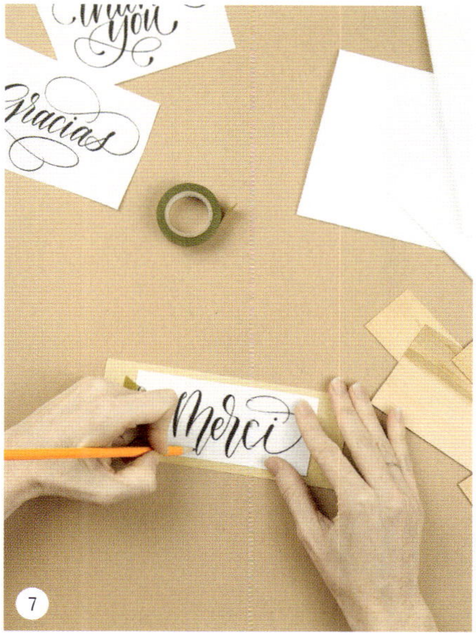

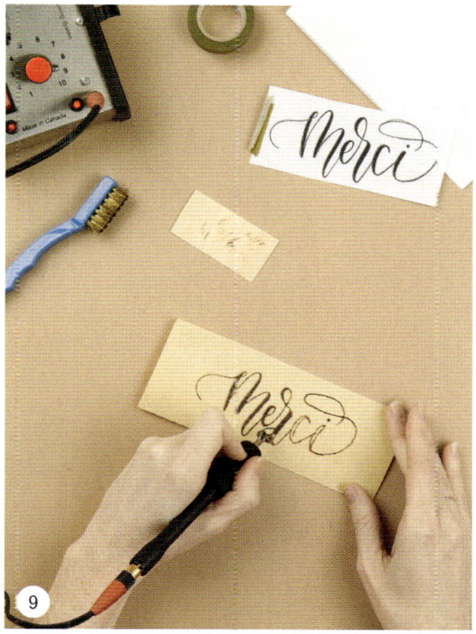

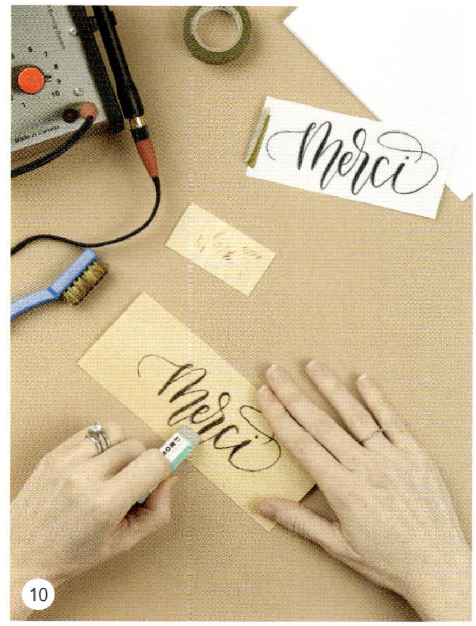

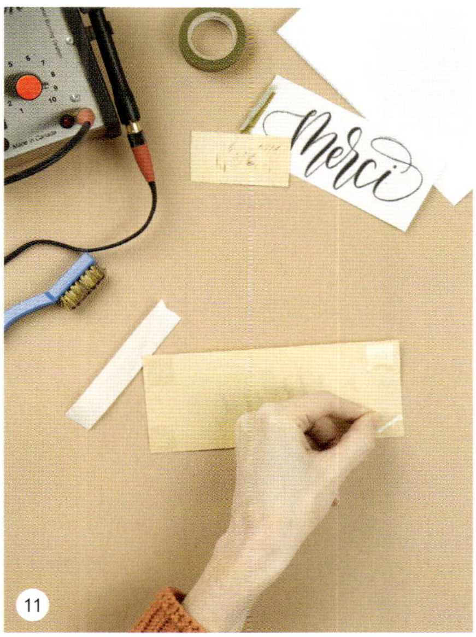

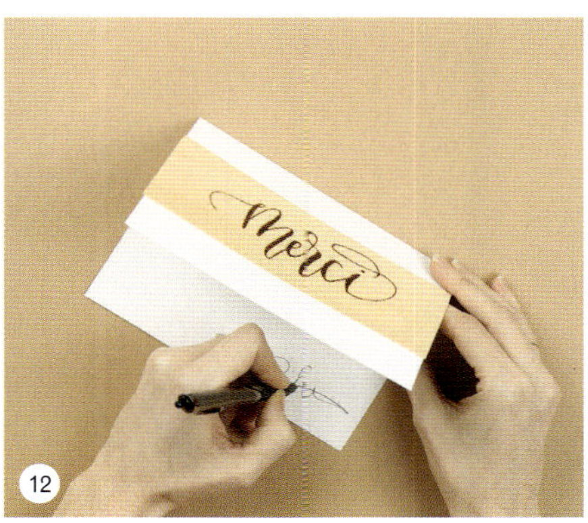

7 Fahrt mit demselben Bleistift die Linien eures Motivs nach. Je besser die Übertragung, desto besser das Ergebnis, also geht langsam und sorgfältig vor. Ich beginne meistens oben am Schriftzug, fahre dann mit dem Stift um die Buchstaben herum bis nach unten und fülle anschließend das Innere aus. Hebt die Vorlage etwas an, um zu sehen, ob das ganze Motiv übertragen wurde, bevor ihr die Vorlage entfernt.

8 Sobald ihr fertig mit dem Transfer des Motivs seid, setzt eine Spaten-, Schreib- oder Gleitspitze in euer Brandmalgerät ein und erhitzt es. Testet die Temperatur auf einem Extra-Stück Furnier.

9 Fahrt die übertragenen Linien mit dem Brandmalgerät nach erst die äußeren Linien des Schriftzugs, dann könnt ihr die breiteren Bereiche füllen. So erhaltet ihr saubere Linien und macht weniger Fehler. Fangt auch nicht gleich mit dem ersten, sondern einem mittleren Buchstaben an, denn wenn ihr einen Fehler macht, könnt ihr ihn in der Mitte des Schriftzugs unauffälliger ausbessern.

10 Entfernt alle restlichen Transferlinien.

11 Klebt das gebrannte Furnier mit Haftpunkten, Industriekleber (E6000) oder einem anderen Klebstoff auf eure leere Karte auf.

12 Schreibt nun einen Gruß auf die Karte, steckt sie in einen Briefumschlag und schickt eure Danksagung mit der Post ab!

„Das wichtigste ist, langsam zu arbeiten!“

@woodburntflorals

Alle Vorlagen findet ihr auf quartoknows.com/page/WoodBurnBook

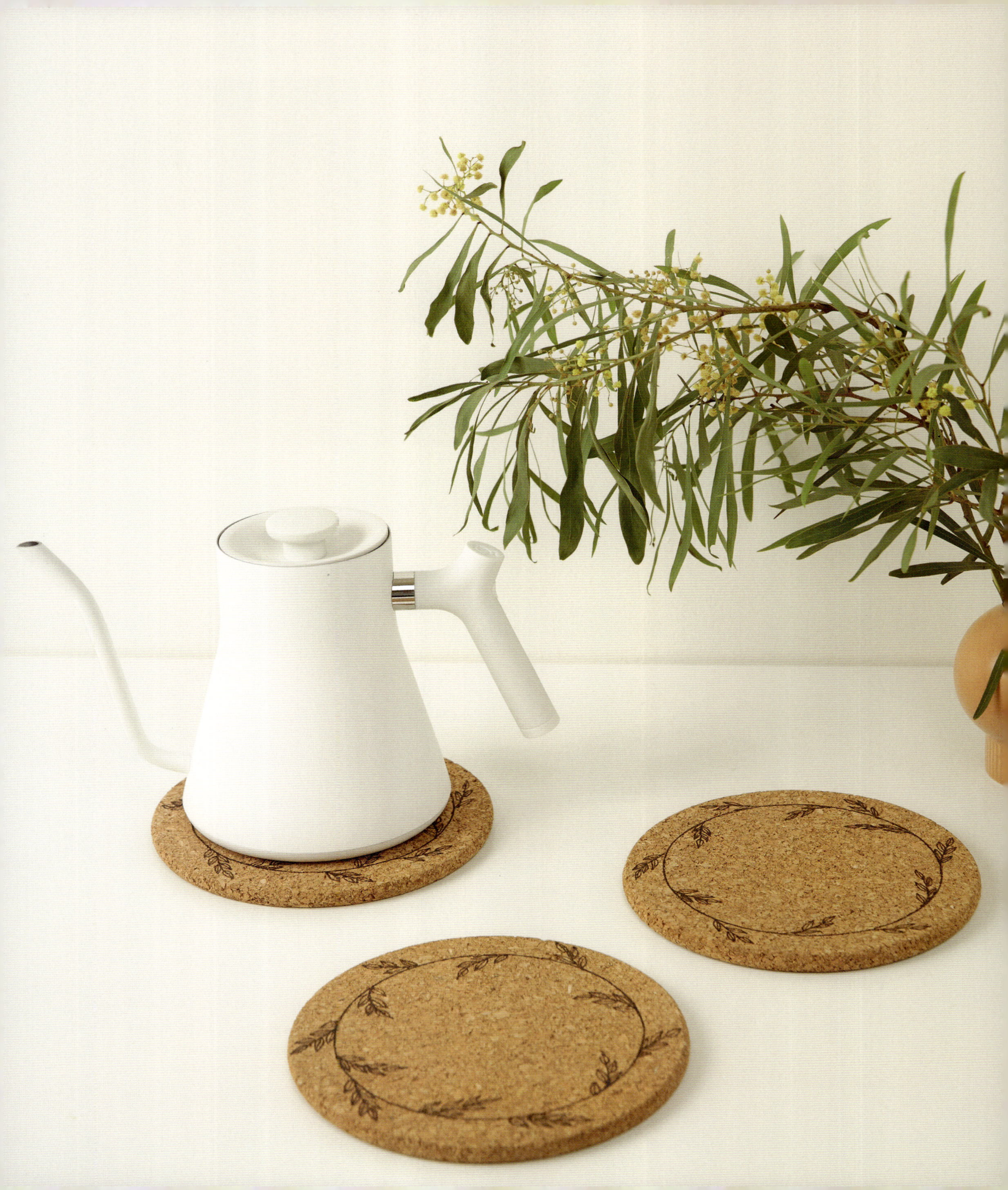

Untersetzter mit Blättergirlande

Auf Kork brennen

MATERIALIEN

- Korkuntersetzer
- Schale, Keramik oder Glas
- Schutzausrüstung
- Brandmalgerät + Gleit- oder Schreibspitze

Auf Kork zu brennen macht richtig viel Spaß, auch wenn es etwas stinkt. Kork ist sehr leicht und schmilzt unter dem Brenner wie Butter. Deswegen beginnt ihr am besten mit einer niedrigen Temperatur. Ich bin mir sicher, dass euch das Brennen auf Kork auch Spaß bringen wird, weil es so schnell und leicht geht und edel aussieht.

Diese selbstgebrannten Verzierungen verwandeln unscheinbare Korkuntersetzer in richtige Augenweiden. Mit diesem einfachen Projekt könnt ihr eurer Tischdeko im Handumdrehen einen individuellen Touch verleihen. Denkt beim Brennen auf Kork an die Schutzausrüstung und sorgt dafür, dass euer Arbeitsplatz gut belüftet ist.

„Stellt einen kleinen Ventilator mit der Rückseite vor euch, damit er den Rauch aus eurem Gesicht wegzieht.“

@baby_leaf_productions

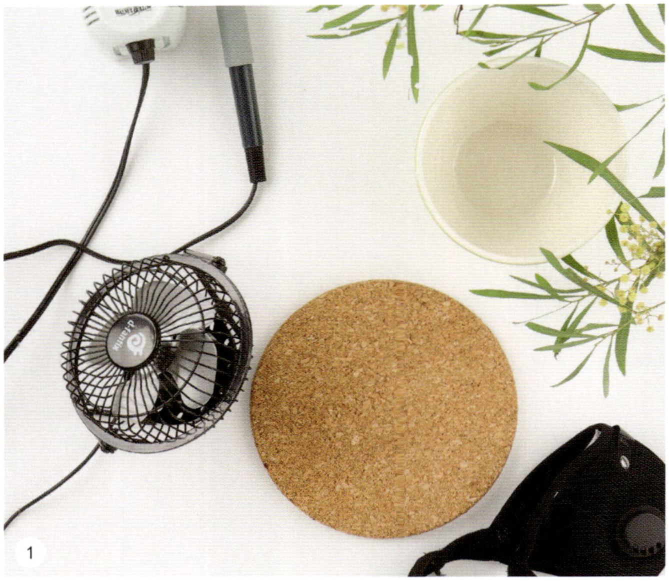

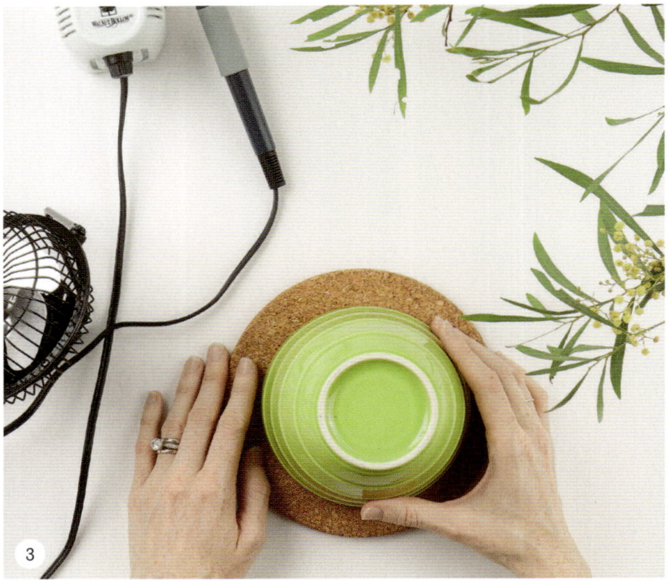

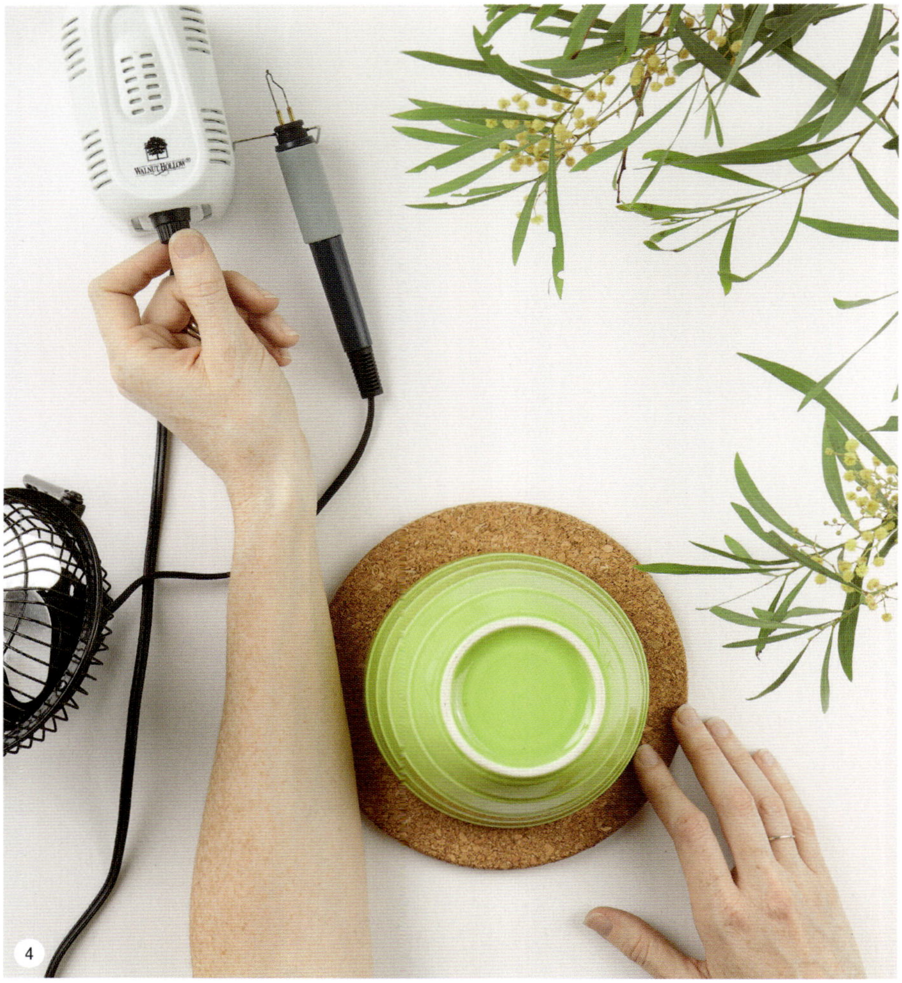

1. Als erstes solltet ihr alle Sicherheitsvorkehrungen treffen. Beim Brennen mit Kork sind sie besonders wichtig (siehe Seite 11 Sicherheit).

2. Wählt eine Schale, die eine angemessene Größe für euren Untersetzer hat. Die richtige Größe ermittelt ihr, indem ihr die Schale umgedreht auf den Untersetzer platziert. Der Bereich zwischen Rand und Schale sollte 2,5 cm betragen, damit ihr Platz für das Motiv habt.

3. Benutzt die Schale als Schablone, um einen sauberen, runden Kreis zu brennen. Bevor ihr anfangt, schaut dass die Schale genau in der Mitte platziert ist.

4. Erhitzt das Brandmalgerät. Für Kork benötigt ihr eine niedrigere Temperatur, da es sich schneller und leichter brennen lässt.

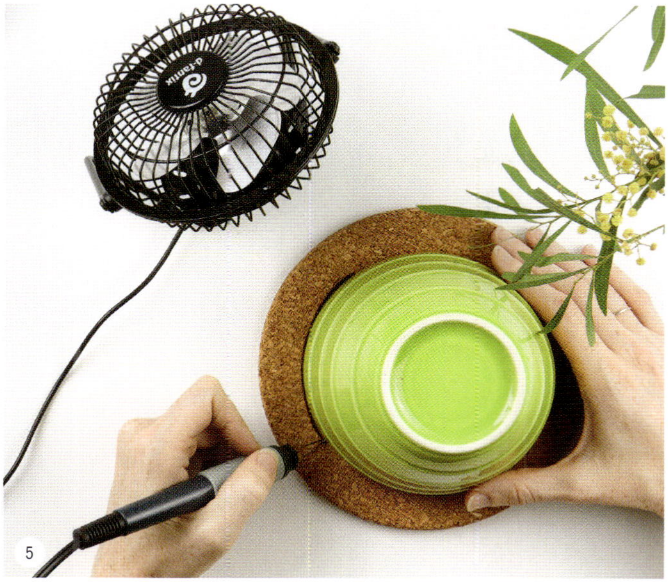

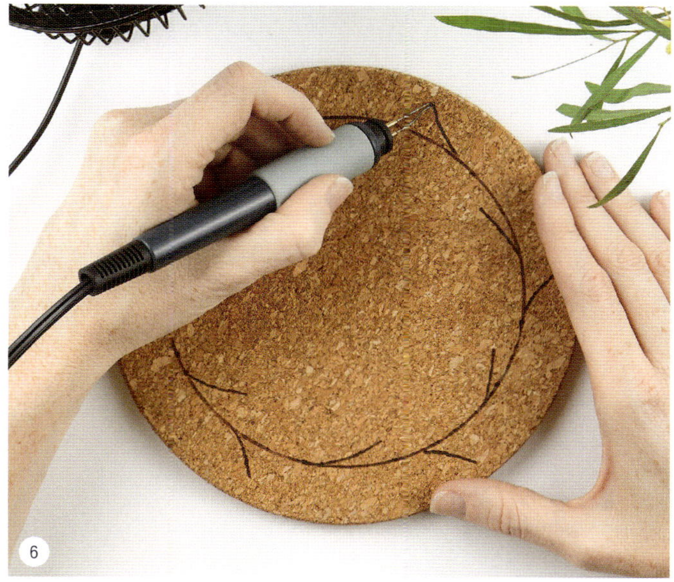

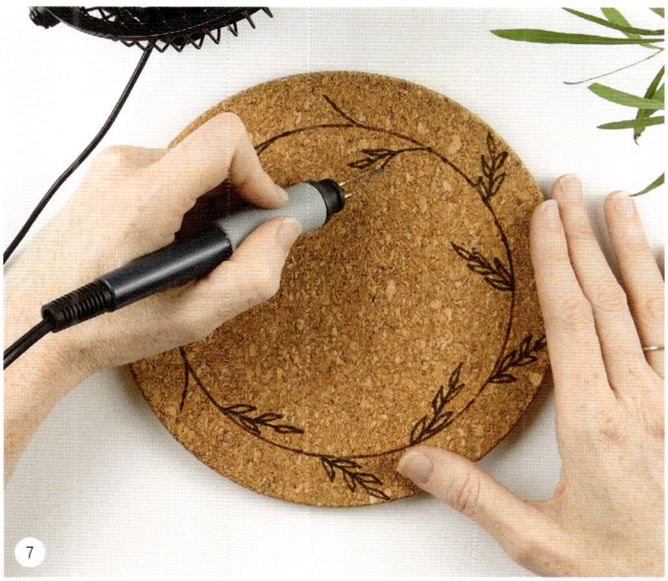

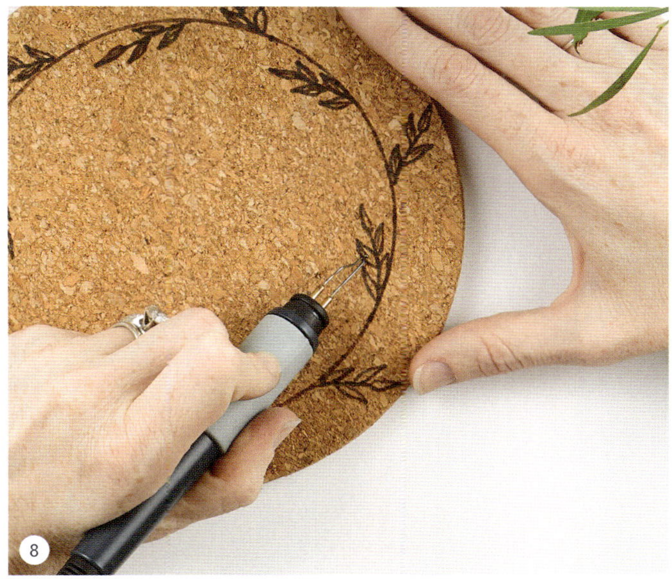

5 Jetzt platziert ihr die Schale umgedreht auf den Untersetzer, haltet sie fest und brennt mit dem Brennkolben einmal rund herum. Es macht nichts, wenn ihr mit der Formspitze den Rand der Schale berührt, da sie aus Keramik ist. Sobald ihr den ganzen Kreis gebrannt habt, entfernt ihr die Schale.

6 Jetzt malt ihr an der Außen- und Innenseite des Kreises Linien an.

7 Fügt die Blätter hinzu. Für dieses Projekt habe ich einfache, eng aneinander liegende Blätter gebrannt. Dafür habe ich an jede Linie 3 bis 5 Blätter platziert. Denkt immer daran, sie müssen nicht perfekt aussehen.

8 Zum Schluss brennt ihr in jedes Blatt mittig noch eine vertikale Linie und schon habt ihr einen neuen, freihändig und selbst gebrannten Untersetzer. Jedes Stück ist ein Unikat

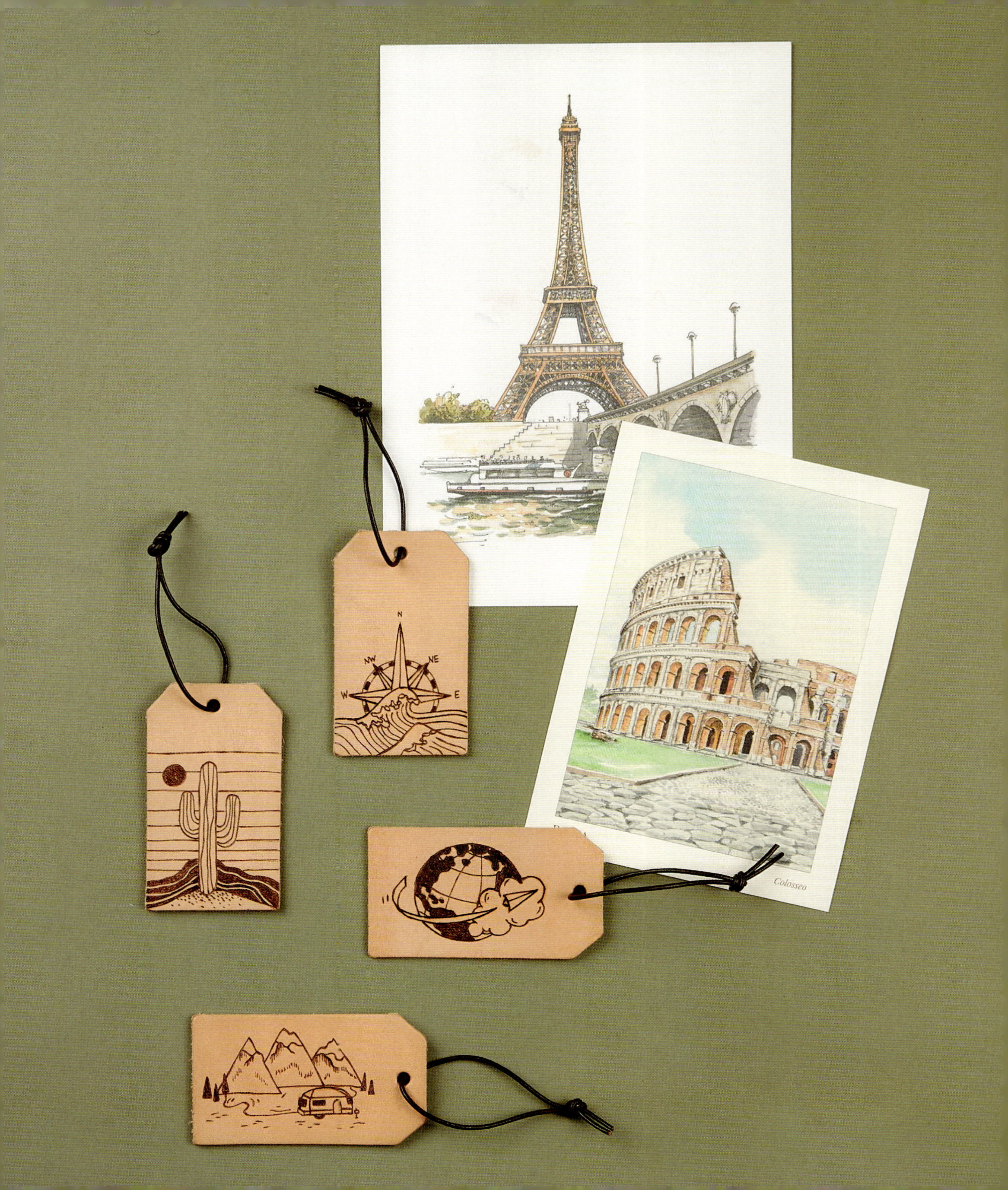
N
NW
NE
W
E
Colosseo

Gepäckanhänger für Weltenbummler

Auf Leder brennen

MATERIALIEN

- Blanke Lederetiketten, mit Pflanzenfarbstoffen gefärbt
- Vorlage
- Transferutensilien
- Schutzausrüstung
- Brandmalgerät + Spaten- oder Schreibspitze
- Schnüre

Diese Weltenbummler-Gepäckanhänger sind aus Echtleder, das mit Pflanzenfarbstoffen gefärbt wurde. Wie cool ist das denn?! Leder eignet sich ganz wunderbar als Oberfläche für Brandmalarbeiten, auch wenn es ein kleines bisschen stinkt. Für einen sauberen Brand ist es wichtig, dass ihr das richtige Leder auswählt. Es sollte dick und pflanzengefärbt sein.

Angie von @bobodesignstudio ist bekannt für ihre Motive, die sich rund ums Reisen drehen und perfekt sind für Weltenbummler, die sich ihren ganz individuellen Gepäckanhänger basteln wollen. Viel Spaß damit und denkt daran, mich zu taggen, wenn ihr ein neues Reisefoto postet!

KÜNSTLERPROFIL

ANGIE CHUA
von @bobodesignstudio
Gründerin von Bobo Design Studio
San José, Kalifornien

Angie ist die Gründerin und das kreative Herz von Bobo Design Studio in San José, Kalifornien. Als Illustratorin, Lettering-Künstlerin und Selbermacherin kreiert Angie Papierwaren und Accessoires für abenteuerlustige Weltenbummler. Wenn sie nicht gerade in ihrem Studio handwerkt, reist sie um die Welt oder entspannt sich in ihrem Zuhause – einem Vintage-Wohnwagen, Baujahr 1975.

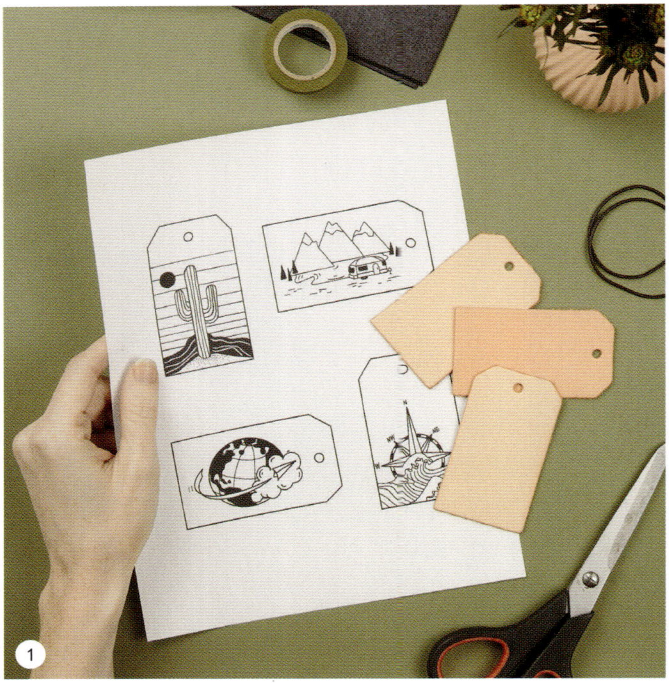

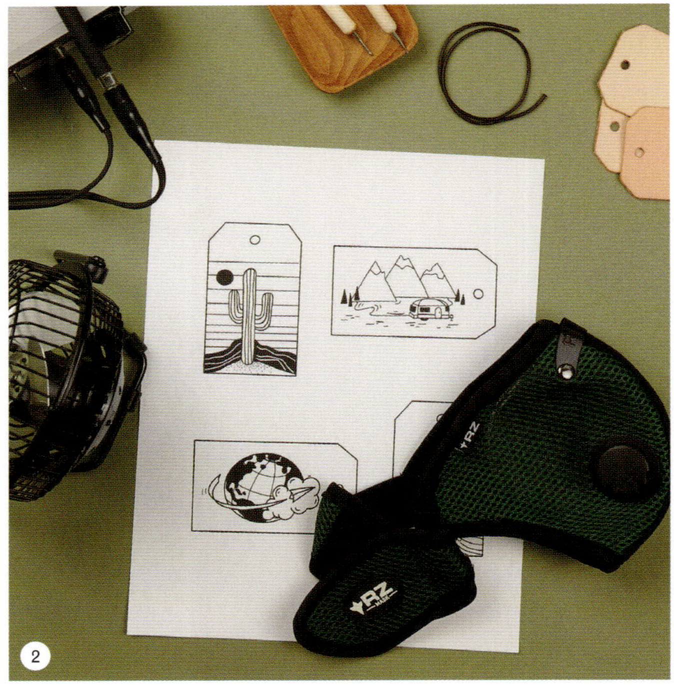

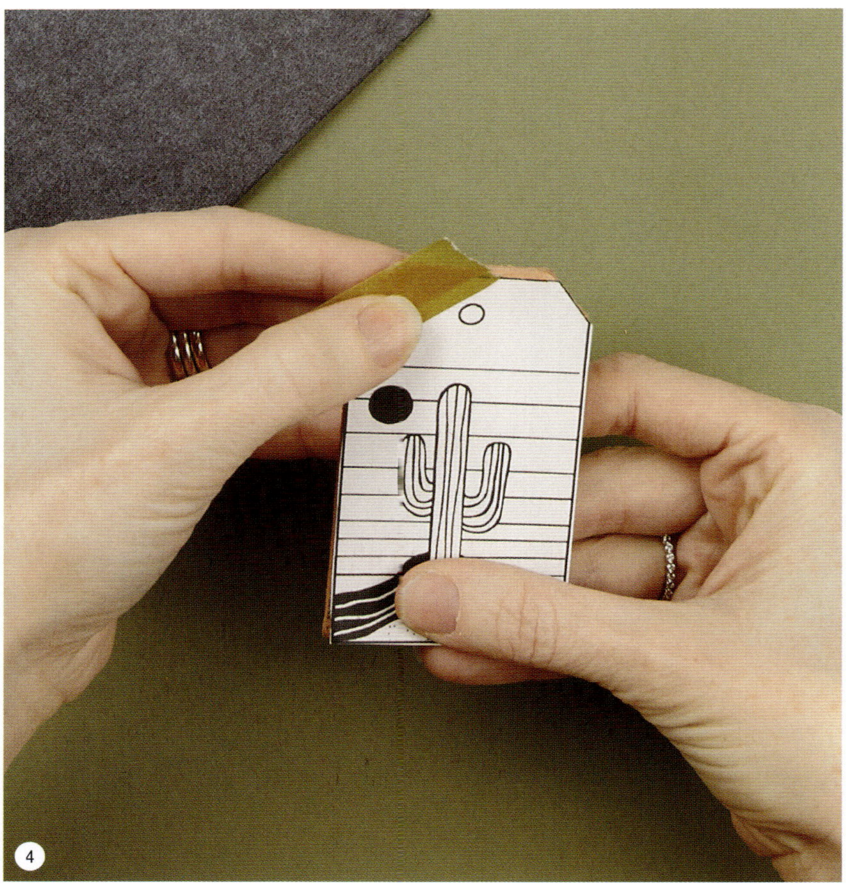

1. Zunächst wählt ihr euer Lederetikett und ein Motiv aus. Das Leder sollte dick und pflanzengefärbt sein. Dünnes Leder könnte durchbrennen oder sich beim Brennprozess aufrollen.

2. Legt die Sicherheitsausrüstung bereit. Da Leder ziemlich stinken kann, sind Maske, Ventilator und ein gut belüfteter Arbeitsplatz ein Muss (siehe Seite 11 Sicherheit).

3. Die Größe der Vorlage ans Etikett anpassen, drucken und ausschneiden.

4. Platziert die Vorlage auf dem Lederetikett und befestigt sie mit Klebeband.

5. Übertragt das Motiv. Ich habe mich für die Grafitmethode entschieden. Dafür schiebt ihr Grafitpapier mit der dunklen Seite nach unten unter die Vorlage und fahrt die Linien mit einem Embossingstift nach. Übt dabei leichten bis mittleren Druck aus (siehe Seite 28 Transfertechniken).

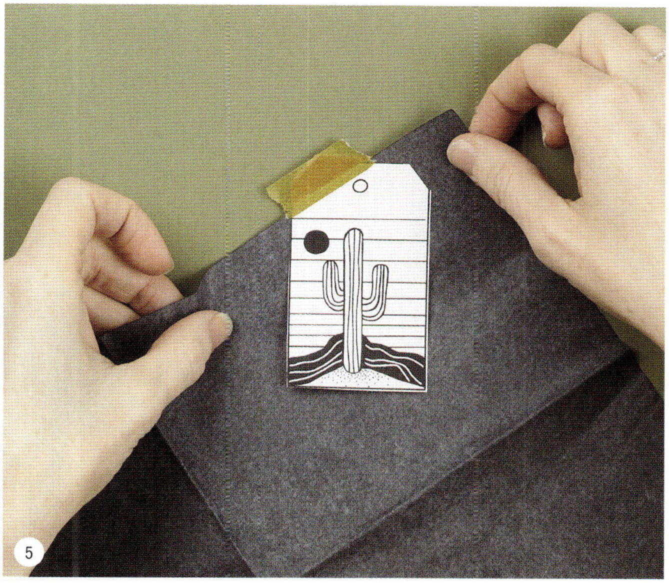

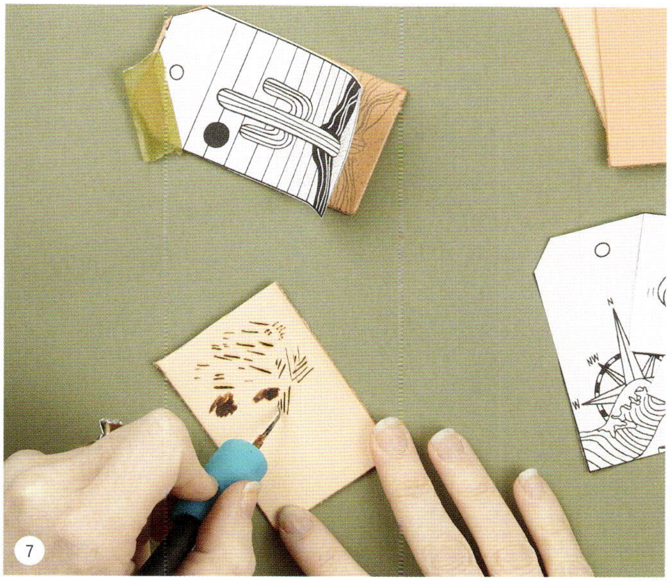

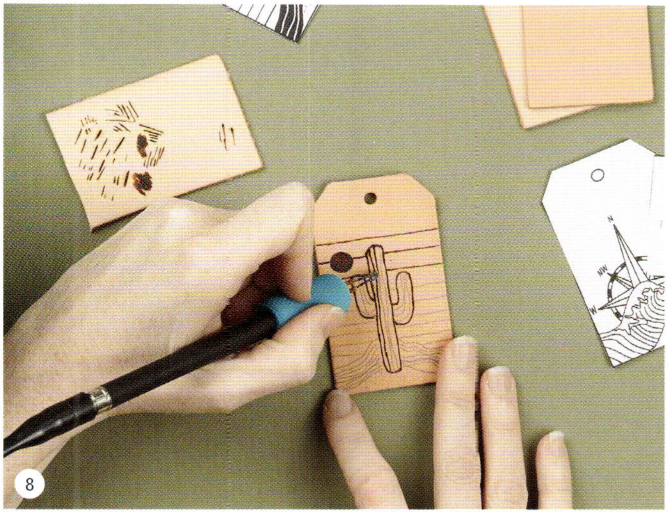

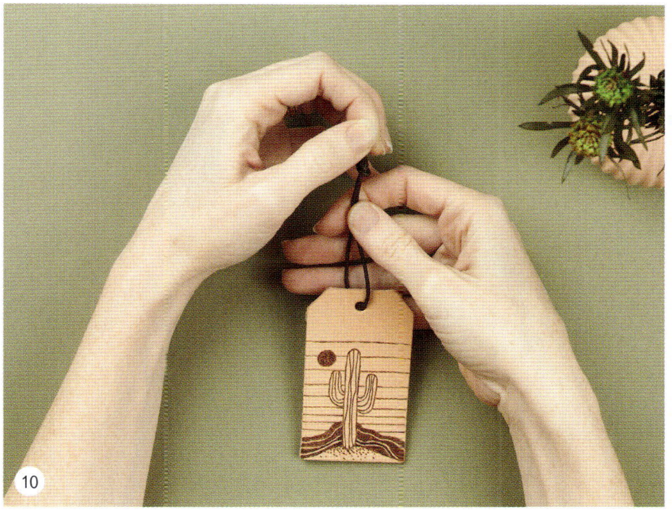

6 Sobald ihr das Motiv auf das Leder übertragen habt, entfernt ihr die Vorlage.

7 Setzt die Maske auf und schaltet den Ventilator ein. Erhitzt das Brandmalgerät und testet die Temperatur auf einem Testlederstück. Dieser Schritt ist hier besonders wichtig, weil Leder bei niedrigerer Temperatur brennt als Holz. Falls ihr euch nicht sicher seid, fangt lieber mit einer niedrigeren Temperatur an und brennt langsam.

8 Brennt die übertragenen Linien nach. Geht langsam und vorsichtig vor. Passt auf eure Hand auf, die das Etikett beim Brennprozess festhält, da eure Brennoberfläche ziemlich klein ist.

9 Falls manche Linien zu dick werden oder leicht abdriften, könnt ihr diese kleinen Makel mit einem Cuttermesser ausmerzen. Kratzt oder schneidet ungewollte Brandstellen einfach weg.

10 Zum Schluss bindet ihr eine 12,5 cm lange Schnur an das Etikett und befestigt euren Gepäckanhänger an eurem Lieblingsrucksack.

Alle Vorlagen findet ihr auf quartoknows.com/page/WoodBurnBook

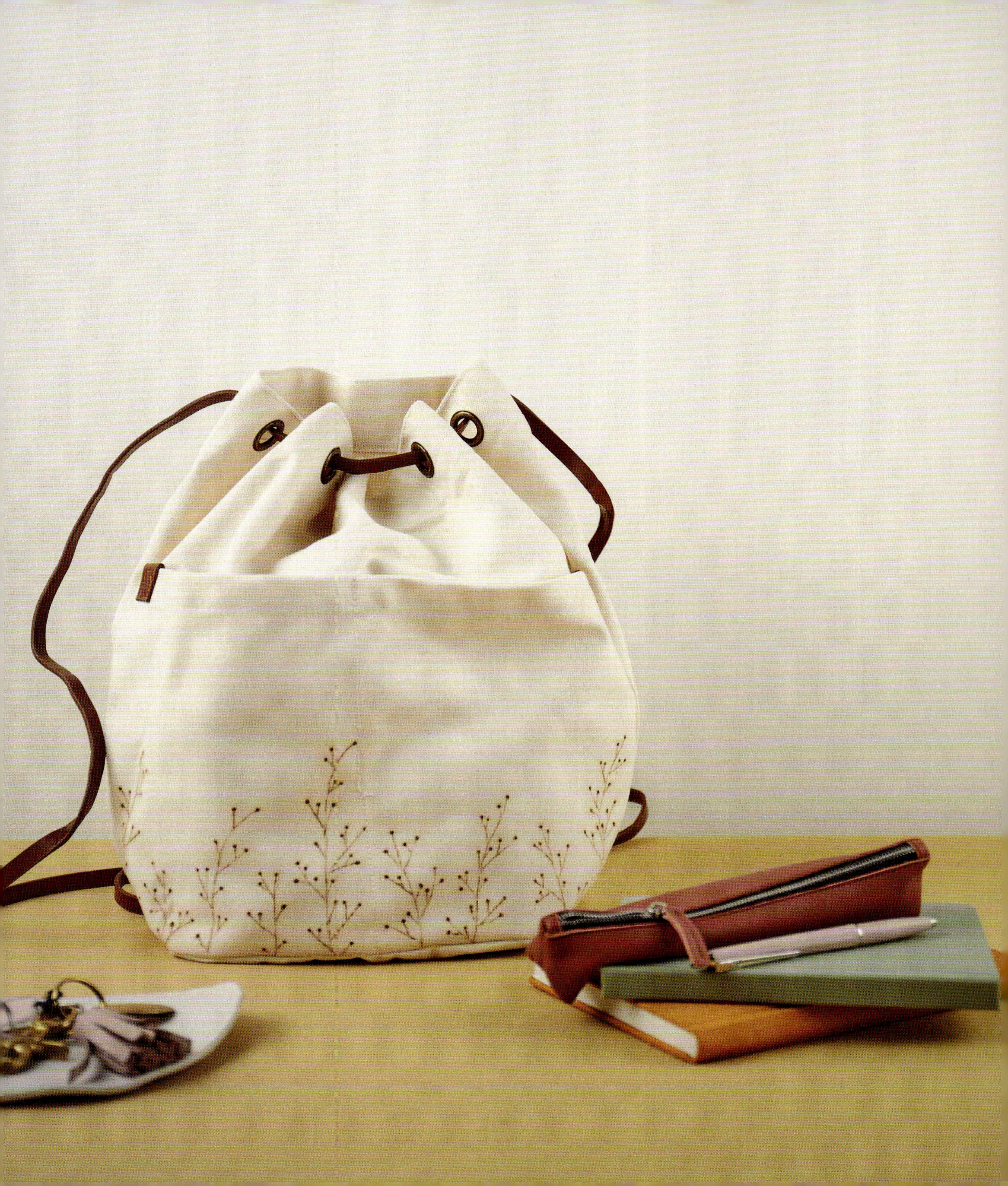

Leinenrucksack

Auf Leinen brennen

MATERIALIEN

- Leinenrucksack
- Stoffstift, wasserlöslich
- Feuchter Schwamm
- Schutzausrüstung
- Brandmalgerät + Spaten- oder Gleitspitze

Leinen ist ein weiteres Material, das sich wunderbar für die Pyrografie eignet. Gegenstände aus Leinen gibt es wie Sand am Meer, und mit außergewöhnlichen selbstgefertigten Brandverzierungen sticht euer Lieblingsstück garantiert aus der Menge hervor. Beim Brennen stinkt Leinen etwas und ihr müsst den Brandmalkolben öfter zwischendurch reinigen, aber es lohnt sich, denn das Ergebnis sieht super- cool aus! Benutzt auf jeden Fall die Schutzausrüstung, denn ihr und eure Mitmenschen solltet die Dämpfe, die beim Brennen auf Leinen entstehen, nicht einatmen. Also arbeitet am besten an einem gut belüfteten Platz und habt Spaß dabei! Ich freue mich schon darauf, all eure aufgepimpten Leinensachen zu sehen.

„Brennt immer an einem Platz mit guter Beleuchtung."

@countrypinesshop

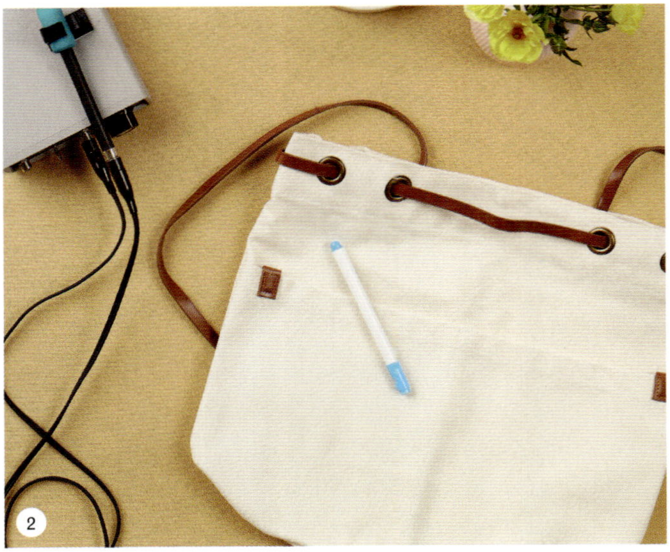

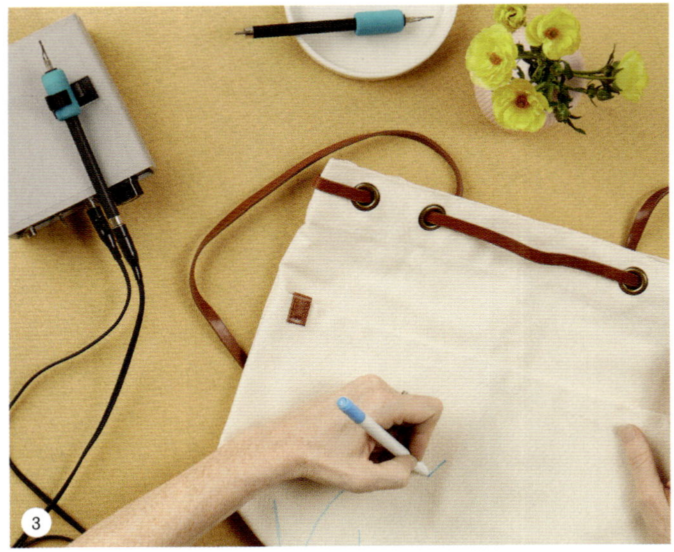

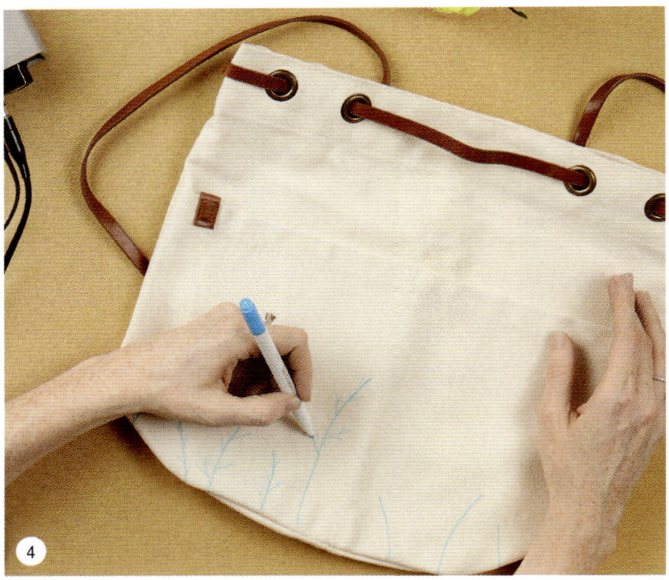

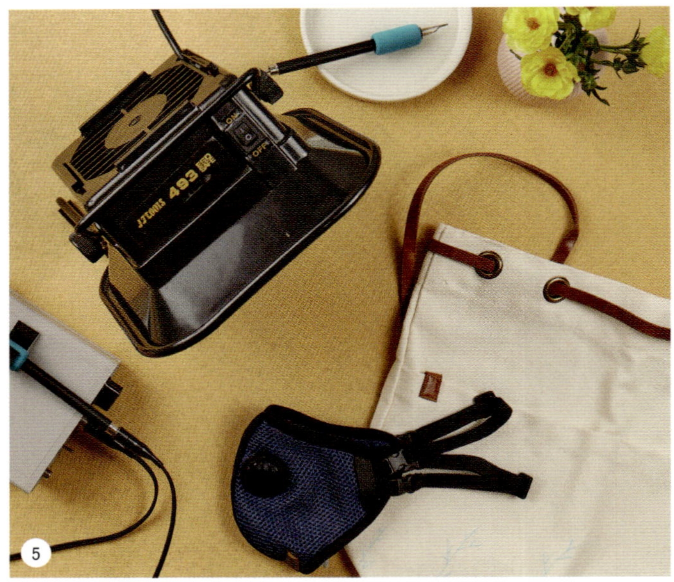

1. Wascht und trocknet euren Leinenrucksack.

2. Legt den Rucksack flach auf den Tisch.

3. Zeichnet mit einem wasserlöslichen Stoffstift vom Boden des Rucksacks unterschiedlich hohe Linien in verschieden Winkeln nach oben. Sie können entweder eng zusammen oder weiter voneinander entfernt stehen, je nachdem, welches Design euch vorschwebt.

4. An diese Linien zeichnet ihr jetzt rechts und links unterschiedlich lange Abzweigungen. Macht die Abstände zwischen diesen Abzweigungen unterschiedlich groß, damit das Motiv interessanter wirkt.

5. Setzt die Maske auf und schaltet den Ventilator ein. Leinen kann ziemlich stinken und ihr solltet die Dämpfe nicht einatmen. Deswegen eignet sich ein Arbeitsplatz draußen an der Luft am besten für dieses Projekt (siehe Seite 11 Sicherheit).

6. Schaltet das Brandmalgerät ein. Die Höhe der Temperatur hängt davon ab, wie schnell ihr brennen

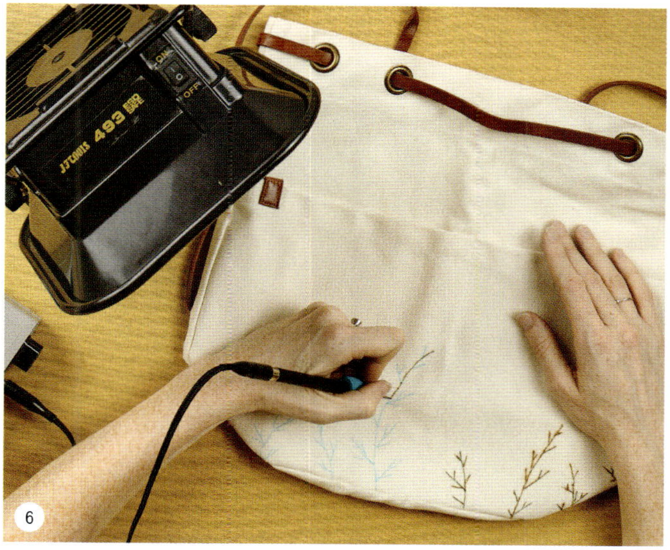

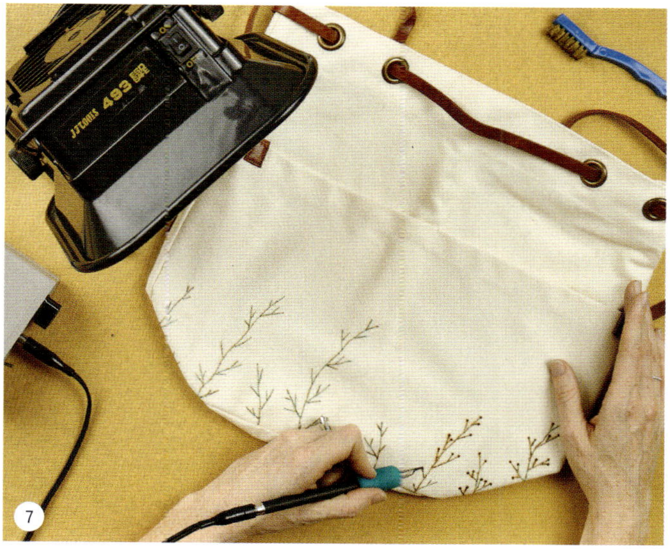

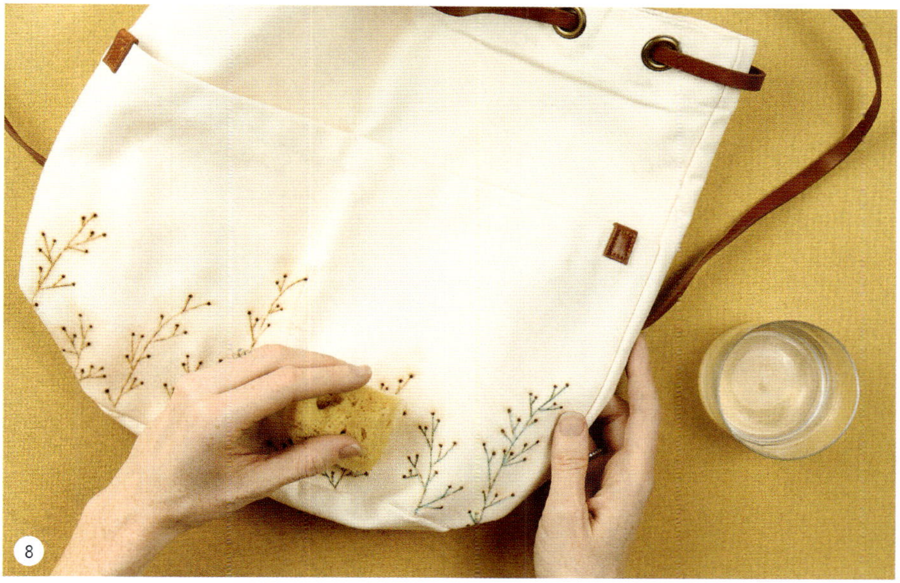

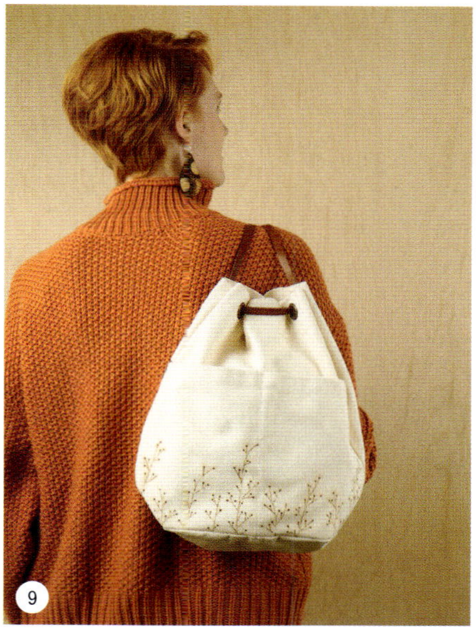

wollt. Je niedriger die Temperatur, desto kontrollierter könnt ihr brennen. Am besten, ihr fangt mit einer niedrigen Temperatur an und erhöht sie bei Bedarf. Brennt die vorgezeichneten Linien mit einer Spaten- oder Schreibspitze.

7 Sobald ihr alle Linien gebrannt habt, schaltet ihr das Brandmalgerät aus und wechselt zu einer Gleitspitze, am besten mit einer kugelförmigen Spitze. Jetzt erhitzt ihr den Brandmalkolben wieder und fügt an die Enden der Linien jeweils einen kleinen Punkt hinzu. Hierfür haltet ihr den Brenner einfach kurz auf eine Stelle. Haltet ihn nicht zu lange auf einer Stelle, weil ihr sonst durch den Rucksack brennt. Setzt allen Linienenden einen Punkt auf.

8 Spült den Rucksack kurz ab oder benutzt einen feuchten Schwamm, um alle sichtbaren Linien des Stoffstifts zu entfernen. Anschließend lasst ihr den Rucksack trocknen.

9 Tragt euren Rucksack mit Stolz und freut euch über die Komplimente. Postet ein Foto mit dem Hashtag #thewoodburnbook.

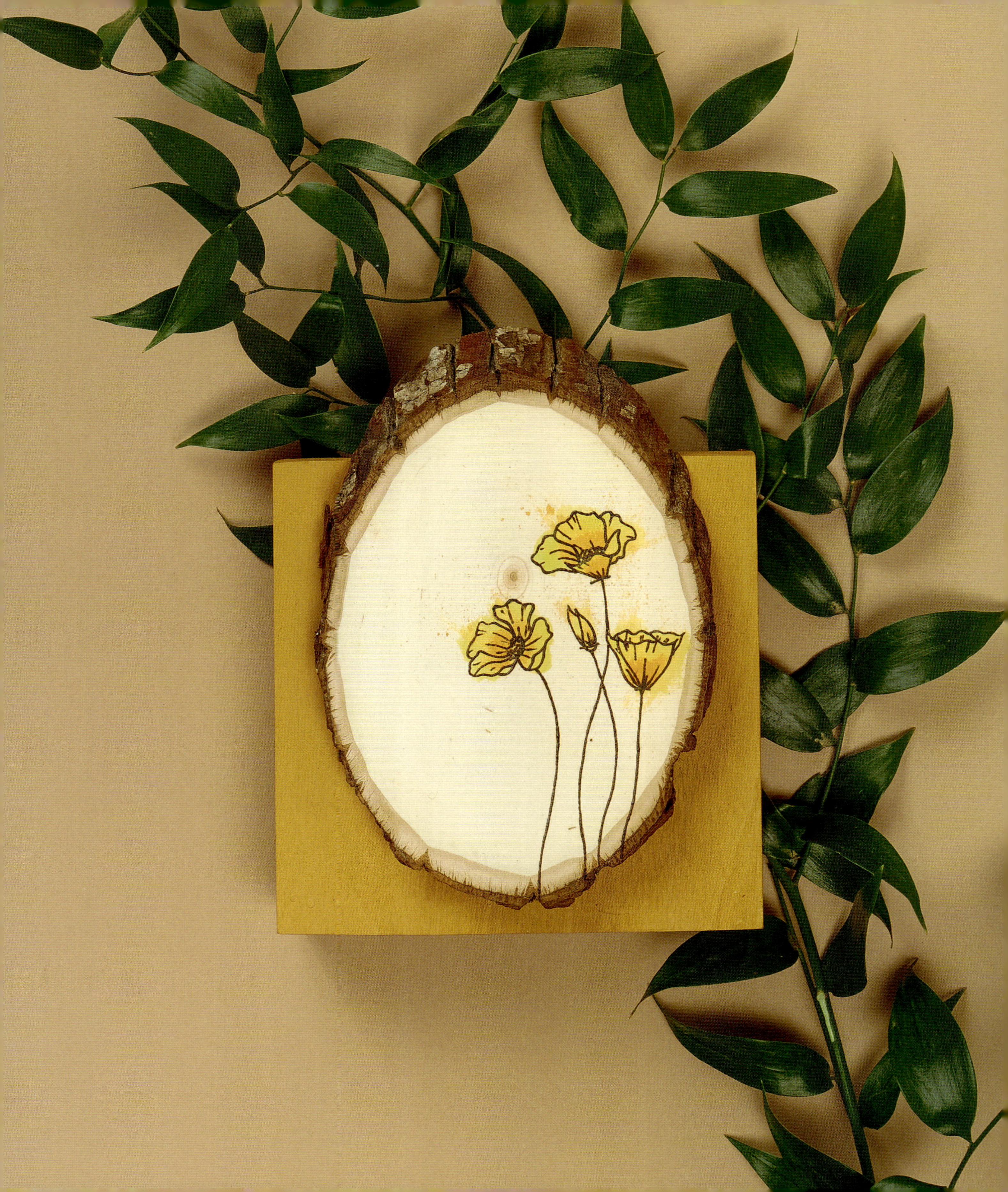

Mohnblumenbild auf Holz

Mit Aquarellfarbe verzieren

MATERIALIEN

- Holzscheibe
- Vorlage
- Transferutensilien
- Schutzausrüstung
- Brandmalgerät + Gleit-, Spaten- oder Schreibspitze
- Aquarellfarben
- Teller oder Palette
- Wasserglas
- Papiertücher
- Pinsel oder Aquarellstift
- Zackenbildaufhänger

Am liebsten verziere ich meine Holzarbeiten mit Aquarellfarbe. Für mich wirkt es auf eine Art befreiend, Aquarellfarben in diesem Kontext und frei von irgendwelchen Vorgaben zu verwenden. Mit Aquarellfarbe kann man jede beliebige Zeichnung einfach und schnell in ein leuchtendes Kunstwerk verwandeln, das dem Raum Wärme verleiht. Diese perfekt unperfekten Farbspritzer erzeugen einen dramatischen und verspielten Effekt und hauchen dank ihrer Leuchtkraft dem Kunstwerk neues Leben ein.

Ich habe meine absolute Lieblingsblume, die kalifornische Mohnblume, als Motiv gewählt, weil sie so farbenfroh ist. Diese Farbtupfer zieren die Landschaft hier überall und machen mich einfach glücklichen.

„Schmirgelt euer Holz immer erst, bevor ihr anfangt zu brennen."

@tracedintimber

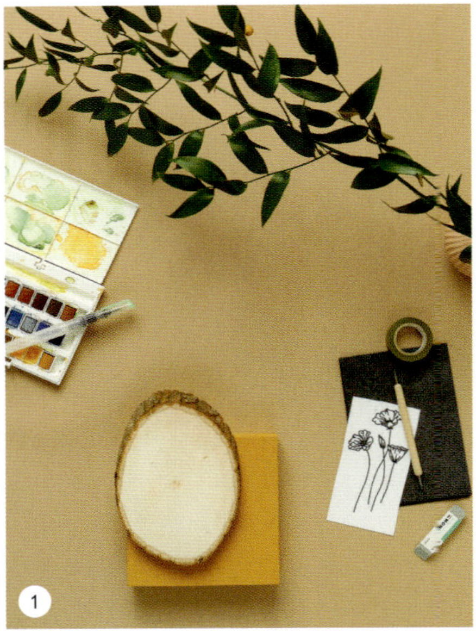

1

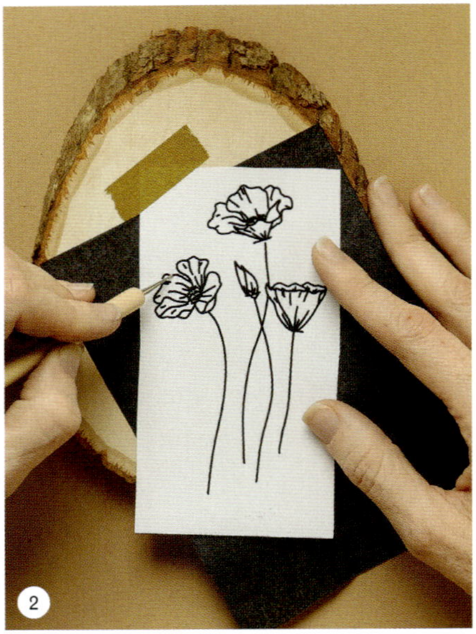

2

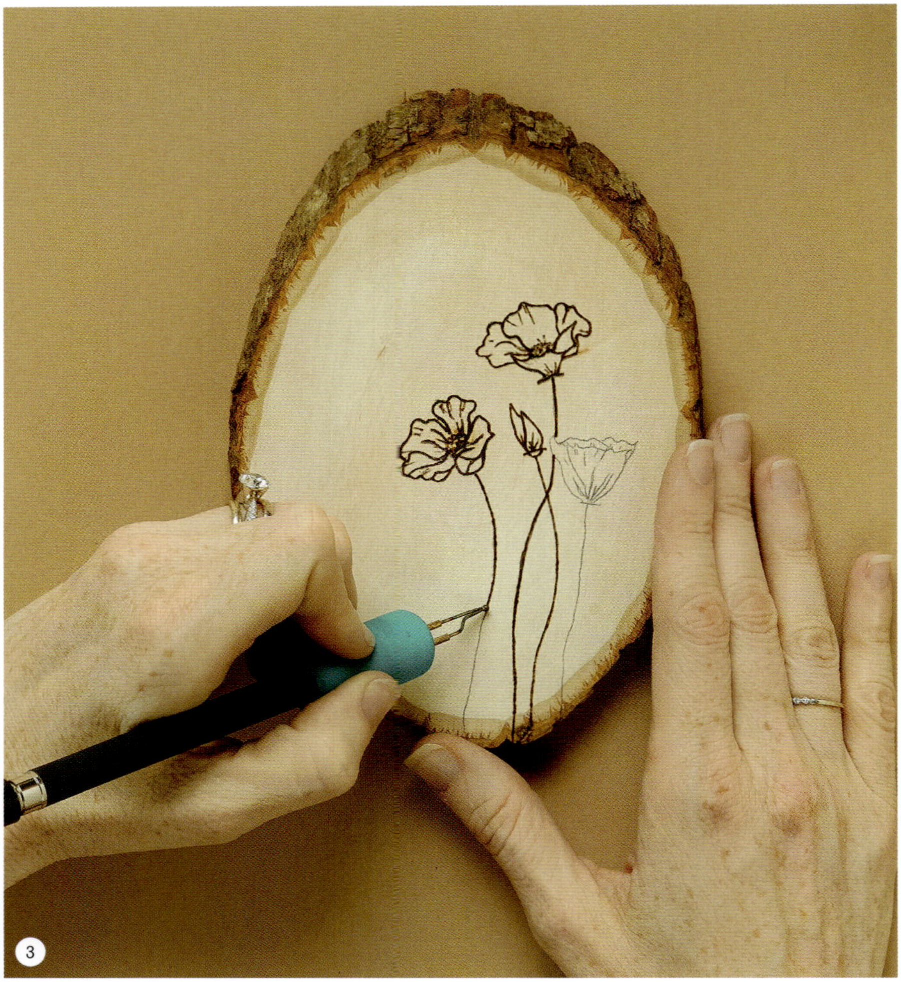

3

1. Wählt eine simple Blumenzeichnung aus. Sie kann entweder von Hand gezeichnet, von einem Foto abgezeichnet oder auch aus diesem Buch sein. Wählt ein Holzstück, auf das die Zeichnung passt.

2. Übertragt die Zeichnung auf das Holz (siehe Seite 28 Transfertechniken). Ich benutzt Amerikanische Linde mit Live-Edge. Vergewissert euch, dass ihr das ganze Motiv übertragen habt, bevor ihr die Vorlage von dem Holz entfernt.

3. Wählt eine Formspitze und brennt los. Für dieses Projekt benutze ich eine Gleit- oder Schreibspitze. Damit kann ich den Kolben frei in alle Richtungen bewegen, ohne mit der Formspitze im Holz stecken zu bleiben.

4. Nach dem Brennen entfernt ihr alle sichtbaren Transferlinien.

5. Legt Tuschekasten, Palette, Wasserglas, Papiertücher und Pinseln bereit (siehe Seite 42 Farbe verleihen)

„Habt keine Angst vor der „Unveränderlichkeit“ der Brandmalerei. Mit Schmirgelpapier lässt sich Vieles rückgängig machen.“

@pickleshopcuriosity

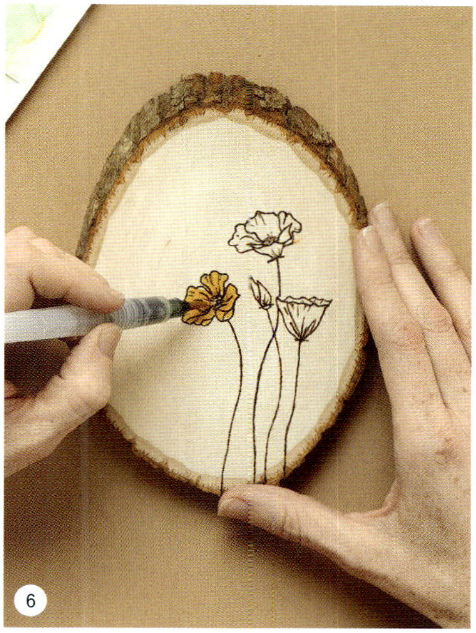

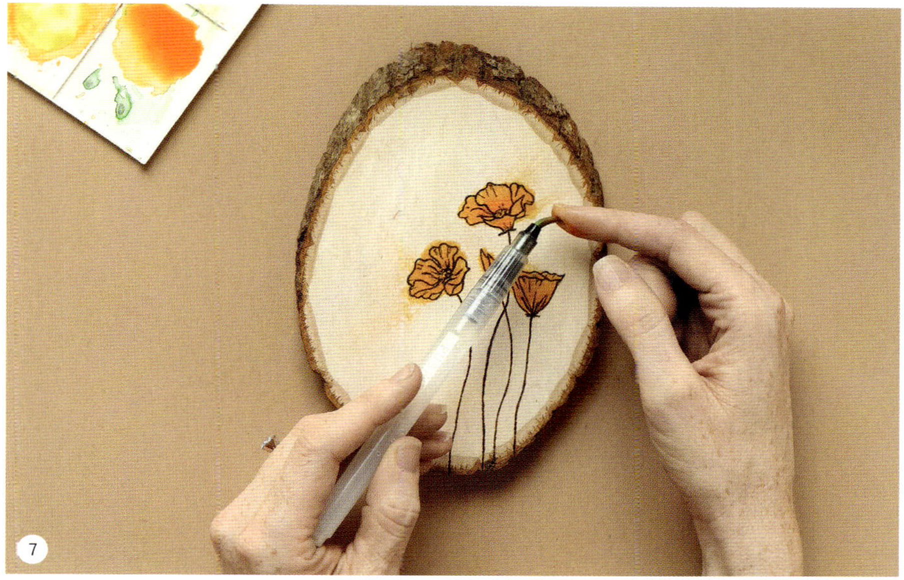

6. Malt die Blume vollständig oder nur die Bereiche aus, die ihr färben wollt. Nehmt nicht zu viel Wasser, damit das Holz nicht aufreißt. Ihr könnt ruhig über die Linien malen – gerade bei diesem Projekt solltet ihr das sogar! Das Blumen-Design soll locker-flockig wirken, so als ob die Blumen über die sie eingrenzenden Linien herausgewachsenen wären.

7. Wenn ihr mit dem Ausmalen der Blume fertig seid, fügt ihr die Farbspritzer hinzu. Übt die Technik vorher auf einem Schmierpapier oder der Rückseite eures Werkstücks. Taucht den Pinsel in die gleiche Farbe ein, haltet ihn nah über die Oberfläche, zieht die Pinselborsten leicht zurück und lasst los. Produziert so viele oder wenige Farbspritzer, wie ihr mögt, das ist ganz euch überlassen.

8. Wartet, bis das Kunstwerk getrocknet ist und befestigt an der Rückseite einen Zackenaufhänger.

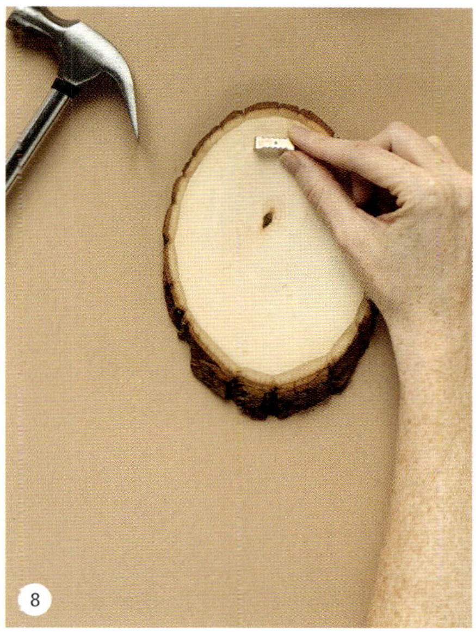

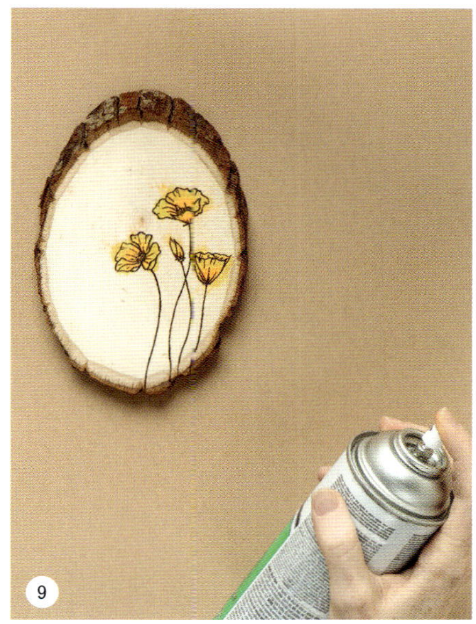

9. Zum Schluss versiegelt ihr das Werkstück mit einem Finish eurer Wahl (siehe Seite 48 Finishe). Für Tuschefarben bevorzuge ich ein Finish zum Aufsprühen, so dass die Farbe auf dem Holz nicht verschmieren kann.

10. Hängt euer Kunstwerk an die Wand oder packt es hübsch ein und verschenkt es!

Alle Vorlagen findet ihr auf quartoknows.com/page/WoodBurnBook

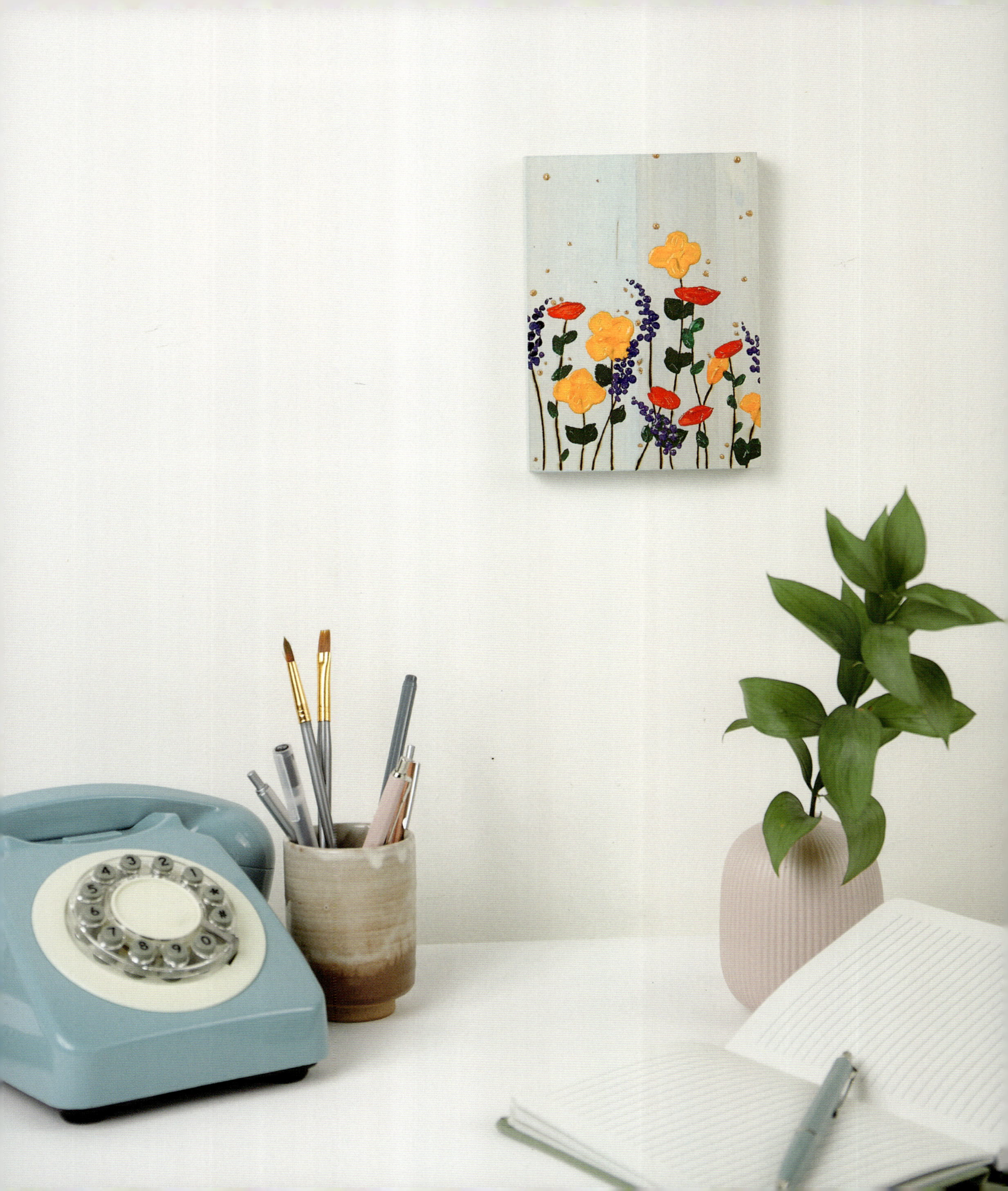

Wildblumen frei Hand

Mit Acrylfarben verzieren

MATERIALIEN

- Holz
- Schmirgelpapier
- Schutzausrüstung
- Brandmalgerät + Gleit-, Spaten- oder Schreibspitze
- Bleistift, optional
- Acrylfarben, dickflüssig
- Pinsel
- Wasserglas
- Palette
- Papiertücher
- Finish

Acryl ist die ideale Farbe für brandgemalte Holzarbeiten. Genau wie die Brandmalerei selbst gibt sie dem Werk Struktur und Tiefe, allerdings indem man etwas aufträgt, anstatt etwas wegzubrennen. Dies verleiht dem Brand Lebendigkeit, Textur, Abwechslung und Wärme. Indem ihr die Acrylfarben mit Wasser verdünnt, könnt ihr Lavierungen (Waschungen) erzeugen; diesen Effekt könnt ihr während des Verzierens kreieren.

Für dieses Projekt könnt ihr eure Lieblingsfarben oder spezielle Farbtöne für eine ganz bestimmte Blumensorte verwenden sowie unterschiedliche Dickegrade und Arten von Texturen produzieren. Ihr könnt viele bunte oder wenig unifarbene Blumen hinzufügen. Dieses simple, von Hand gezeichnete Motiv lässt Raum für viel Kreativität und Fantasie. Ich freue mich schon darauf, zu sehen, wie ihr dieses einfache, schnelle, fröhliche Projekt umsetzt.

„Egal, ob ihr mit Farbe, Buntstiften, Aquarellfarbe oder einem Finish arbeitet, zuerst wird gebrannt."

@alyoopsartistry

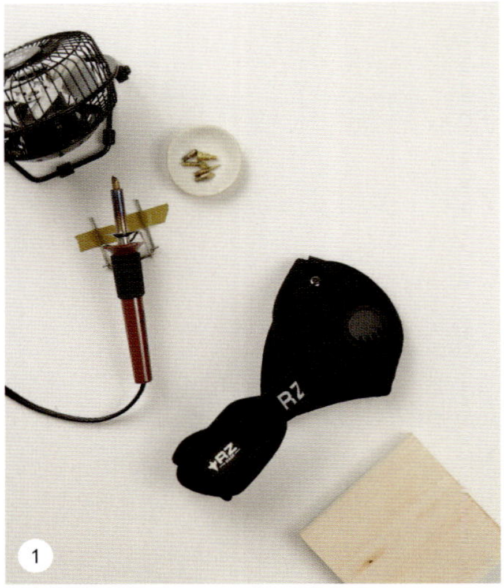

1

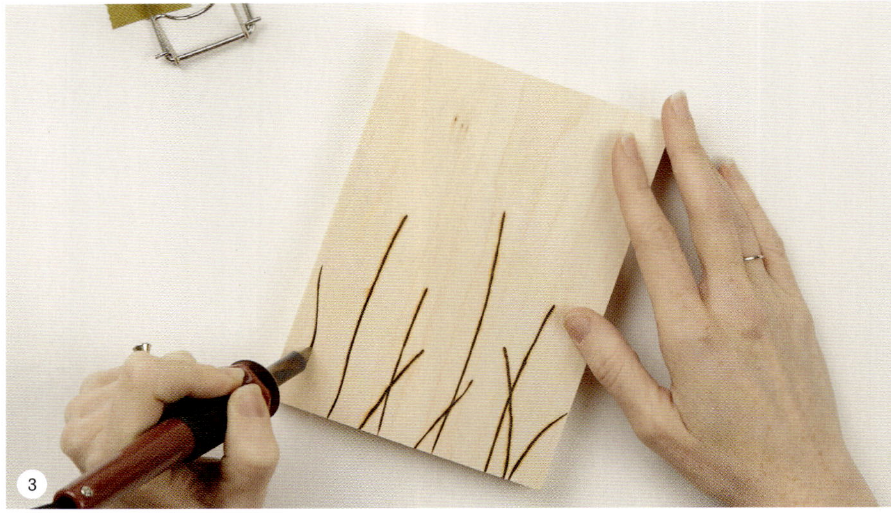

3

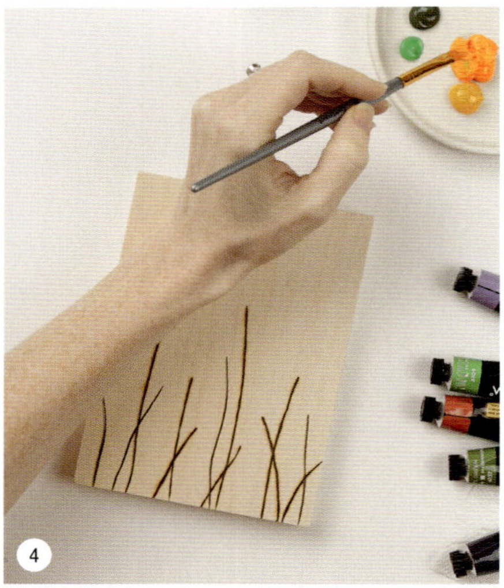

4

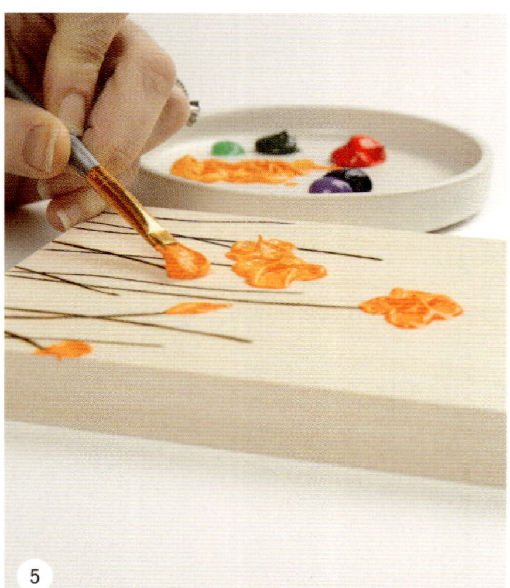

5

1. Bereitet die Schutzausrüstung vor und vergewissert euch, dass das Holz trocken und glatt geschmirgelt ist (siehe Seite 24 Hölzer).

2. Erhitzt das Brandmalgerät und testet die Temperatur.

3. Brennt mehrere unterschiedlich lange Stängel oder Linien entlang der Unterseite des Holzstücks. Dabei können sich einige überschneiden oder in verschiedene Richtungen zeigen. Falls ihr sie nicht direkt aufbrennen wollt, könnt ihr die Stängel auch erst mit einem Bleistift vorzeichnen.

4. Jetzt braucht ihr die Acrylfarben, einen Pinsel, ein Wasserglas, eine Palette oder einen Pappteller und Papiertücher. Wählt Farben, die zu eurer Einrichtung passen oder spezielle Töne für die Blumensorten, die ihr aufmalen wollt. Drückt einen großzügigen Klecks der Farbe auf die Palette. Die Blumen bekommen mehr Tiefe, wenn ihr zwei oder mehr Farben miteinander vermischt. Benutzt unterschiedliche Grüntöne für die Blätter, damit das Blumenmeer interessanter wirkt.

5. Sobald ihr die gewünschte Farbe angemischt habt, nehmt eine große Menge mit dem Pinsel auf und tragt sie auf das Werkstück auf. Scheut euch nicht davor, viel Farbe zu verwenden – je mehr Farbe, desto besser das Ergebnis, da sie den Blumen Struktur und Tiefe verleiht. Sie müssen nicht perfekt sein. Mit der Farbe wollt ihr einfach die Assoziation wecken, dass es sich um Blumen handelt. Am besten ihr verwendet eine Farbe nach der anderen, malt die Blumen und Blätter in einem Ton, wascht den Pinsel aus und wechselt zur nächsten Farbe. Falls ihr mehrere Farbschichten auftragen wollt, wartet ab, bis die erste Schicht vollständig trocken ist. Dies kann, je nach Farbe, mehrere Stunden dauern, aber das Warten lohnt sich (siehe Seite 43 Farbe verleihen).

6. Erzeugt eine Acryl-Waschung. Wählt eine Farbe aus und mischt

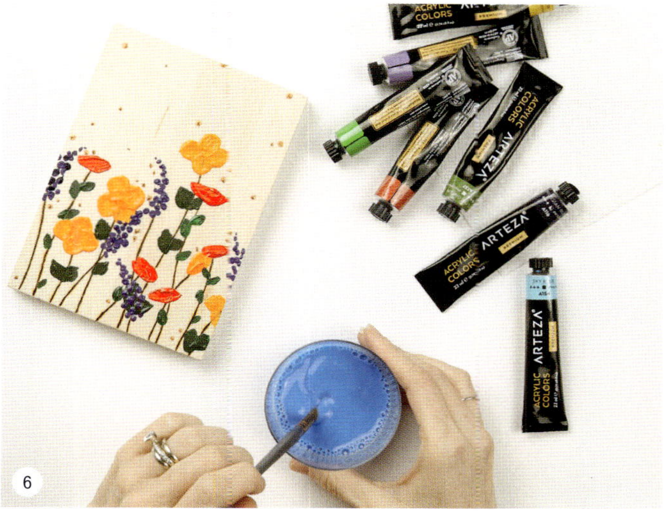

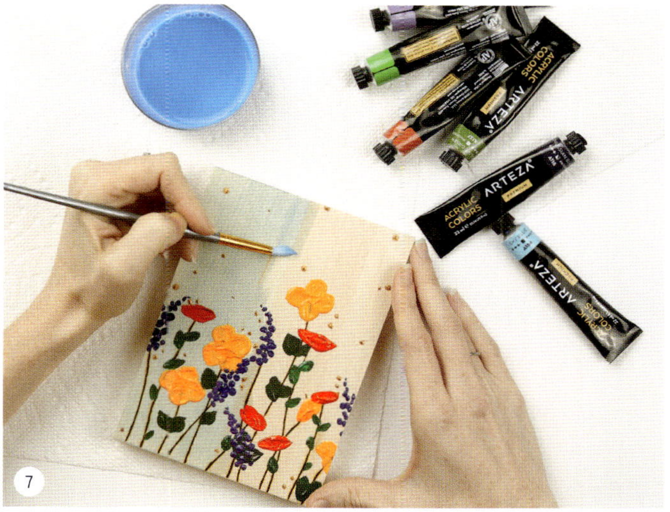

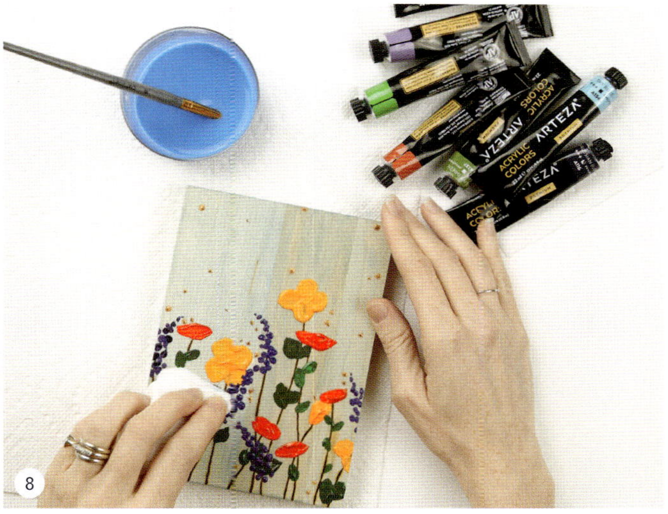

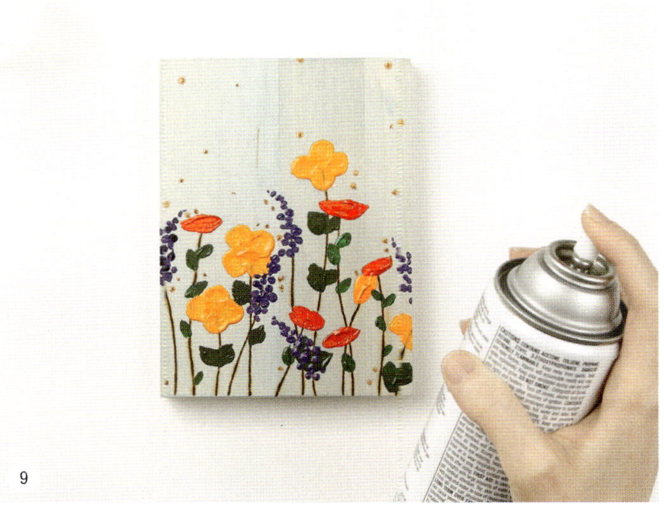

sie mit reichlich Wasser. Fangt mit einem 1:10-Verhältnis an und passt es nach Bedarf an. Ihr könntet zum Beispiel ein Himmelblau oder mehrere Farben für einen Sonnenuntergang/Sonnenaufgang wählen, je nachdem, was für einen Hintergrund ihr euch vorstellt. Es ist euer Kunstwerk, ihr entscheidet, wie es aussehen soll!

7 Lasst die Farbe vollständig trocknen und probiert die Lavierung erst auf einem Testholz aus, bevor ihr sie mit einem sauberen Pinsel auftragt. Beim Testen der Farbe merkt ihr, ob ihr zu viel Wasser verwendet habt, was dazu führen kann, dass das Holz aufreißt. Deswegen maximal zwei Schichten der Lavierung auftragen. Tragt sie gleichmäßig auf das ganze Werkstück auf, wenn ihr mit dem Pinsel über die Blumen kommt, macht das nichts.

8 Wischt die Lavierung von den Blumen einfach mit einem Papiertuch ab, bevor sie trocknet. Die Waschung bleibt zwar auf dem Holz haften, aber solange sie noch nass ist, lässt sie sich leicht von der getrockneten Farbe und den Brandlinien entfernen.

9 Lasst das Werkstück vollständig trocknen und tragt anschließend ein Finish auf. Wenn ich mit dickflüssiger Acrylfarbe arbeite, verwende ich am liebsten ein Finish zum Aufsprühen, damit es nicht in den Farbrillen hängen bleibt (siehe Seite 48 Finishes).

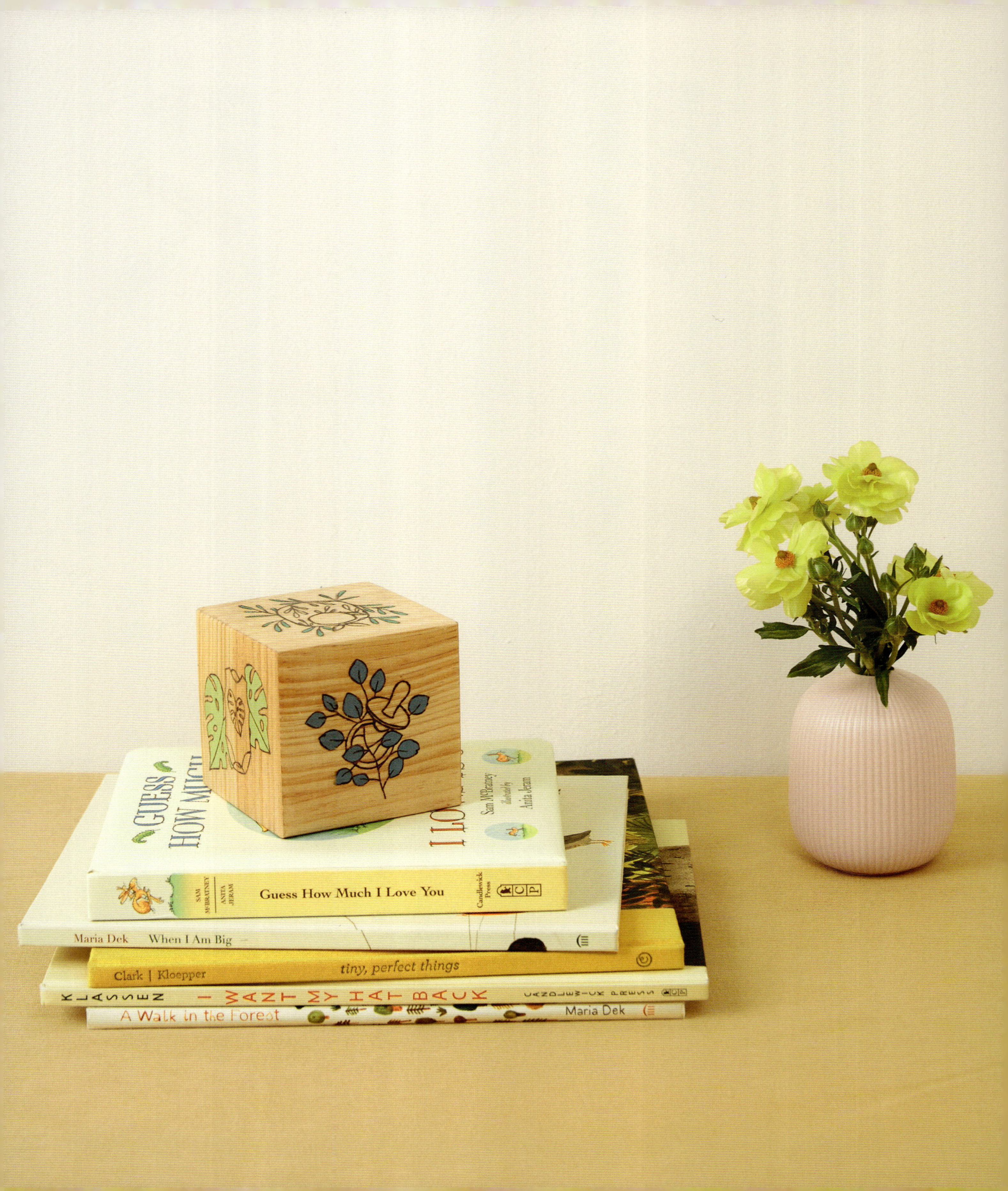
GUESS HOW MUCH I LOVE YOU
Sam McBratney
Anita Jeram
SAM McBRATNEY ANITA JERAM Guess How Much I Love You Candlewick Press
Maria Dek When I Am Big
Clark | Kloepper tiny, perfect things
KLASSEN I WANT MY HAT BACK CANDLEWICK PRESS
A Walk in the Forest Maria Dek

Babywürfel

Mit Lackmarker verzieren

MATERIALIEN

- Holzwürfel
- Vorlage
- Transferutensilien
- Schutzausrüstung
- Brandmalgerät + Gleit-, Spaten- oder Schreibspitze
- Lackmarker

Diese witzigen und skurrilen Baby-Designs schreien förmlich nach einer Verzierung mit Lackmarkern. Dank der leuchtenden Lackfarben wirken sie noch lebendiger und fröhlicher. Sie bringen die entzückenden Designs von Eunice von @electriceunice noch mehr zur Geltung.

Ich habe mit diesen Motiven einen Holzwürfel verschönert, aber sie lassen sich auf jede Art von Holzoberfläche brennen. Ich bin gespannt, welche Erinnerungsstücke aus dem Leben eurer Kleinen, ihr mit Eunices Motiven verziert!

KÜNSTLERPROFIL

EUNICE SUN
von @electriceunice
Aquarellmalerin und Designerin
Irvine, Kalifornien

Eunice ist die Aquarellkünstlerin und Schönschreiberin von Electric Eunice und Autorin des Ratgebers *Watercolor Botanicals*. Eunice liebt es, kreativ zu sein, weil sie das entspannt, aufheitert und sie dabei oft und laut lachen muss. Neben den kreativen Schaffensprozessen, zieht Eunice ihre Energie aus dem Zusammensein und der Geselligkeit mit anderen. Deswegen gibt sie ihr Wissen mit Begeisterung in Aquarell-Workshops weiter. Ihr Motto: Egal, woher du kommst, du kannst das! Eunice ist bekannt für ihr lautes Lachen, ihre Besessenheit Pflanzen zu malen und dafür, dass sie sich mit allen Menschen auf Anhieb super-gut versteht. Sie lebt mit ihrem Ehemann, ihrem Corgy-Mix und dem neusten Familienzuwachs – einem kleinen Baby – in Orange County, Kalifornien.

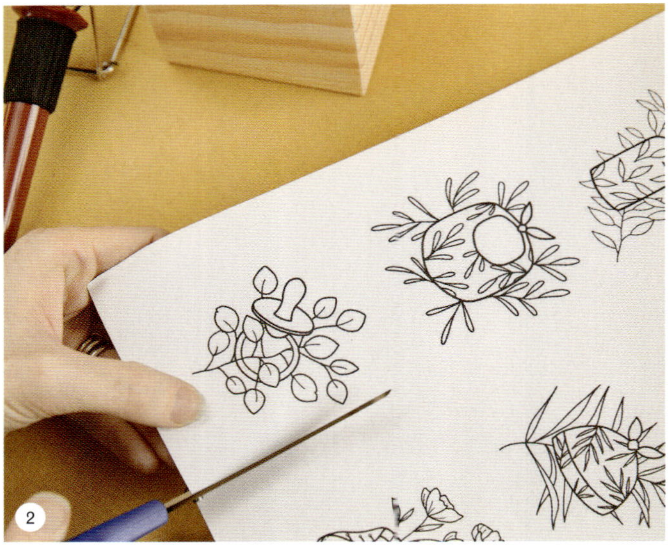

2

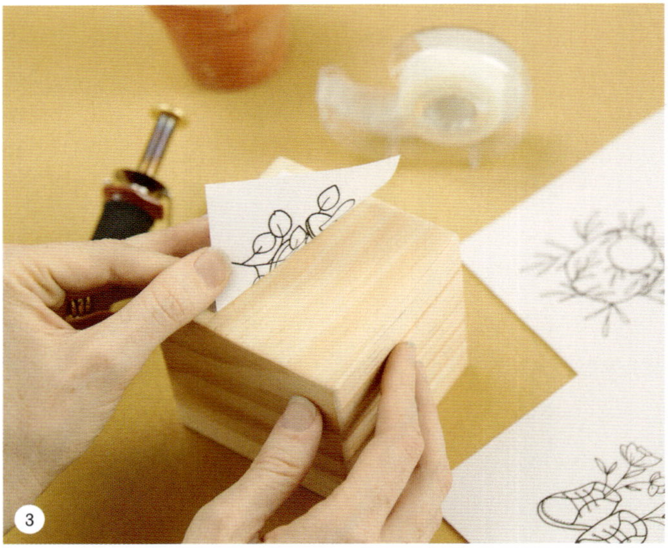

3

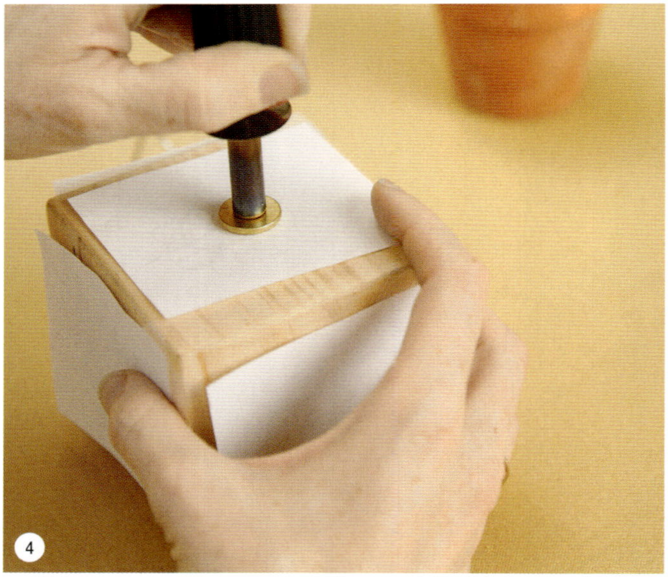

4

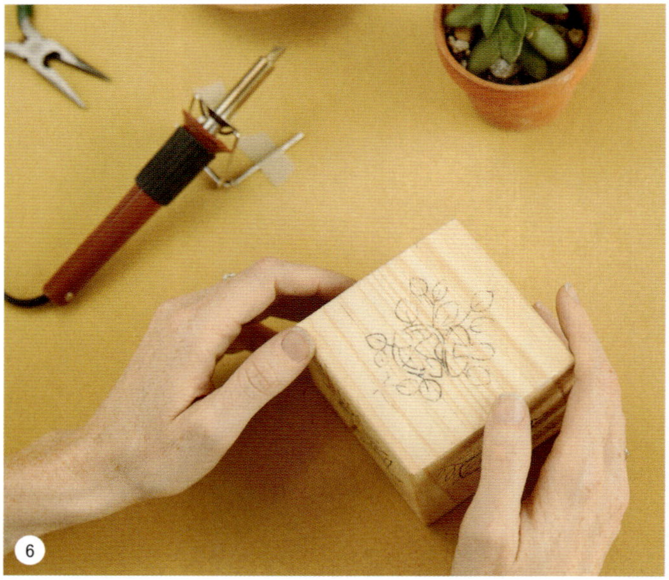

6

1. Passt die Größe der Vorlagen an die eures Holzwürfels an.

2. Entscheidet euch für eine Transfertechnik zwischen Grafitpapier, blauem Transferpapier oder Übertragung per Hitze. Ich nutze letztere und habe meine Vorlagen spiegelverkehrt mit einem Laserdrucker ausgedruckt. Achtet darauf, dass ihr das Motiv spiegelt, bevor ihr es ausdruckt, besonders, wenn es sich um einen Schriftzug handelt, und schneidet es aus.

3. Platziert und befestigt die Motive mit der Tintenseite nach unten auf den Würfel. Denkt an die Schutzausrüstung.

4. Übertragt das Motiv, indem ihr den heißen Kolben mit dem Transferaufsatz in kreisenden Bewegungen und unter Ausübung von stärkerem, gleichmäßigem Druck über die Vorlage bewegt. Bleibt nicht zu lange mit dem Transferaufsatz auf einer Stelle, sonst verkohlt ihr das Holz.

5. Vergewissert euch, dass das ganze Motiv übertragen wurde, bevor ihr die Vorlage entfernt.

6. Wählt eine Formspitze. Für dieses Projekt eignen sich eine Gleit-,

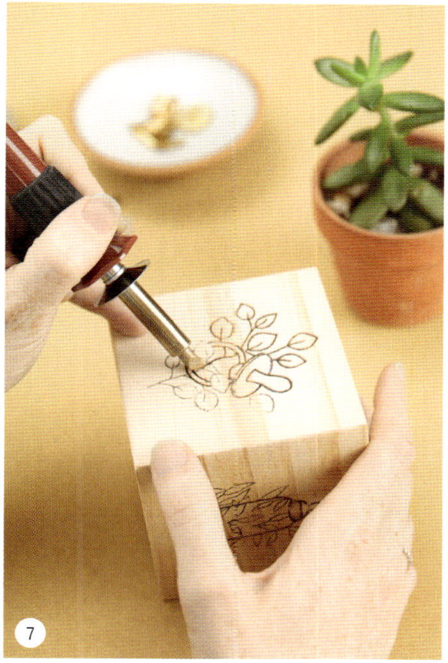

7

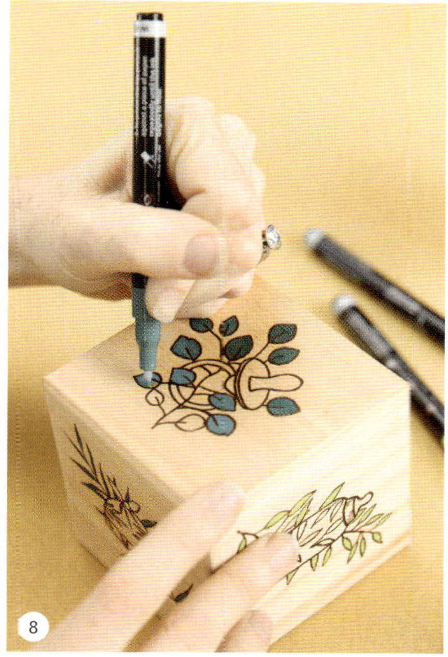

8

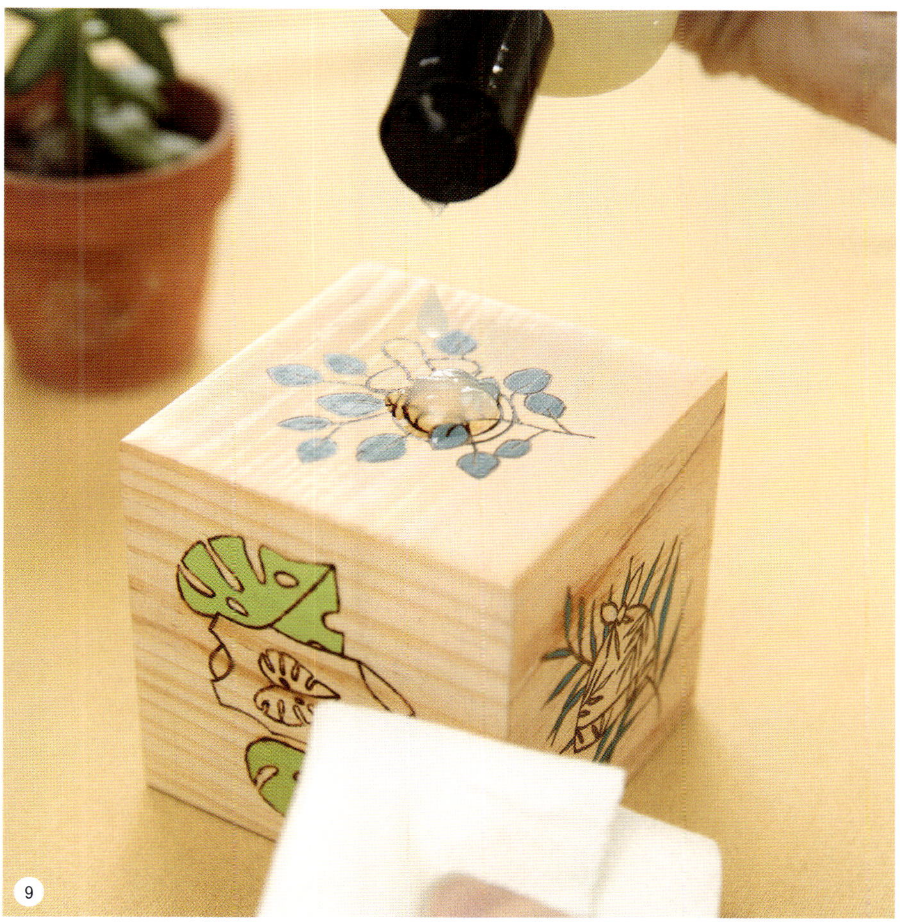

9

Spaten- oder Schreibspitze (siehe Seite 18 Formspitzen).

7 Erhitzt den Brandmalkolben, testet die Temperatur auf einem Testholz und brennt die Übertragungslinien vorsichtig nach. Falls das Brennen eines dreidimensionalen Holzstücks nicht so angenehm für euch ist, könnt ihr einen zweiten Würfel oder Ähnliches neben dem Werkstück platzieren, um eure Hand darauf abzulegen. Außerdem hilft es, die Hand, mit der ihr brennt, mit dem kleinen Finger abzustützen.

8 Sobald ihr alle Motive auf den Würfel gebrannt habt, könnt ihr sie mit den Lackmarkern färben. Dadurch sehen die Motive gleich viel verspielter aus. Ihr könnt Farben wählen, die zu einer bestimmten Zimmereinrichtung passen oder die auch gefallen. Lasst eurer Kreativität ruhig freien Lauf und spielt mit den Farben. Achtet beim Malen mit den Markern darauf, dass die Seite, die den Tisch berührt, schon getrocknet ist, bevor ihr den Würfel dreht. Sonst könnte die Farbe verschmieren (siehe Seite 43 Farbe verleihen).

9 Sobald die Farben getrocknet sind, tragt ihr ein Finish auf, damit der Würfel auch lange hübsch aussieht. Falls das Baby mit dem Würfel spielen darf, verwendet ein lebensmittelechtes Finish (siehe Seite 48 Finishes).

Alle Vorlagen findet ihr auf quartoknows.com/page/WoodBurnBook

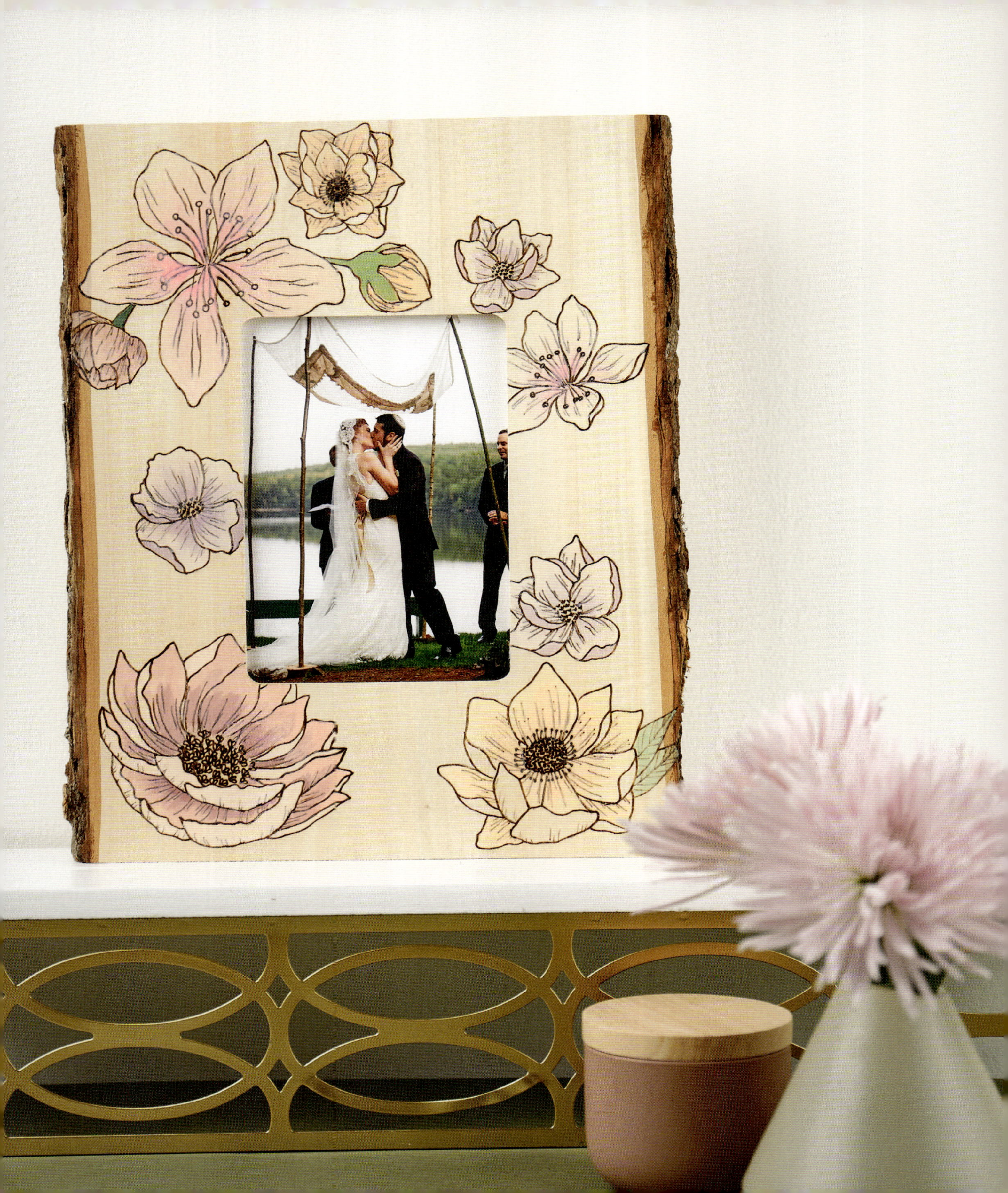

Floraler Fotorahmen

Mit Gouache verzieren

MATERIALIEN

- Fotorahmen aus Holz
- Vorlagen
- Transferutensilien
- Schutzausrüstung
- Brandmalgerät + Gleit-, Spaten- oder Schreibspitze
- Gouachefarbe
- Palette
- Pinsel
- Wasserglas
- Papiertücher
- Finish

Mit Gouache kann man einem Holzrahmen einen ganz besonderen Touch geben. Ihr könnt die Farben mit Wasser zu einem zarten Pastellton verdünnen oder mit einer dickeren Farbtextur arbeiten. Diese filigranen Blüten von @brownpaperbunny eignen sich ganz wunderbar für die Verzierung mit Gouachefarbe.

Ein Fotorahmen mit diesen floralen Designs und Farbnuancen eurer Wahl ist ein absolutes Unikat! Ihr entscheidet, wie groß die Blüten sein sollen, wo ihr sie platzieren wollt und welche Farben sie haben werden. Es kribbelt mir schon in den Fingern, wenn ich Jessicas Motive sehe und an die vielen Gestaltungsmöglichkeiten denke, die ihr habt.

Künstlerprofil

JESSICA MACK
von @brownpaperbunny
Künstlerin und Illustratorin
Seattle, Washington

Jessica ist Künstlerin und Illustratorin mit einer Vorliebe für Blumenmotive und Modeillustrationen. Ihre Werke sind frisch, bunt und leuchtend, und sie arbeitet am liebsten mit Aquarellfarben und Tinte. Jessicas zweite Leidenschaft ist es, anderen zu helfen, ihre Kreativität zu wecken und weiterzuentwickeln. Die Australierin hat schon überall auf der Welt gelebt und wohnt (zurzeit) in Seattle, Washington.

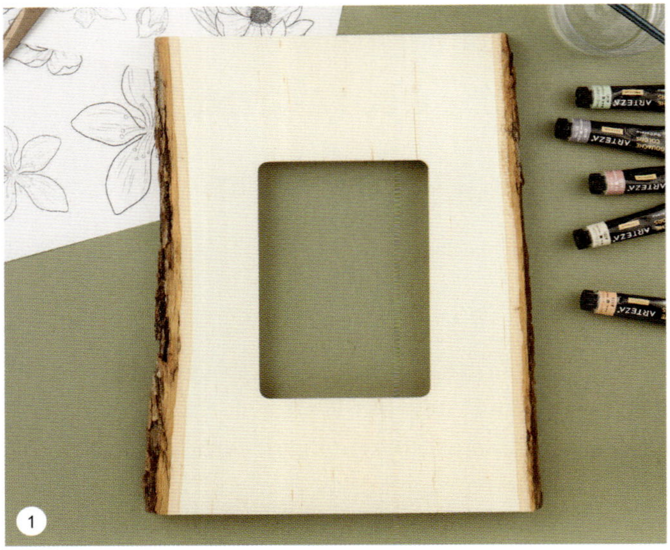

1

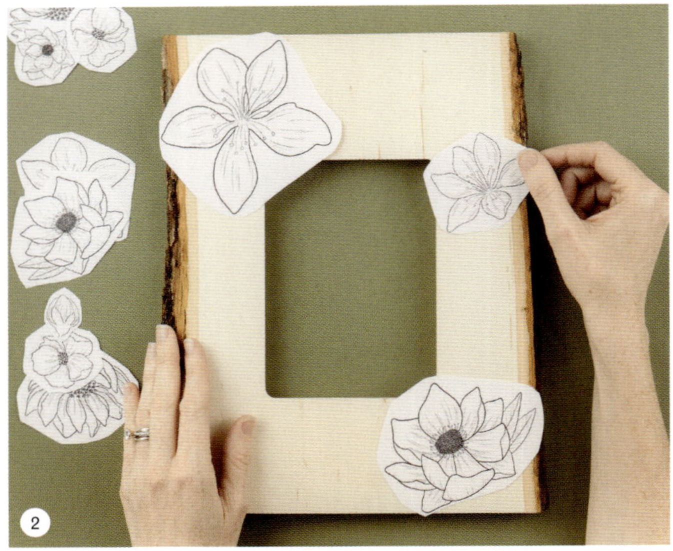

2

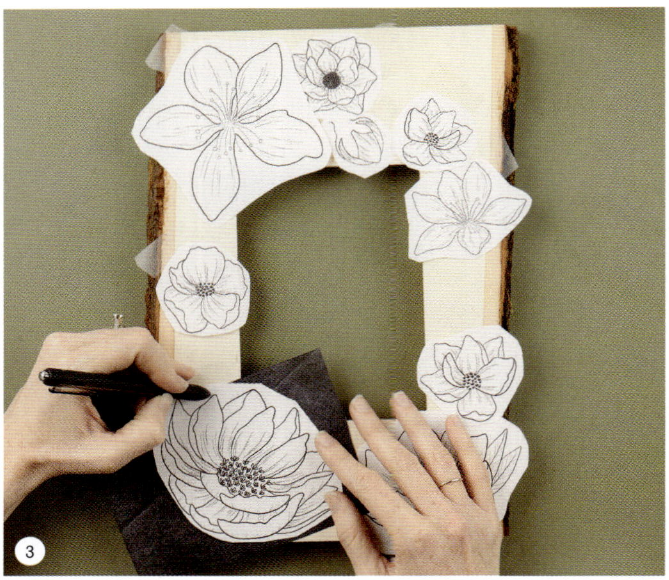

3

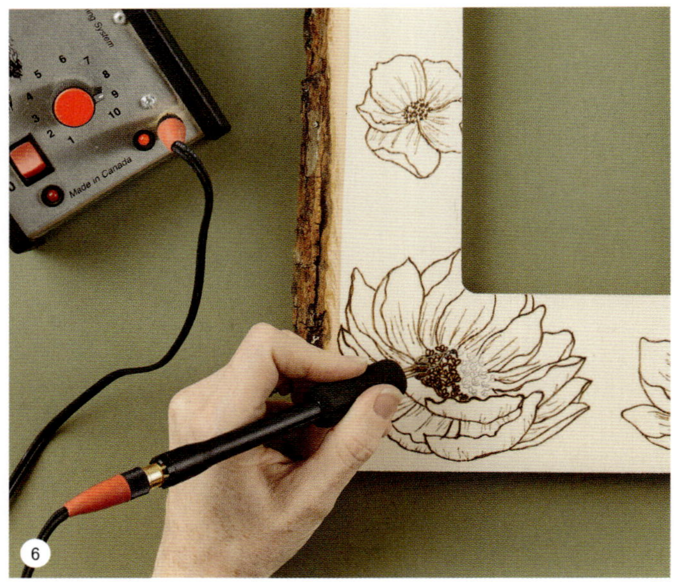

6

1. Zunächst druckt ihr die Motive aus und passt die Größe an euren Fotorahmen an. Mein Rahmen ist aus Amerikanischer Line mit Rinde.

2. Schneidet die einzelnen Blumen aus und platziert sie auf dem Rahmen. Wenn sie an richtiger Stelle liegen, befestigt sie je nach de gewählten Transfermethode mit Klebeband auf dem Rahmen.

3. Übertragt die Motive auf das Holz (siehe Seite 28 Transfertechniken). Für dieses Projekt benutze ich Grafitpapier.

4. Sobald die Blumen auf den Rahmen übertragen wurden, entfernt ihr das Grafitpapier und die Vorlagen.

5. Steckt die Formspitze eurer Wahl in das Brandmalgerät (siehe Seite 18 Formspitzen). Für dieses Werkstück empfehle ich eine Gleit-, Spaten- oder Schreibspitze.

6. Jetzt erhitzt ihr den Brandmalkolben, testet die Temperatur und brennt vorsichtig die übertragenen Linien. Nehmt euch Zeit und überlasst dem Kolben die Führung. Lasst ihn einfach über das

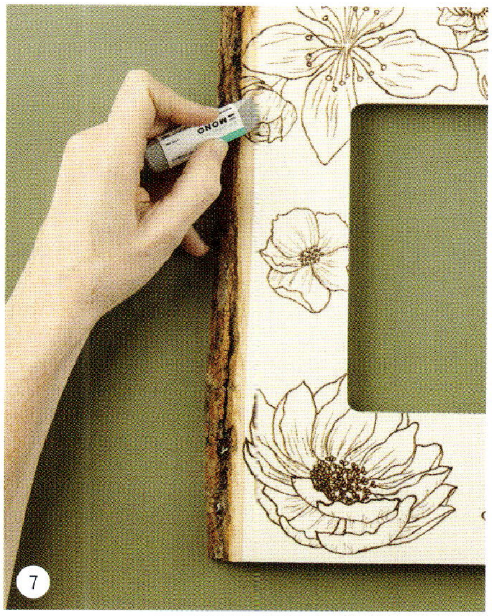

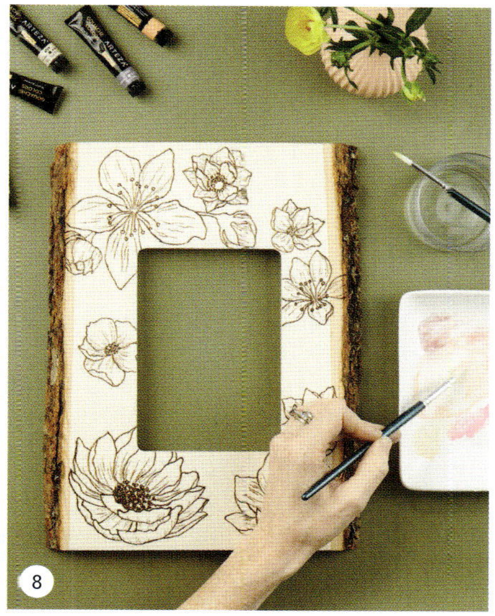

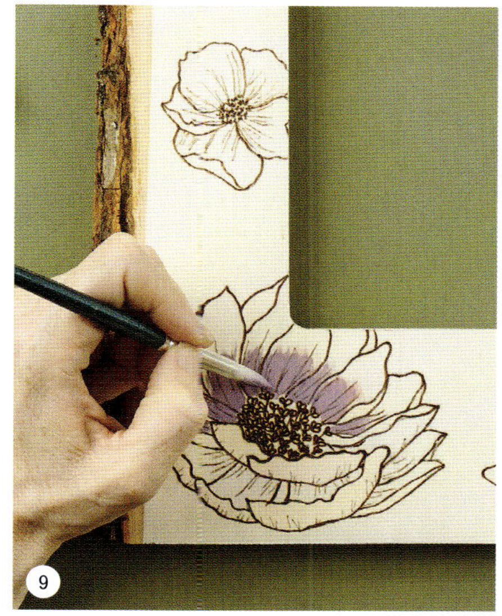

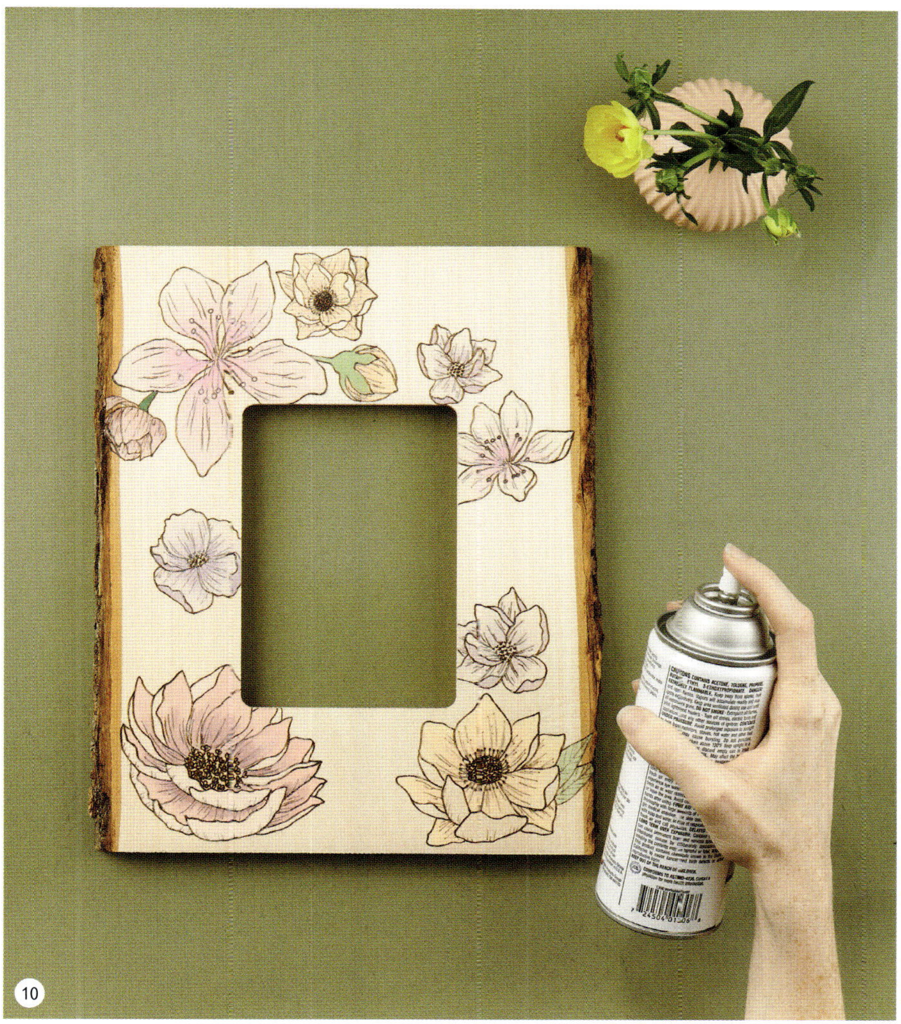

Holz gleiten. Um dem Werk Struktur zu geben, wechselt zwischen den Formspitzen hin und her.

7 Entfernt alle restlichen Übertragungslinien.

8 Jetzt benötigt ihr eure Gouachefarben, eine Palette, einen Pinsel, Wasser und Papiertücher.

9 Tragt die Gouache auf das Holz auf. Nehmt nicht zu viel Wasser, weil sonst das Holz aufreißen kann.

10 Lasst die Farbe vollständig trocknen und tragt dann ein Finish auf. Für dieses Projekt verwende ich ein Fixativ zum Aufsprühen (siehe Seite 48 Finishes).

Alle Vorlagen findet ihr auf quartoknows.com/page/WoodBurnBook

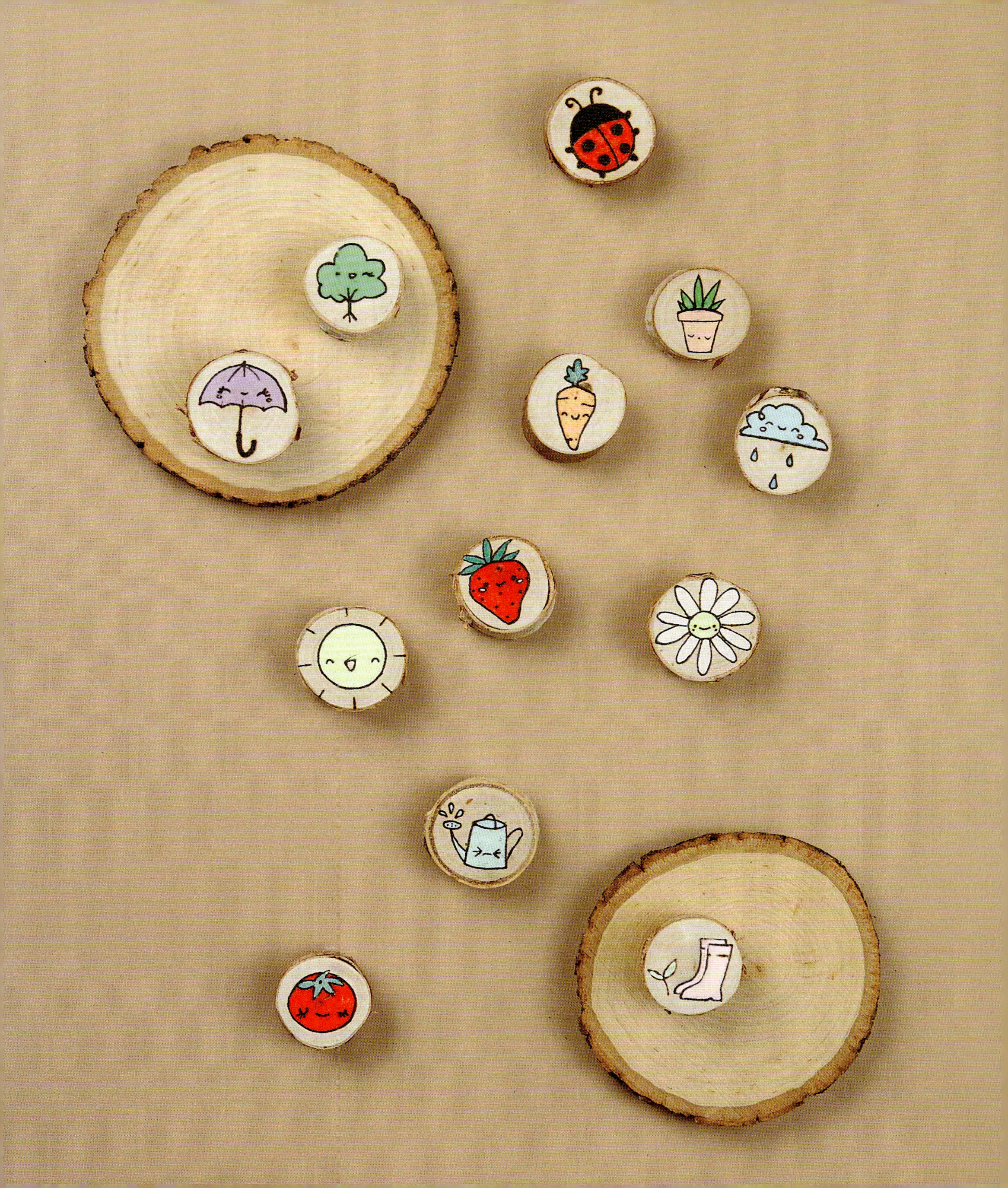

Kawaii-Magnete

Mit Gelstiften verzieren

MATERIALIEN

- Mini-Holzscheiben
- Transferutensilien
- Klebeband
- Größeres Holzstück
- Schutzausrüstung
- Brandmalgerät + Gleit-, Spaten- oder Schreibspitze
- Magnete
- Industriekleber (E6000)
- Wattestäbchen
- Gelstifte
- Finish

Gelstifte sind wie gemacht für Brandmalarbeiten, weil man sie überall bekommt, ihre Anwendung einfach ist, es sie in vielen verschiedenen Farben gibt (auch in Metallic und Neon) und sie ideal für Feinarbeiten sind. Diese lustigen, süßen Designs von Jess von @jeshypark eignen sich perfekt für das Verzieren mit Gelstiften.

Diese Magnete sind nicht nur praktisch, sondern auch sehr süß, und wem gefällt das nicht?! Total einfach herzustellen, pimpen sie jede Kühlschranktür auf. Ich bin gespannt, was ihr aus diesen tollen Designs kreiert! Vergesst nicht, eure Mini-Kunstwerke unter #thewoodburnbook zu teilen.

KÜNSTLERPROFIL

JESS PARK
von @jeshypark
Aquarellmalerin, Kalligrafin, Illustratorin, Autorin
Napa, Kalifornien

Jess Park ist Malerin, Kalligrafin und Autorin des Buchs Watercolor Lettering: *A Step-by-Step Workbook for Painting Embellished Scripts and Beautiful Arts*. Jess gibt ihr Wissen sehr gerne in Lettering-Workshops (auch online) und über ihre sozialen Kanäle an angehende Künstlerinnen weiter. Jess' ist der Überzeugung, dass Kunstschaffen Spaß machen soll – und diese positive Einstellung sieht man ihren verspielten und bunten Werken an, die sie auf Instagram präsentiert.

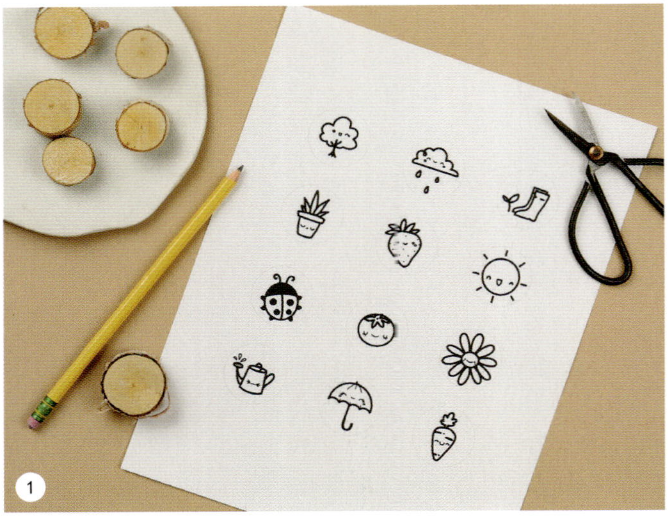

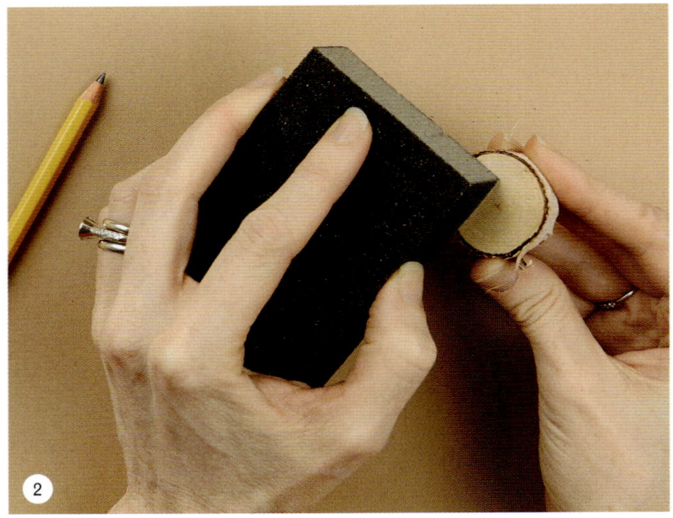

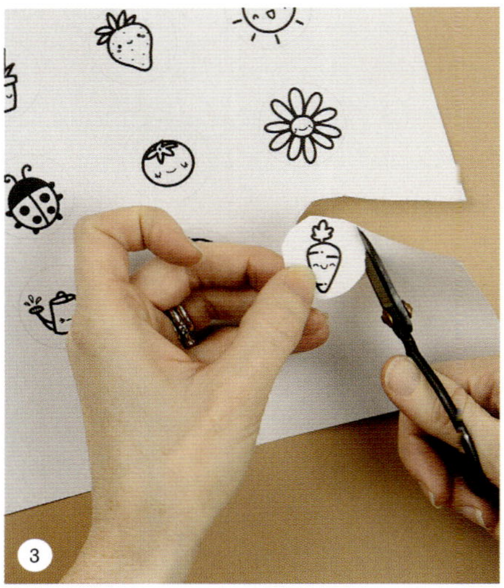

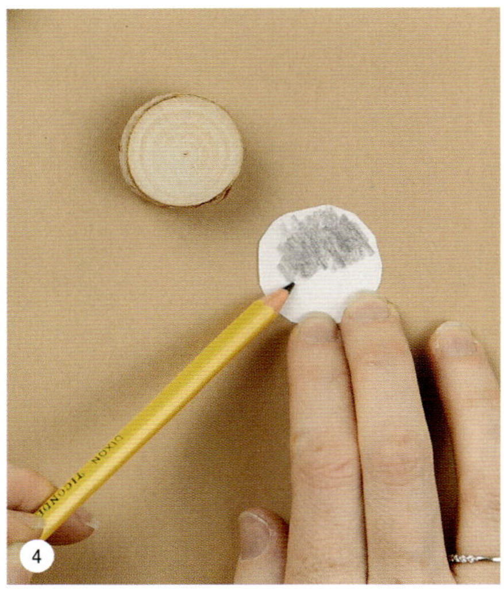

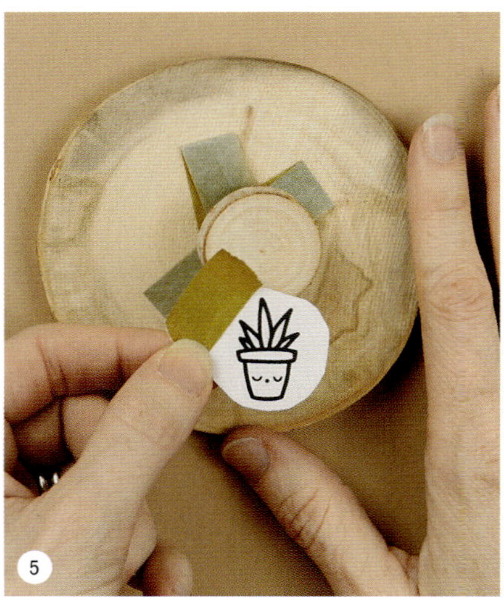

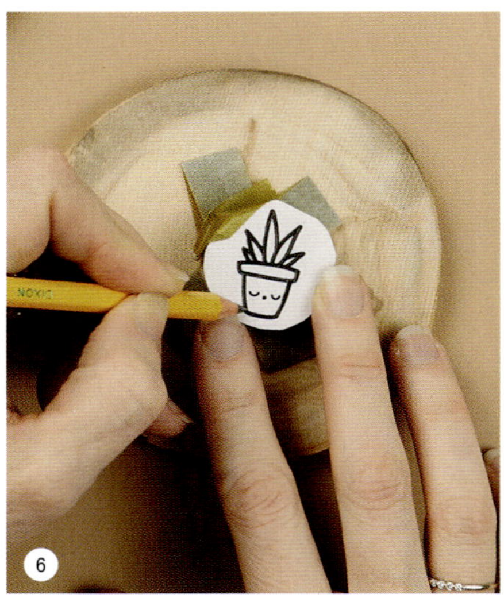

1. Zunächst wählt ihr eure Vorlagen aus, passt die Größe an und druckt sie aus.

2. Dann schmirgelt ihr die Mini-Holzstücke glatt. Ich benutze kleine Birkenscheiben (siehe Seite 24 Hölzer).

3. Schneidet die Vorlagen aus und platziert sie auf die Holzscheiben.

4. Entscheidet euch für eine Transfermethode (siehe Seite 28 Transfertechniken). Hier empfehle ich, Grafitpapier, blaues Transferpapier oder das Schraffieren mit Bleistift.

5. Klebt die kleinen Mini-Scheiben mit der Rückseite auf ein größeres Holzstück. So verrutschen sie nicht und ihr könnt die Motive in Ruhe übertragen und brennen, während ihr das größere Holz dreht. Diesen Trick habe ich von @northstar_pyrography gelernt.

6. Übertragt das Motiv. Denkt daran, je akkurater die Übertragung, desto sauberer der Brand.

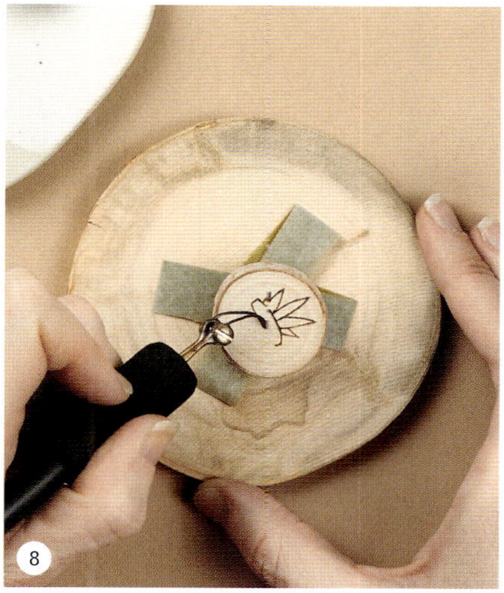

8

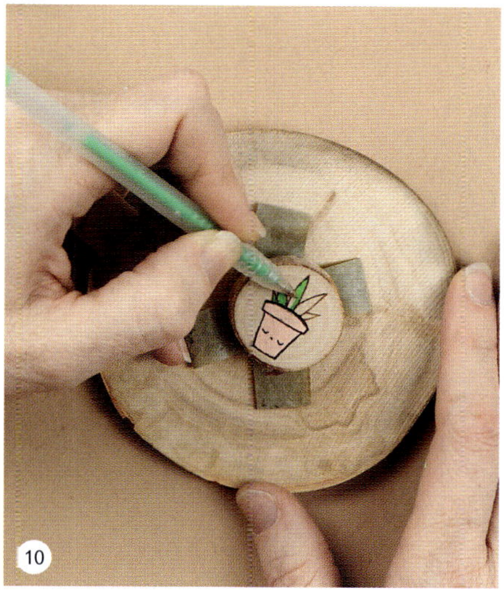

10

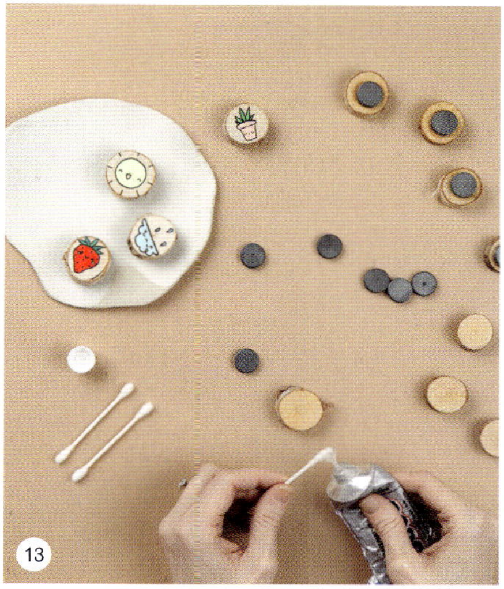

13

7 Erhitzt euer Brandmalgerät mit der gewünschten Formspitze. Bevor ihr loslegt, testet die Temperatur auf der Rückseite eines eurer Holzstücke.

8 Fahrt die Transferlinien nach. Geht dabei langsam und vorsichtig vor. Passt auf eure Finger auf. Falls nötig, nehmt ein zweites Holzstück derselben Dicke, um eure Hand darauf abzulegen, denn besonders bei so kleinen Holzarbeiten, ist es wichtig, eine ruhige Hand zu behalten.

9 Entfernt alle restlichen Transferlinien.

10 Verschönert eure Mini-Holzscheiben mit Gelstiften. Ihr könnt nichts falsch machen, legt einfach los! Verwendet, Metallic-, Neon- oder einfarbige Farben. Malt das ganze Motiv aus oder setzt Akzente. Eure Kreativität ist das Limit! (siehe Seite 42 Farbe verleihen).

11 Wenn ihr zufrieden mit dem Ergebnis seid, sprüht ein Finish-Spray auf, damit sie lange hübsch aussehen. Lasst sie vollständig trocknen.

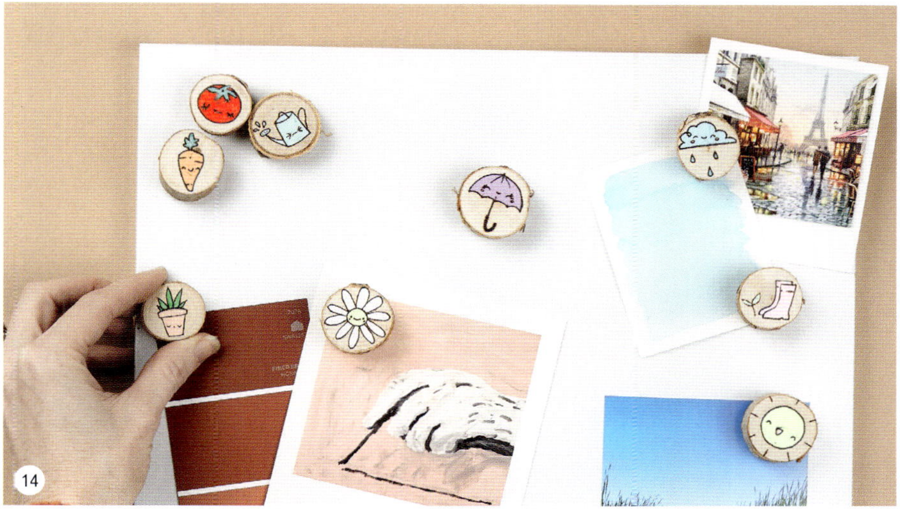

14

12 Jetzt benötigt ihr die Magnete, Industriekleber und Wattestäbchen. Dreht die Mini-Holzscheiben um, sodass die Rückseite nach oben zeigt.

13 Streicht mit einem Wattestäbchen einen großzügigen Klecks Kleber auf eine Seite eines Magnets. Klebt und drückt ihn schnell auf die Rückseite eurer Mini-Holzscheibe. Nach ein paar Minuten könnt ihr noch einmal testen, ob die Magnete auch nicht verrutscht sind und wenn ja, schiebt sie wieder zurück in die Mitte der Holzscheibe. Lasst den Kleber über Nacht trocknen. Am besten, ihr arbeitet an einem gut belüfteten Platz, da der Kleber ziemlich stinken kann. Und beachtet die Sicherheitsvorgaben des Kleberherstellers.

14 Sobald sie trocken sind, könnt ihr die süßen Mini-Magnete benutzen!

Alle Vorlagen findet ihr auf quartoknows.com/page/WoodBurnBook

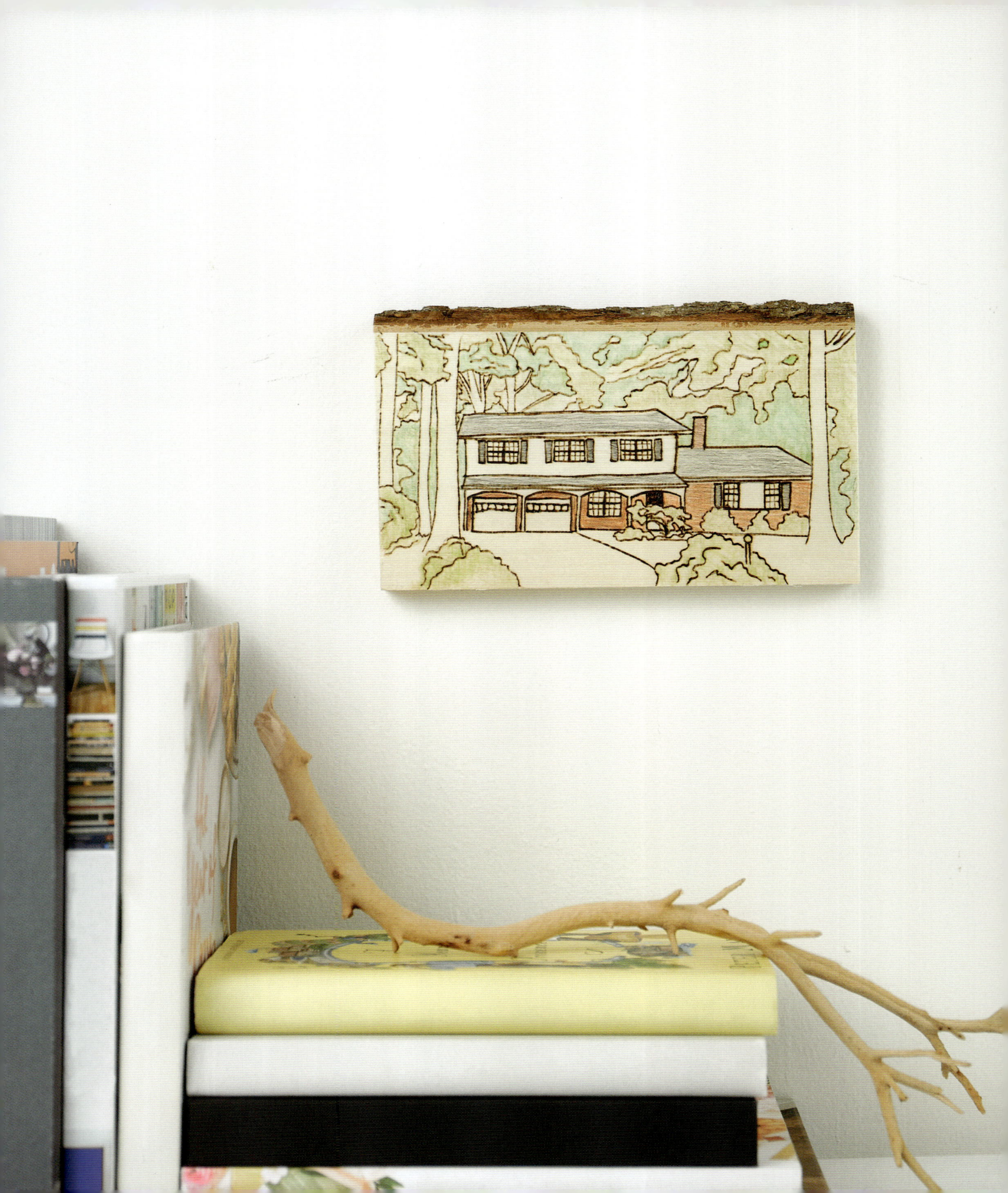

Home Sweet Home-Schild

Mit Buntstiften verzieren

MATERIALIEN

- Holzleinwand
- Digitalfoto
- Transferutensilien
- Stift (optional)
- Schutzausrüstung
- Brandmalgerät + Gleit-, Spaten-, Schreib- und/oder Schattierungsspitze
- Buntstifte
- Finish

Auch mit Buntstiften kann man ein Brandkunstwerk zauberhaft verzieren. Die zarten Farben geben diesem Hausschild einen liebevollen Touch. Dies ist ein einfaches Projekt, für das man nichts weiter können muss außer Linien nachzufahren.

Mit einem simplen Schwarzweißfoto, das ihr auf normalem Druckerpapier ausdruckt, könnt ihr ein echtes Unikat herstellen. Es ist preisgünstig, einfach umzusetzen, personalisierbar und immer ein beliebtes Geschenk aufgrund seines sentimentalen Charakters. Achtet nur darauf, dass ihr die richtige Adresse habt!

„Dreht das Holz während des Brennens."

@west.pyrography

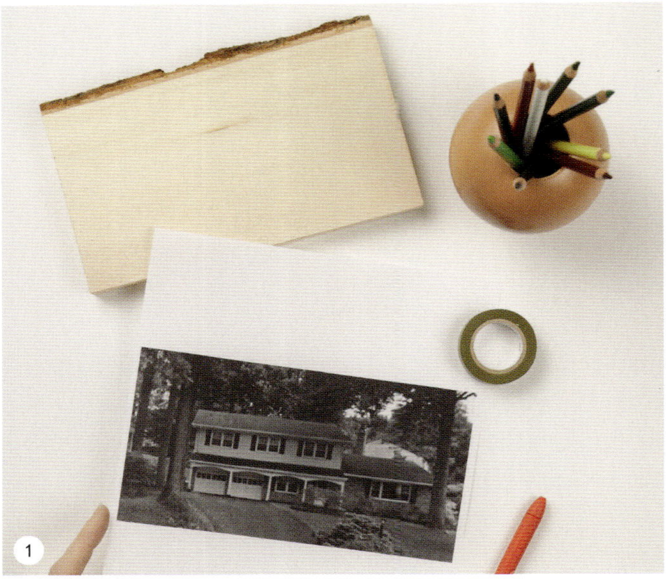

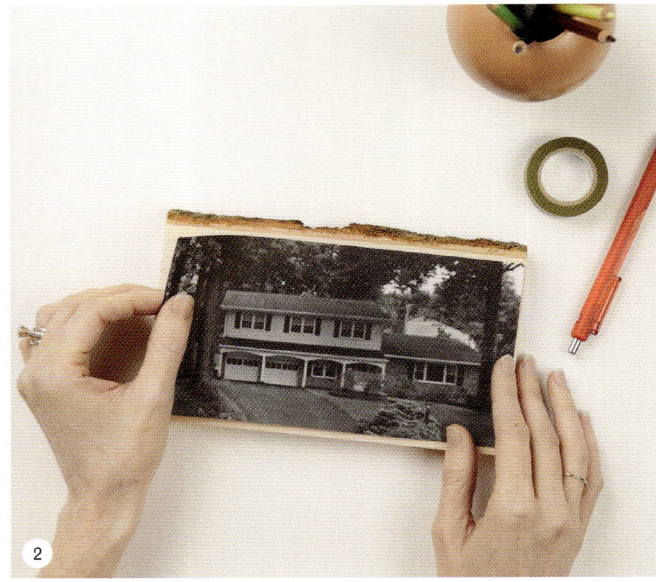

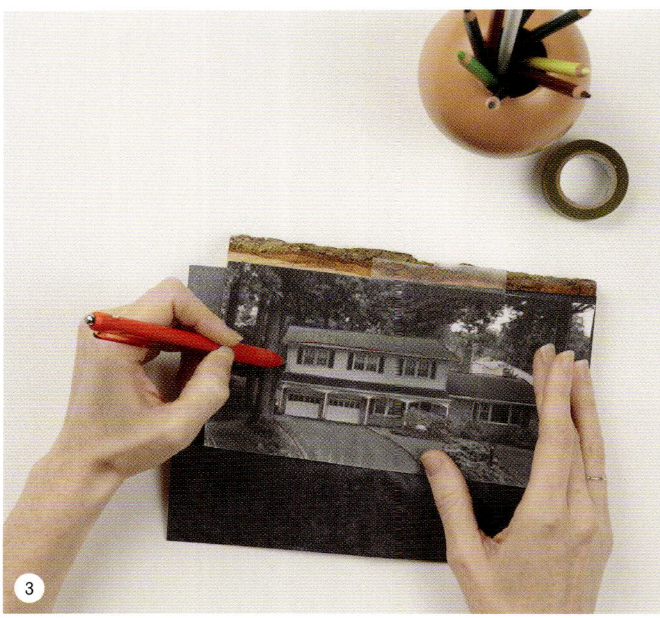

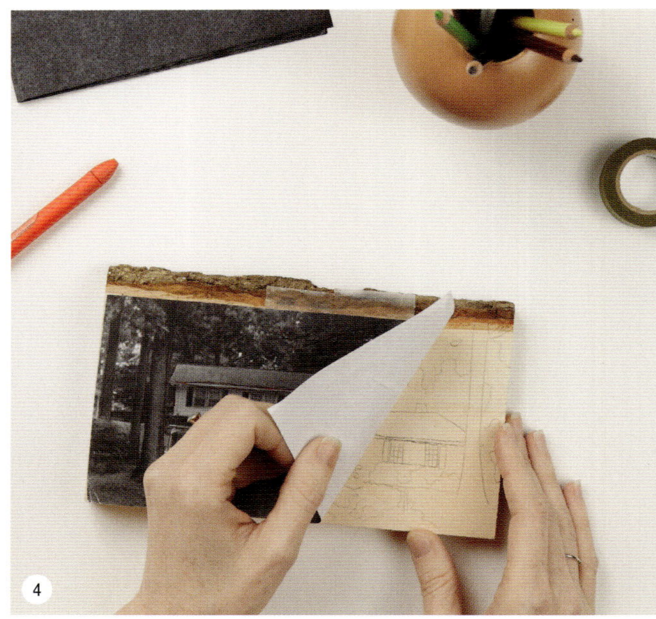

1. Nehmt ein gut beleuchtetes Foto von dem Haus eurer Wahl oder schießt ein neues.

2. Passt die Größe an euer Holzstück an und druckt es in Schwarzweiß aus. Für dieses Projekt benutze ich Amerikanische Linde mit Rinde (siehe Seite 24 Hölzer).

3. Übertragt alle Hauptlinien und die Details des Hauses mithilfe von Grafitpapier oder blauem Transferpapier auf das Holz. Ihr könnt das Bild entweder sehr detailreich machen oder es minimalistisch halten. Ich habe die Grafitpapier-Methode benutzt (siehe Seite 28 Transfertechniken). Wenn ihr euch nicht sicher seid, welche Linien übertragen werden, markiert die Linien, die ihr übertragen wollt mit einem roten Stift auf dem Foto. Dann könnt ihr beim Transferieren den roten Linien folgen.

4. Vergewissert euch, dass ihr alle Linien übertragen habt, bevor ihr das Foto entfernt.

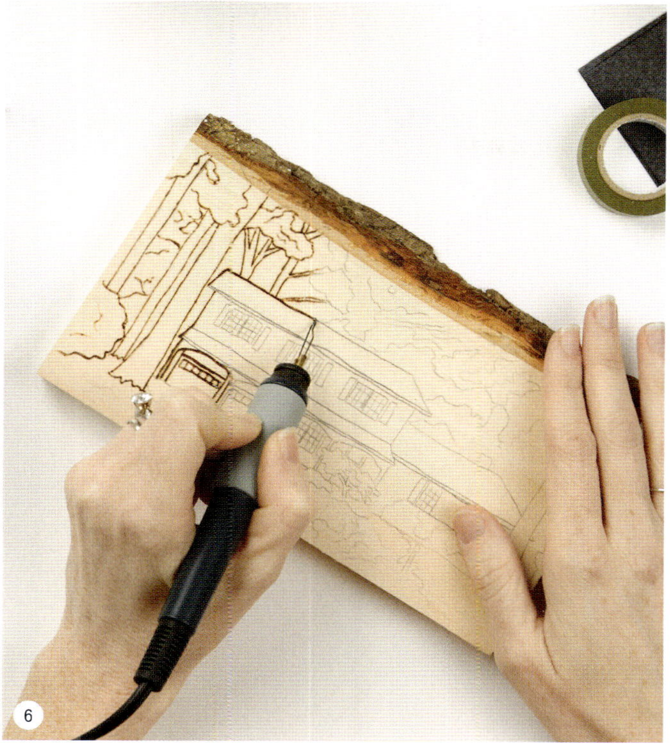

6

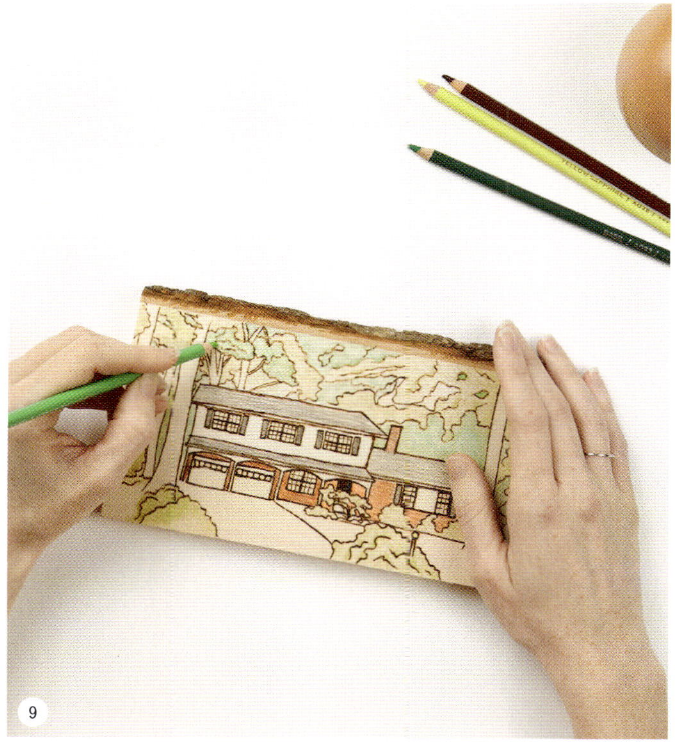

9

5 Wählt eine Formspitze aus und erhitzt das Brandmalgerät. Haltet euch an die Sicherheitsvorkehrungen. Für dieses Projekt eignet sich fast jede Formspitze – Gleit-, Spaten-, Schreib- oder Schattierungsspitze. Je nach Bereich des Hauses, den ihr brennen wollt, könnt ihr auch zwischen den Spitzen wechseln. Für feine Linien, eignet sich am besten eine Spatenspitze. Für einen Busch eher die Gleitspitze. Mit einer Schattierungsspitze könnt ihr die Details herausarbeiten.

6 Brennt vorsichtig alle übertragenen Linien. Geht dabei langsam und ruhig vor. Benutzt euren kleinen Finger, um eure Hand abzustützen. Überlasst dem Brandmalkolben die Führung. Gleitet damit einfach übers Holz.

7 Wenn ihr mit dem Brand fertig seid, entfernt die restlichen Übertragungslinien.

8 Jetzt fügt ihr mit den Buntstiften farbige Akzente hinzu.

9 Ihr könnt so viele bzw. wenige Akzente setzen, wie es euch gefällt. Diese können leuchtend sein, weiß, aus gemischten Farbtönen bestehen oder in Pastell gehalten sein (siehe Seite 42 Farbe verleihen)

10 Zum Abschluss versiegelt ihr euer Werk mit einem Finish eurer Wahl. Ich benutze hier ein Polyurethan-Spray (siehe Seite 48 Finishes).

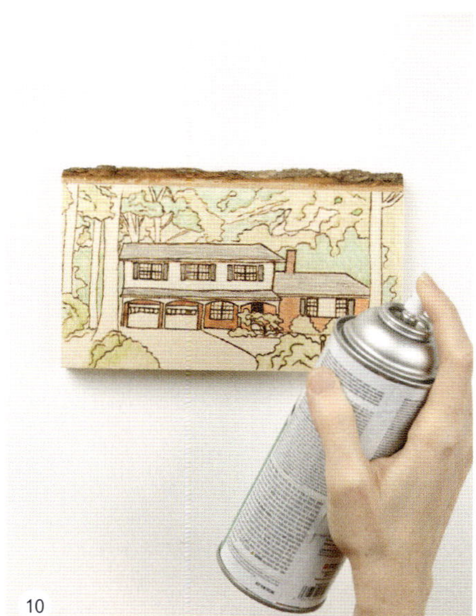

10

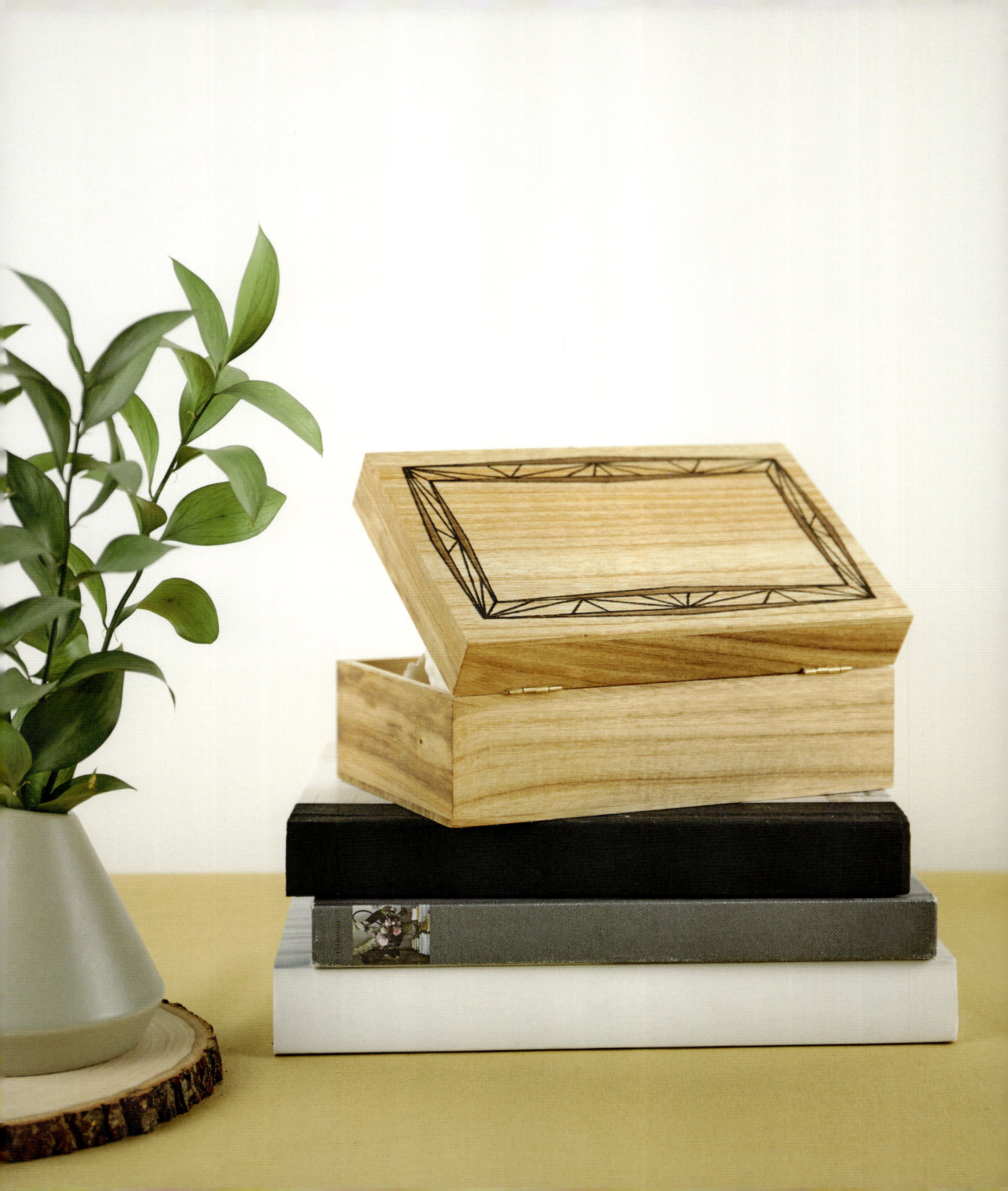

Holzkiste im Art-Déco-Stil

Mit Holzbeize verzieren

MATERIALIEN

- Holzkästchen
- Vorlage
- Transferutensilien
- Schutzausrüstung
- Brandmalgerät + Gleit-, Spaten- oder Schreibspitze
- Holz-Conditioner, auf wasserbasiert
- Holzbeize, auf wasserbasiert
- Pinsel
- Finish

Mit Holzbeize kann man einer Holzarbeit wunderschön Farbe verleihen und sie wird schon seit Jahrhunderten verwendet, um Holz zu färben, ohne die Maserung zu verdecken. Beize kann auf einen kleinen Bereich mit einem kleinen Pinsel aufgetragen werden (wie ich es hier gemacht habe), auf größere Bereiche oder auf das ganze Werkstück. Neben dem üblichen Braun gibt es noch viele andere Farbtöne, mit denen man wunderschöne Akzente setzen und ein Werkstück veredeln kann.

Bei diesem geometrischen Design im Art-Déco-Stil wollte ich mit der Holzbeize nur bestimmte Bereiche des Holzkästchens betonen. Wenn man Holzbeize einmal ausprobiert hat, macht es richtig viel Spaß die verschiedenen Möglichkeiten zu entdecken, mit denen man die wunderschönen Effekte erzielen kann.

„Wenn ich einen Fehler gemacht habe, den ich entfernen will, benutze ich Schmirgelpapier, ein Sand-Radiergummi oder ein Cuttermesser.“

@alyoopsartistry

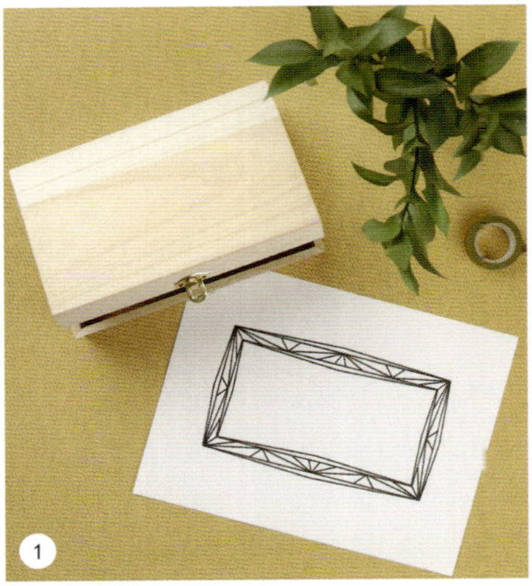

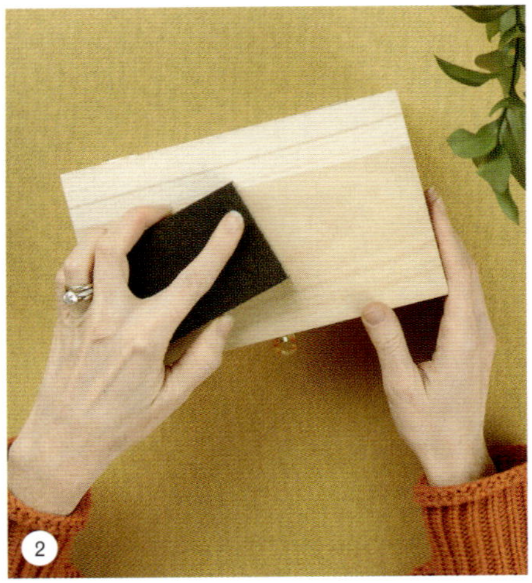

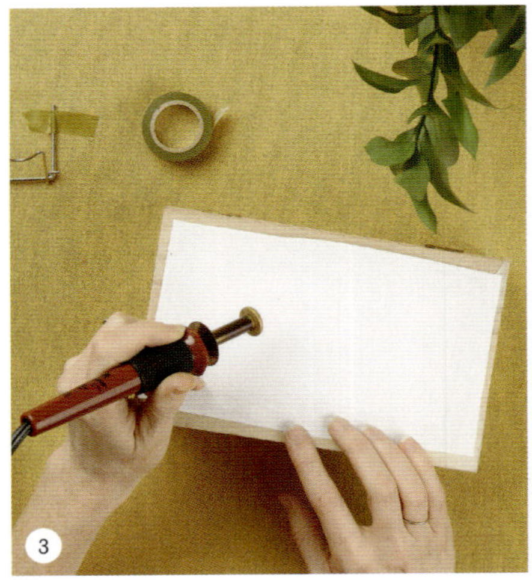

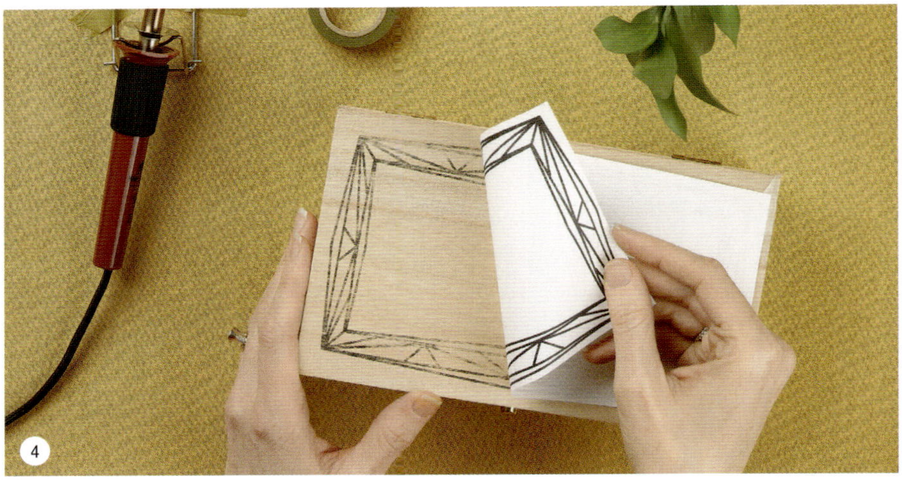

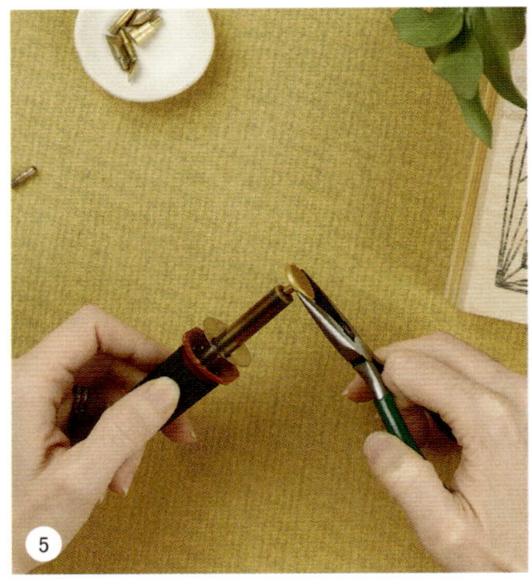

1. Passt die Größe der Vorlage an das Kästchen an und wählt dann eine Transfermethode. Die Vorlage mit einem Laserdrucker ausdrucken. Da mein Motiv aus geraden Linien besteht, eignet sich die Transfertechnik mit einem Hitzeaufsatz am besten, um später saubere, gerade Linien zu brennen (siehe Seite 28 Transfertechniken).

2. Schmirgelt das unbehandelte Holzkästchen glatt.

3. Erhitzt als nächstes das Brandmalgerät mit dem eingeschraubten Transferaufsatz. Platziert die ausgedruckte Vorlage mit der rechten Seite nach unten auf dem Kästchen und klebt sie fest. Achtet darauf, dass das Klebeband nicht auf oder zu dicht an den Linien klebt, die ihr übertragen wollt, da ihr sonst das Klebeband verbrennnen könntet.

4. Übertragt das Motiv in kleinen kreisenden Bewegungen und mit starkem, gleichmäßigem Druck auf das Holz. Die Vorlage vor dem Entfernen vorsichtig anheben, ob das ganze Motiv übertragen wurde.

5. Wenn ihr mit dem Transfer fertig seid, entfernt die Vorlage und schaltet den Brandmalkolben aus. Wartet, bis er sich abgekühlt hat, entfernt den Transferaufsatz mit einer Zange und legt ihn zum Abkühlen in ein Keramikschälchen. Ersetzt den Transferaufsatz mit der Zange durch eine Spaten- oder Schreibspitze und schaltet den Brandmalkolben wieder ein.

6. Erhitzt den Kolben und testet die Temperatur auf einem Testholz oder der Rückseite des Kästchens.

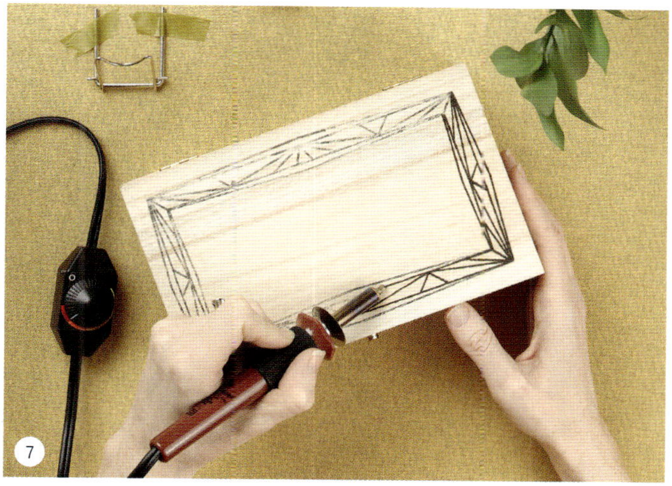

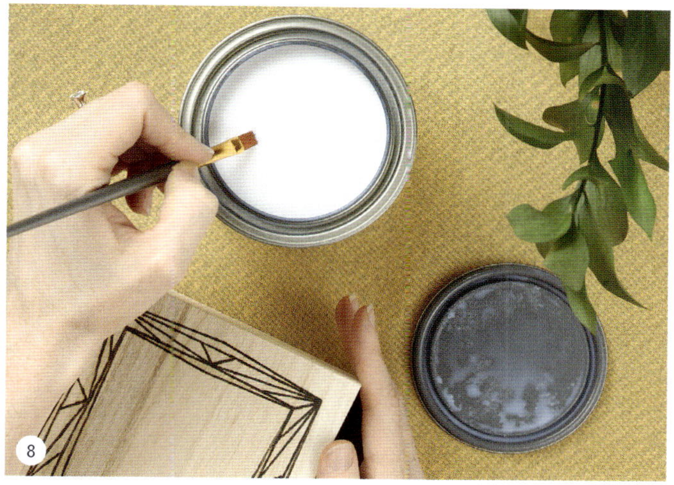

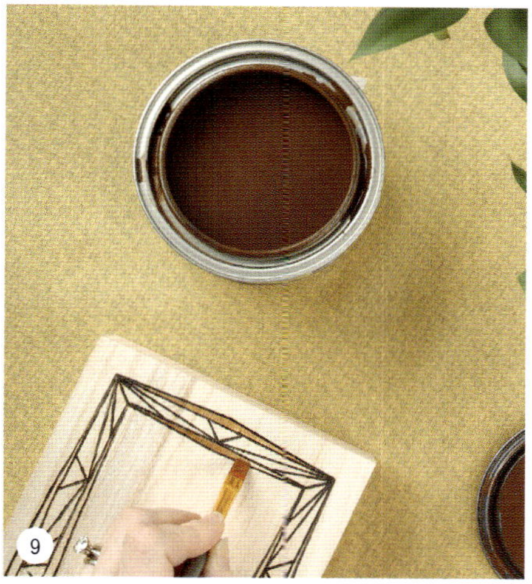

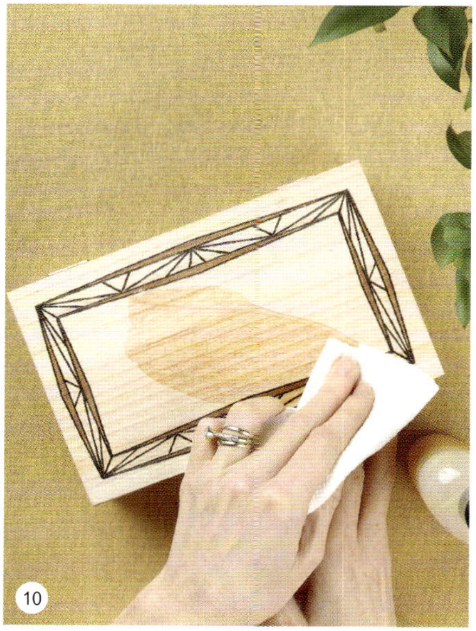

7 Fahrt die übertragenen Linien mit dem Kolben nach. Geht langsam und ruhig vor. Ich brenne zuerst die äußeren Linien und anschließend die inneren. So kann ich den Kolben vorsichtig über die Linie zu mir hinziehen und das Kästchen drehen, ohne dass ich absetzen muss, um den inneren Bereich auszufüllen. Außerdem benutze ich ein anderes Kästchen oder ein Stück Holz, das dieselbe Höhe wie mein Werkstück hat, damit ich die Hand darauf ablegen kann. Wenn ich meinen kleinen Finger auf einem anderen Stück Holz abstütze, werden die Feinarbeiten akkurater.

8 Wenn ihr mit dem Brennen fertig seid, reibt den Bereich des Kästchens, den ihr beizen wollt, mit einem Holz-Conditioner auf Wasserbasis ein und lasst ihn trocknen. So lässt sich die Beize nachher gleichmäßiger auftragen. Für eine Holzbeize auf Wasserbasis benutzt ihr einen Conditioner auf Wasserbasis. Für eine Holzbeize auf Ölbasis, benutzt ihr einen Conditioner auf Ölbasis (siehe Seite 42 Farbe verleihen).

9 Tragt die Beize mit einem Pinsel auf den Bereich auf, den ihr vorher mit dem Conditioner grundiert habt. Nehmt nicht zu viel auf einmal, weil die Beize sonst auf Bereiche verläuft, die ihr vielleicht gar nicht färben wollt. Lasst die Beize trocknen, bevor ihr eine weitere Schicht auftragt. Wenn ihr große Bereiche des Holzes oder das ganze Werkstück färben wollt, solltet ihr keine zu dunkle Beize verwenden, weil man sonst euer so mühsam gebranntes Motiv nicht mehr erkennen kann.

10 Versiegelt das Holzkästchen mit einem Finish. Denkt vorher daran, was ihr mit den inneren Wänden des Kästchens machen wollt. Wenn ihr es zum Beispiel mit Papier oder Stoff auskleiden wollt, solltet ihr besser kein Öl benutzen, weil dies Flecken auf dem Papier oder dem Stoff hinterlassen kann (siehe Seite 48 Finishes).

Alle Vorlagen findet ihr auf quartoknows.com/page/ WoodBurnBook

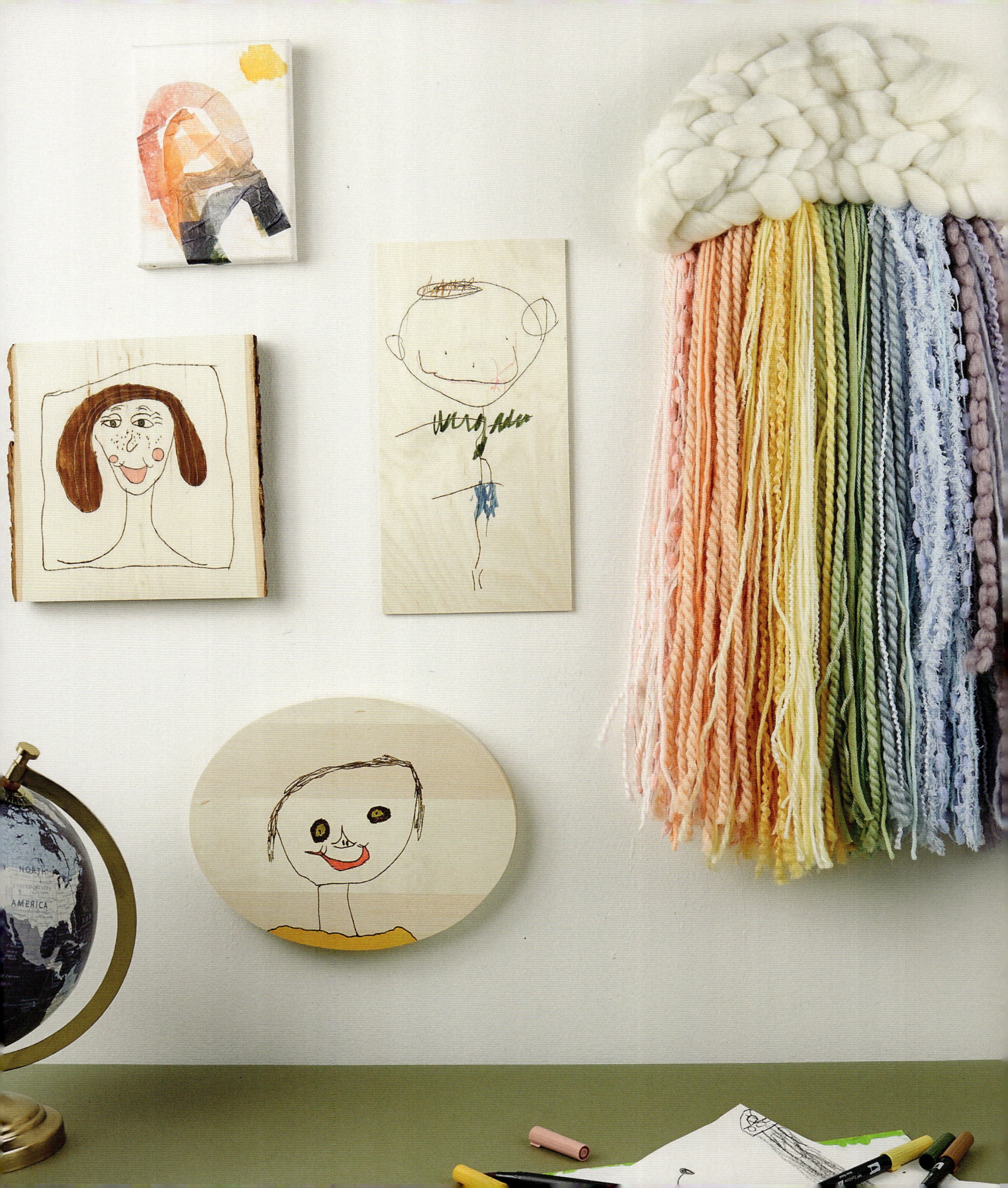
NORTH
AMERICA

MATERIALIEN

- Holz
- Originalbild
- Transferutensilien
- Brandmalgerät + Gleit-, Spaten-, Schreib- oder Schattierungsspitze
- Fasermaler
- Finish
- Zackenbildaufhänger

Kinderzeichnungen verewigen

Mit Fasermaler verzieren

KÜNSTLERPROFIL

ABIGAIL (7 Jahre)
EVELYN (5 Jahre)
ISAAC (3 Jahre)

Selbstportraits von Rachels drei wundervollen Kindern

Fasermaler verleihen einem gebrannten Holzbild Lebendigkeit! Sie lassen sich einfach auftragen, es gibt sie in allen Farben des Regenbogens und das Malen ist eine saubere Angelegenheit. Diese Erinnerungsstücke sind ein Gemeinschaftsprojekt (sozusagen), weil die Künstlerinnen Kinder sind. Es hat großen Spaß gemacht, weil die Kleinen es total faszinierend finden zu sehen, wie ihre Kunst auf diese einzigartige Weise zum Leben erweckt und gleichzeitig „haltbar" gemacht wird.

Mit dieser Methode könnt ihr jedes Bild, jede Zeichnung oder jeden Schriftzug verewigen oder ihr lasst eure Kids einfach direkt auf das Holz malen. Nachdem ihr das Motiv eingebrannt habt, könnt ihr es mit den Fasermalern verzieren oder ihr gebt die Stifte den Kids selbst in die Hand. Egal für welche Option ihr euch entscheidet, am Ende habt ihr ein Erinnerungsstück, das die ganze Familie für immer in Ehren halten wird.

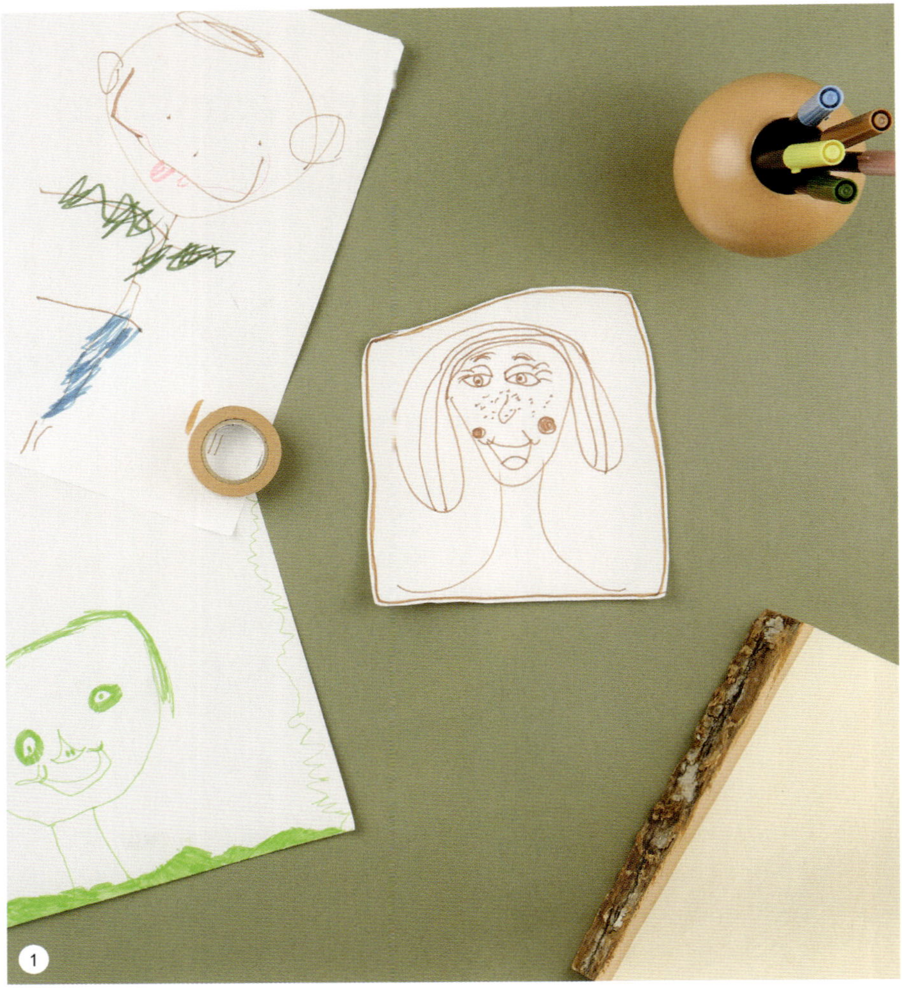

1. Wählt ein Bild aus, das euer Kind gemalt hat, oder lasst es eins malen.

2. Passt die Größe des Bilds an ein Holzstück eurer Wahl an (siehe Seite 24 Holzempfehlung).

3. Wenn ihr das Bild richtig platziert habt, befestigt es mit Klebeband und übertragt es mit blauem Transferpapier oder Grafitpapier auf das Holz. Mit diesen Techniken bleibt das Originalbild erhalten. Verwendet dafür einen Embossingstift, weil ein Bleistift oder Kugelschreiber nur die Zeichnung ruinieren würde (siehe Seite 28 Transfertechniken).

4. Sobald ihr das ganze Bild übertragen habt, entfernt die Vorlage von dem Holz. Wählt eine Formspitze, schraubt sie ins Brandmalgerät und erhitzt es (siehe Seite 18 Formspitzen).

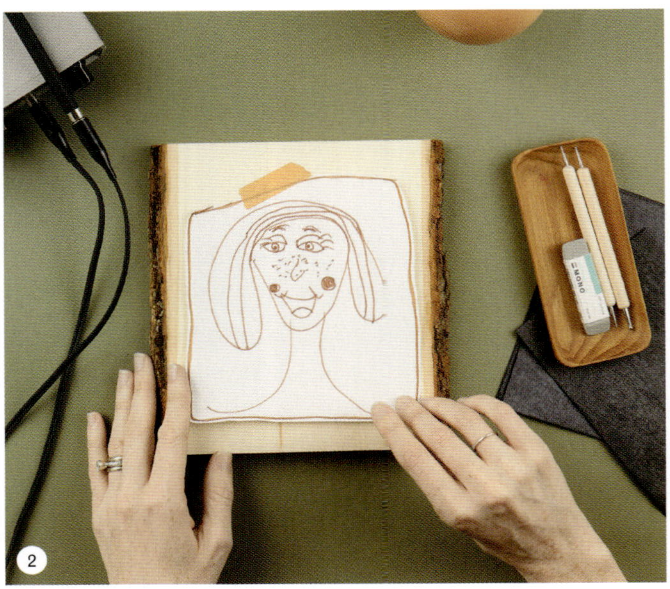

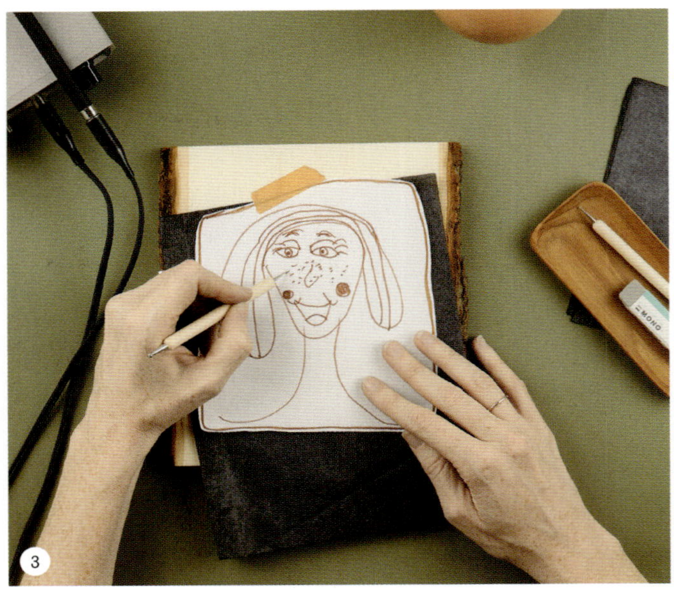

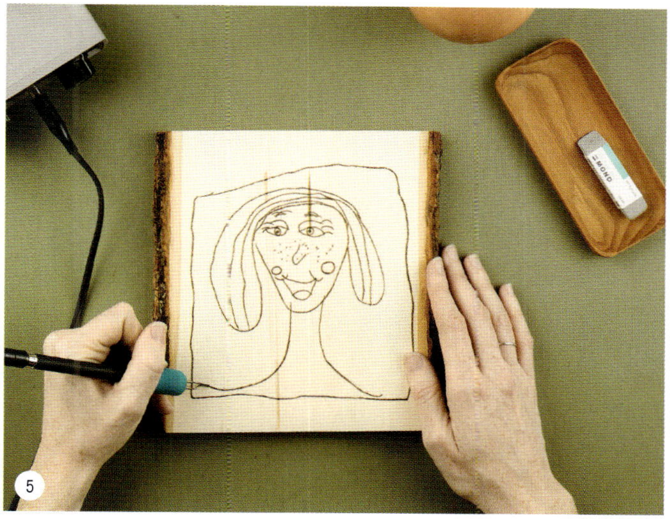

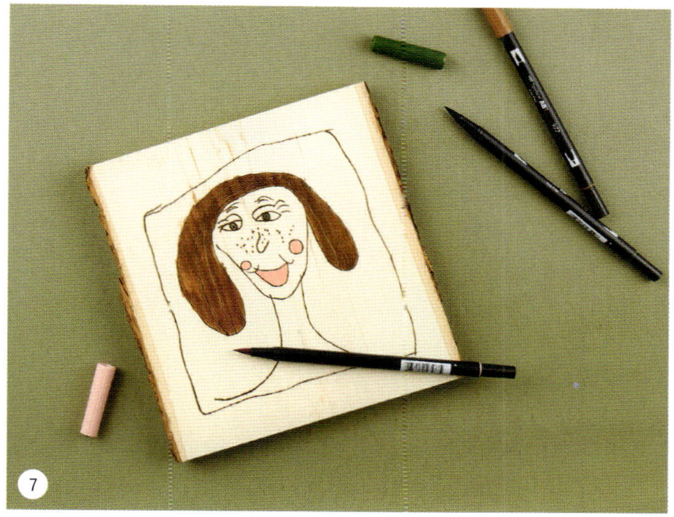

5 Fahrt mit dem Brandmalkolben die übertragenen oder gemalten Linien auf dem Holz nach. Geht vorsichtig vor. Zieht den Kolben zu euch heran, nicht schieben, und wendet leichten, gleichmäßigen Druck auf. Lasst die kleinen Künstlerinnen euch dabei über die Schulter gucken. Kinder lieben diesen Teil!

6 Entfernt alle restlichen Transferlinien.

7 Jetzt verziert ihr das Kunstwerk mit den Fasermalern. Ihr könnt das Originalbild nachmalen oder hier und da nur Farbakzente setzen oder, ihr gebt es dem kleinen Künstler zurück, damit er es selbst ausmalen kann. (siehe Seite 42 Farbe verleihen).

8 Versiegelt des Werk mit einem Finish, befestigt einen Zackenbildaufhänger auf der Rückseite und hängt es an die Wohnzimmerwand, wo es die kommenden Jahre von allen bewundert werden kann (siehe Seite 48 Finishes).

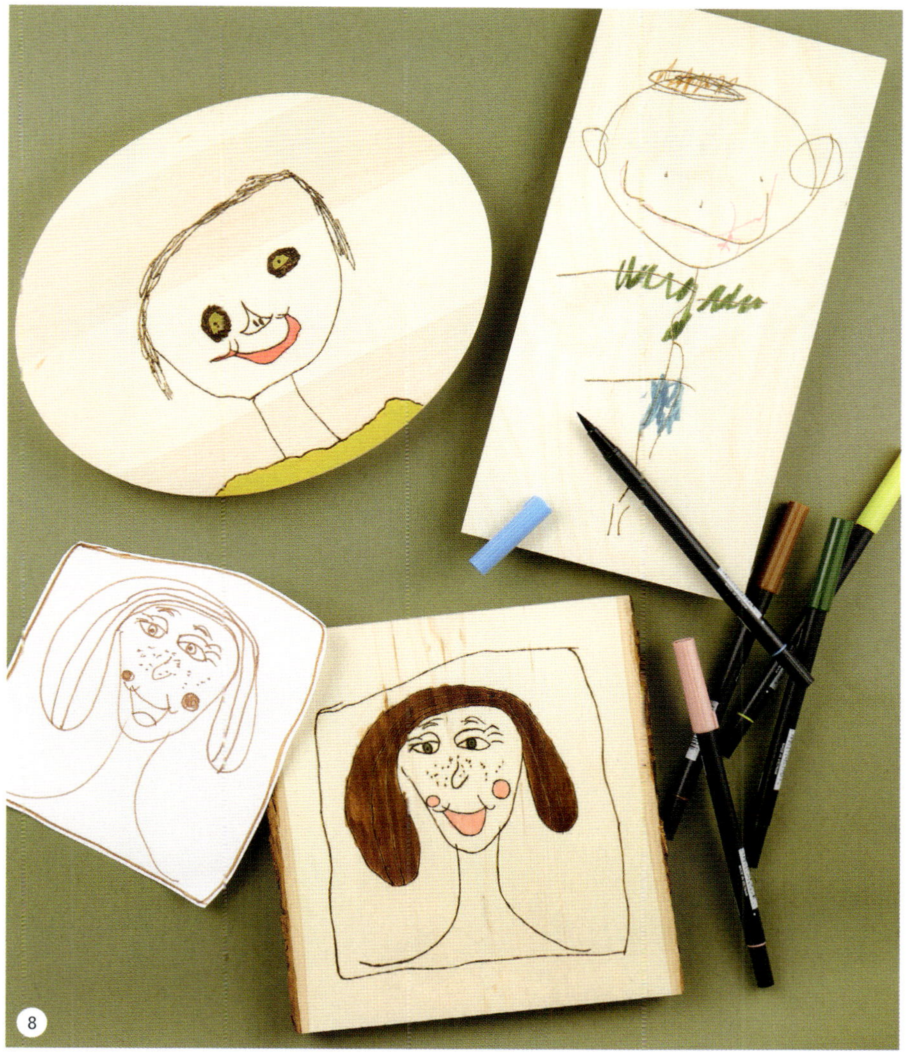

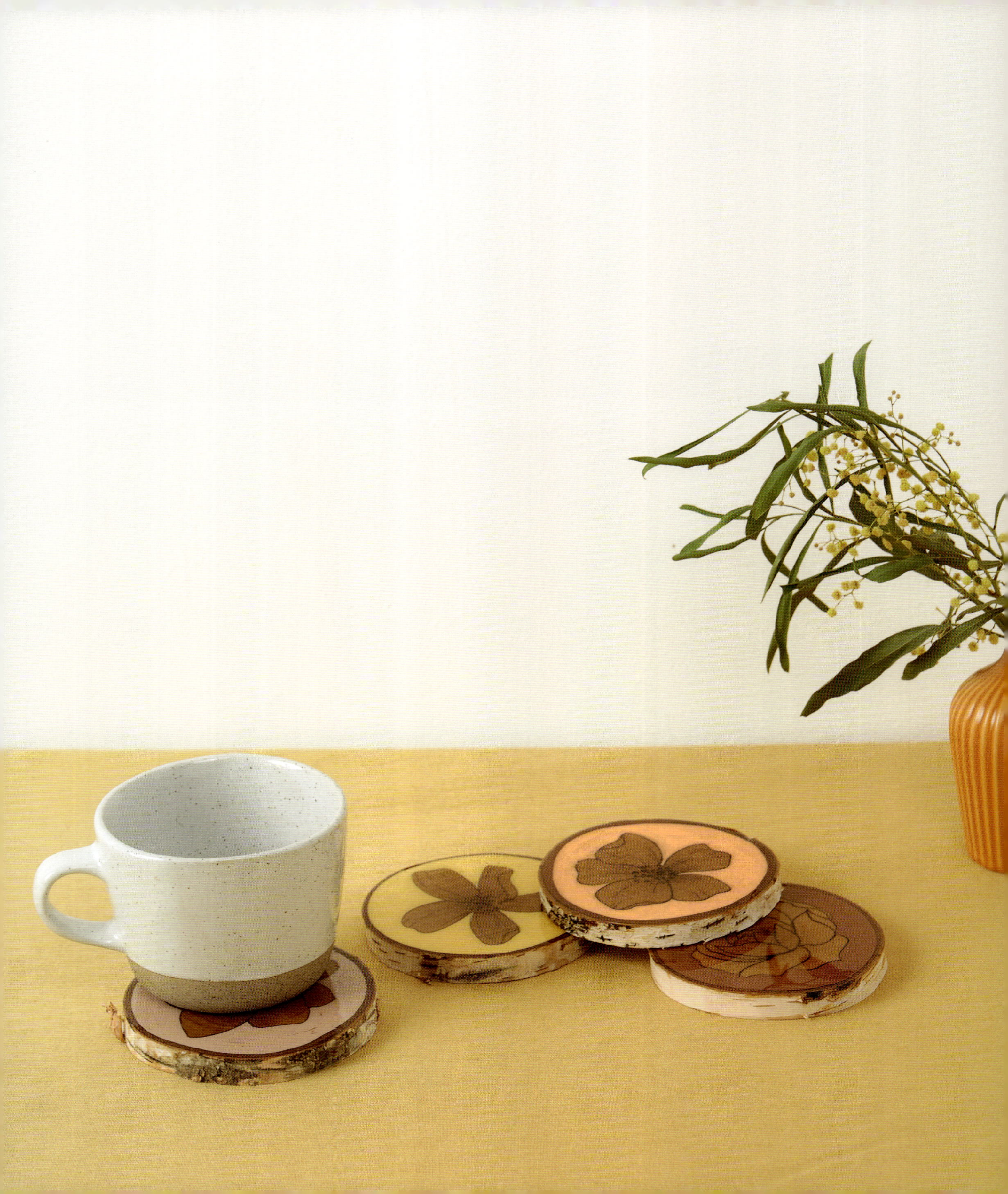

Blumige, filigrane Holzuntersetzer

Mit Kreidemarker verzieren

MATERIALIEN

- Holzuntersetzer
- Vorlage
- Transferutensilien
- Schutzausrüstung
- Brandmalgerät + Gleit-, Spaten-, Schreib- oder Schattierungsspitze
- Kreidemarker
- Finish, wasserfest

Mit Kreidemarkern kann man einen verträumten Matteffekt zaubern. Die Kreidefarben kommen in allen möglichen Nuancen, die man in Form von Markern super einfach auftragen kann.

Diese zarten Blumenmotive in Line-Art von Peggy von @thepigeonletters passen perfekt auf Holzuntersetzer, und als Set geben sie ein wunderhübsches Geschenk ab. Ich habe diese Untersetzer mit einem Harzfinish versiegelt, damit sie auch lange schön aussehen. Ich bin gespannt, wie ihr mit Peggys Motiven und Kreidemarkern eure Holzuntersetzer verziert.

KÜNSTLERPROFIL

PEGGY DEAN
von @thepigeonletters
Autorin, Künstlerin und Pädagogin
Portland, Oregon

Peggy Dean ist in den USA eine anerkannte, freischaffende Künstlerin, Bestseller-Autorin *Botanical Line Drawing, Peggy Dean's Guid to Nature Drawing & Watercolor* und *The Ultimate Brush Lettering Guide,* um nur einige Titel zu nennen) und eine preisgekrönte Pädagogin. Sie ist die Gründerin von The Pigeon Letters, einer Plattform, auf der andere Hobby-Künstlerinnen sich inspirieren und neue Kreativtechniken erlernen können. Sie lebt und arbeitet in Portland, Oregon und reist um die Welt, um Vorträge und Kreativ-Workshops zu geben.

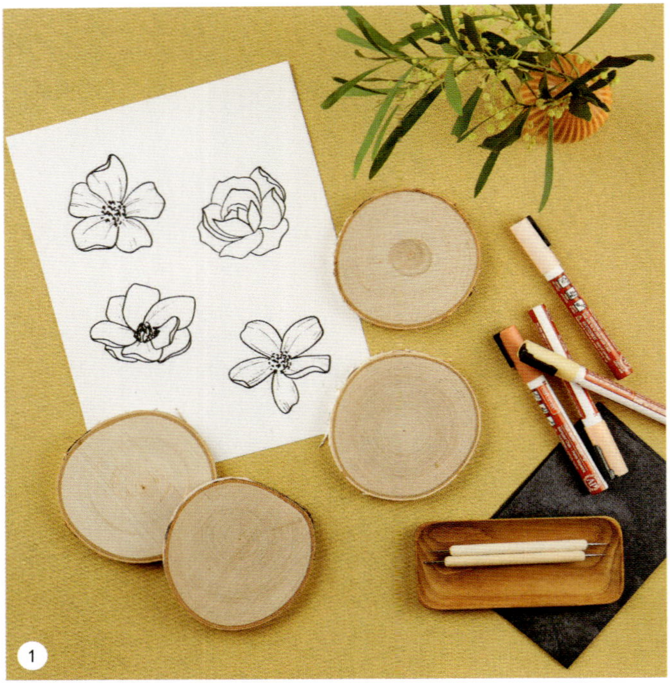

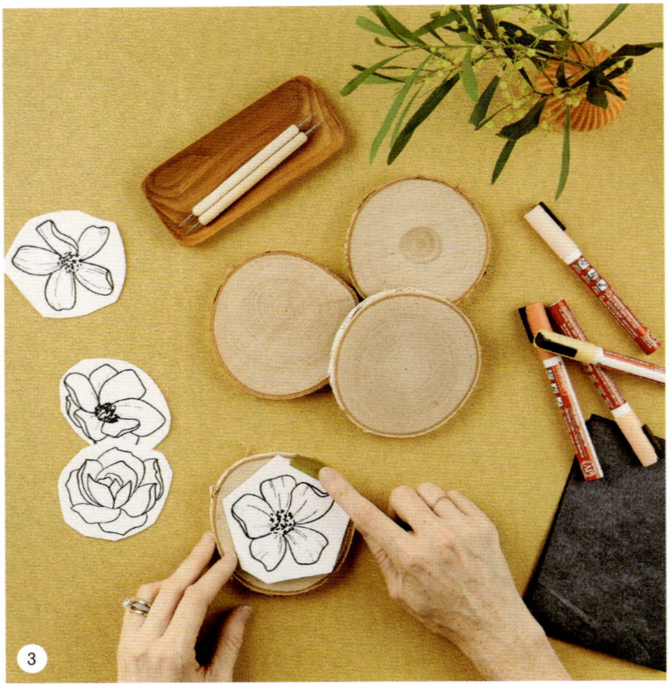

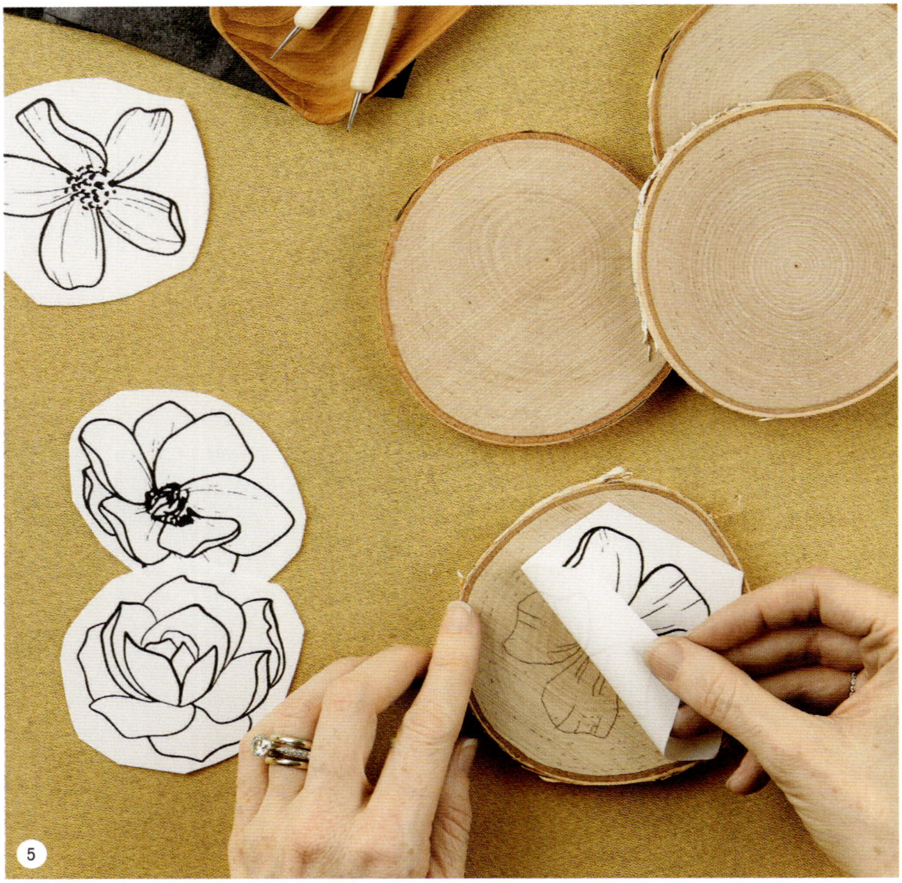

1. Wählt eure Vorlagen aus und bereitet die Holzuntersetzer vor, indem ihr sie glatt schmirgelt. Ich habe Birkenuntersetzer mit echter Rinde verwendet.
2. Passt die Größe der Vorlagen an, druckt und schneidet sie aus.
3. Platziert sie auf die Untersetzer und achtet darauf, dass sie mittig liegen.
4. Entscheidet euch für eine Transfertechnik (siehe Seite 28). Für dieses Projekt eignen sich die Methoden: blaues Transferpapier, Grafitpapier oder Hitze.
5. Übertragt die Motive auf das Holz. Ich habe Grafitpapier und einen Embossingstift benutzt.

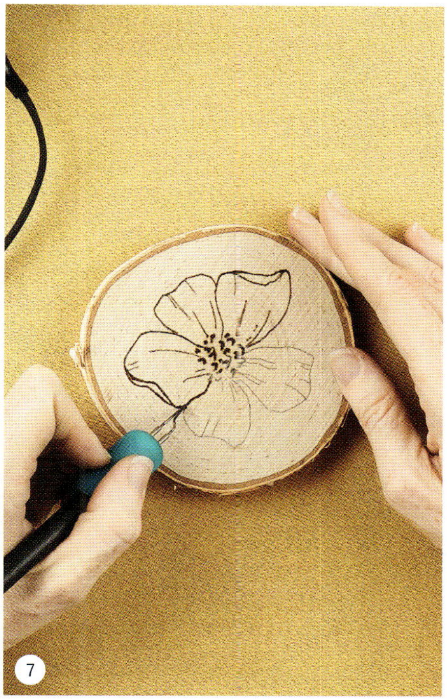

7

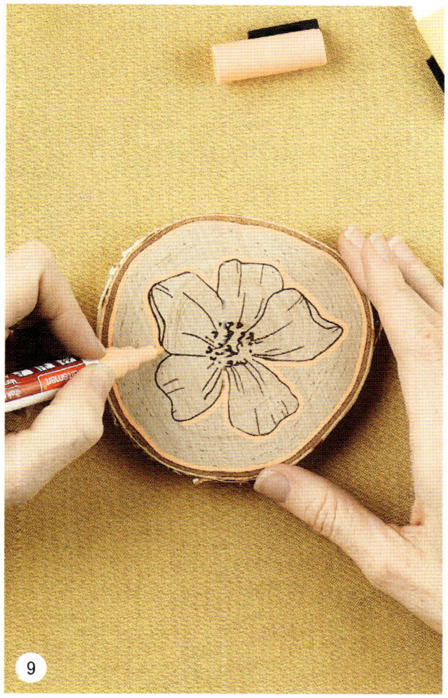

9

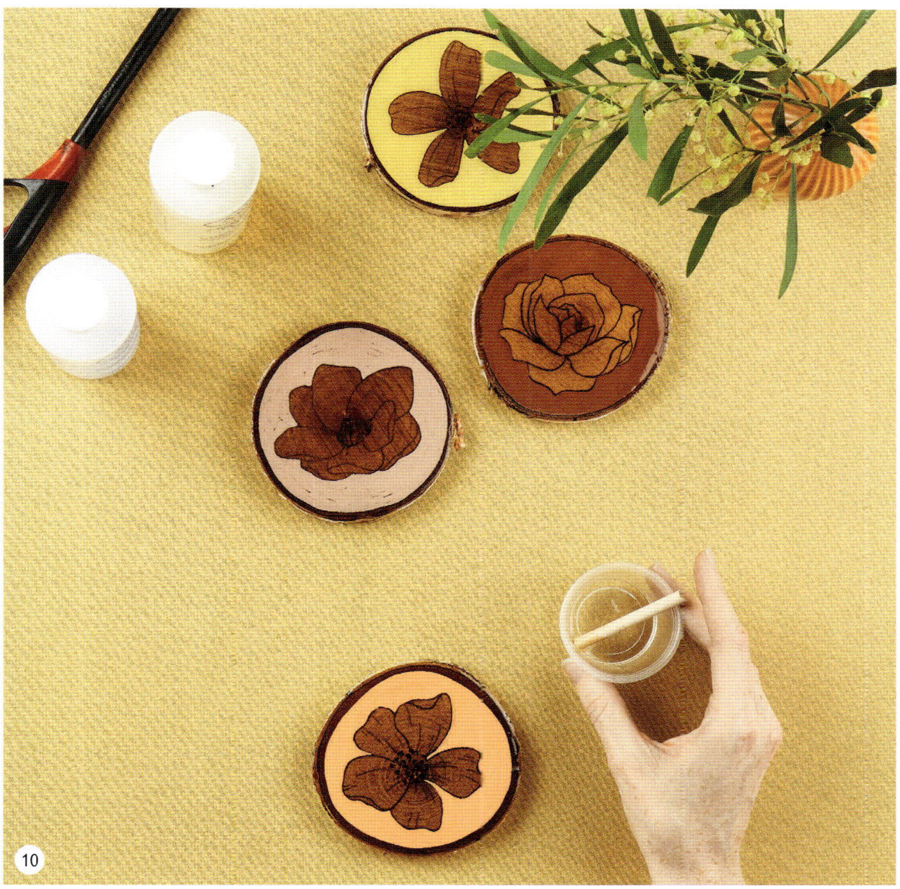

10

6 Wählt eine, für die Motive geeignete, Formspitze. Für dieses Projekt empfehle ich eine Gleit-, Spaten-, Schreib- oder Schattierungsspitze. Vergewissert euch, dass sie fest im Brandmalgerät sitzt und ihr auch alle anderen Sicherheitsvorkehrungen getroffen habt.

7 Erhitzt das Brandmalgerät, testet die Temperatur auf einem Testholz und brennt die übertragenen Motive aufs Holz. Wenn ihr ebenfalls mit Birke arbeitet, kann es sein, dass ihr die Temperatur etwas erhöhen müsst. Brennt langsam und mit ruhiger Hand. Lasst euch Zeit.

8 Sobald ihr die Motive vollständig übertragen habt, entfernt alle restlichen Übertragungslinien.

9 Bevor ihr in diesem Schritt anfangt zu malen, schüttelt die Kreidemarker einmal kräftig. Ich beginne immer erst, die Außenlinien des Motivs und die Kanten nachzufahren. Dann kann ich anschließend die Innenbereiche ausfüllen, ohne mir Gedanken darüber zu machen, aus Versehen über die Konturen zu malen.

10 Versiegelt eure Kunstwerke mit einem Harz- oder einem anderen wasserfesten Finish, damit sie auch lange hübsch aussehen (siehe Seite 48 Finishes).

Alle Vorlagen findet ihr auf quartoknows.com/page/ WoodBurnBook

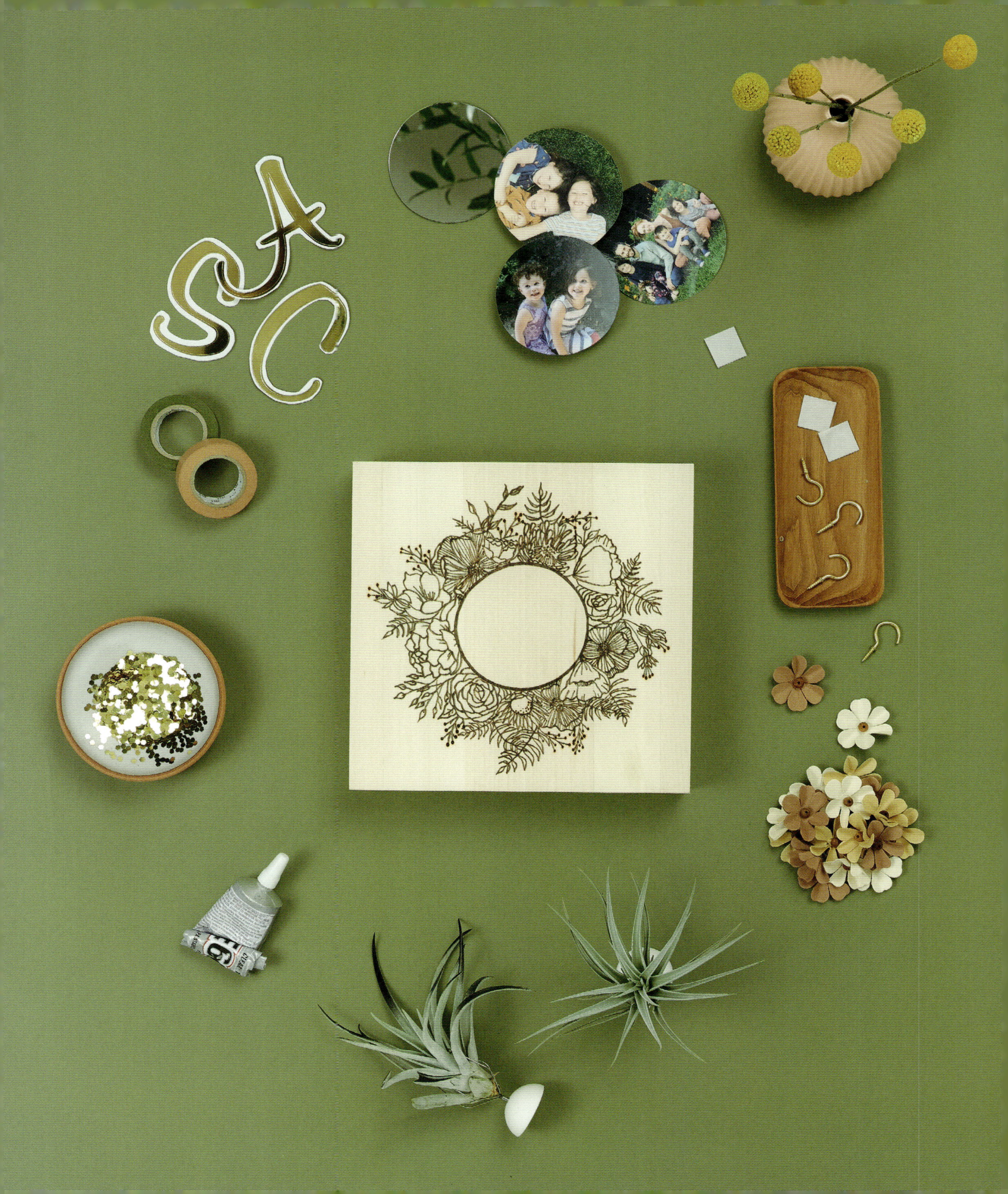

Persönliche Rahmenverzierungen brennen

Brandbordüren mit bunten Materialien kombinieren

MATERIALIEN

- Gebrannte Bordüre auf einem Holzstück
- Glitzer + Mod Podge-Kleber
- Papierblumen + Heißkleber
- Spiegel + Industriekleber (E6000)
- Foto + Schere + Industriekleber (E6000)
- Sticker
- Acrylfarbe + Pinsel
- Schlüsselhaken + Bleistift + Schraubenzieher
- Pflanze + Pflanzenhalter

Alternative Materialien: Trockenblumen, künstliche Blumen, Regale, Lego®-Steine, Quilling-Projekte, Wasserfarbe, Tischnummern, Lichter, Blattgold, Stickerei, Schmucksteine, Makramee oder was euch sonst so einfällt.

Dieses Projekt gefällt mir von allen wahrscheinlich am besten, weil es so vielseitig ist. Diese verschnörkelten Rahmen bilden einen Rahmen (Achtung, Wortspiel ☺), in dem ihr eurer Fantasie freien Lauf lassen könnt. Mit dieser simplen Bordüre gestaltet ihr ein Holzstück ganz nach eurem Geschmack und für jeden Anlass. Ihr könnt sie zum Geburtstag, zum Jubiläum oder zu einer Baby-Shower-Party verschenken, als Hochzeitsdekoration oder Wohndeko verwenden – ihr versteht schon ☺. Ich bin mir sicher, euch fallen noch viele andere Verwendungsmöglichkeiten ein, an die ich nicht gedacht habe!

Jeder Rahmen oder jede Bordüre ist genau das – ein Rahmen, den ihr füllen und persönlich gestalten könnt. Eurer Kreativität sind hier keine Grenzen gesetzt, ihr könnt praktisch alles zum Verzieren nehmen, was euch in den Sinn kommt. Diese Bordüre habe ich jeweils mit einem Spiegel, Papierblumen, Sticker, Glitzer, einem Foto, Farbe, Schlüsselhaken und einem Pflanzenhalter dekoriert. Und wie ihr seht, sind die Werke alle total unterschiedlich geworden, obwohl die Bordüre bei allen dieselbe ist. Ich bin schon gespannt, was ihr aus diesem Design macht!

„Würfelt ruhig verschiedene Materialien zusammen!“

@maxwellwoodshop

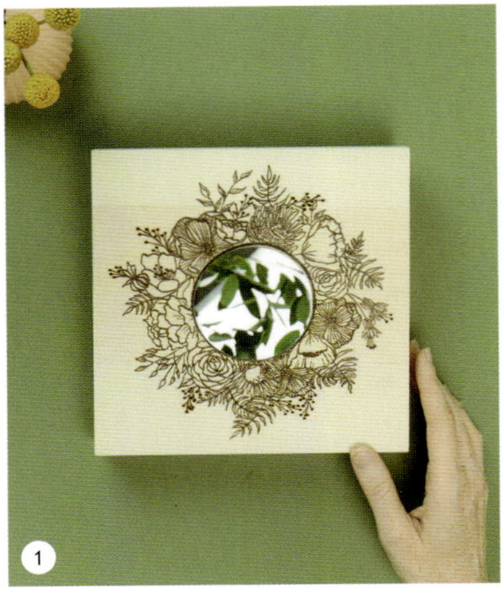

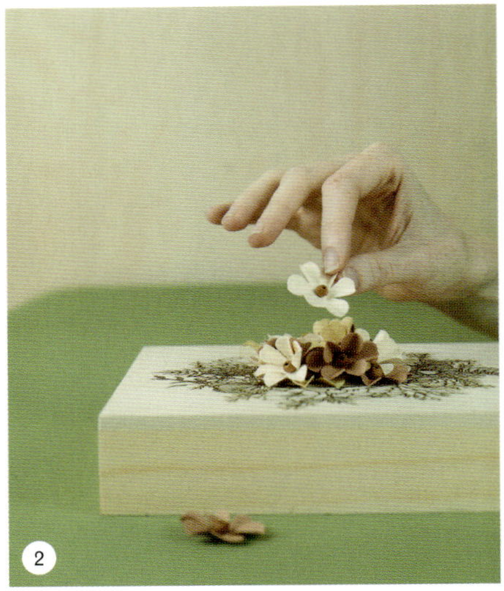

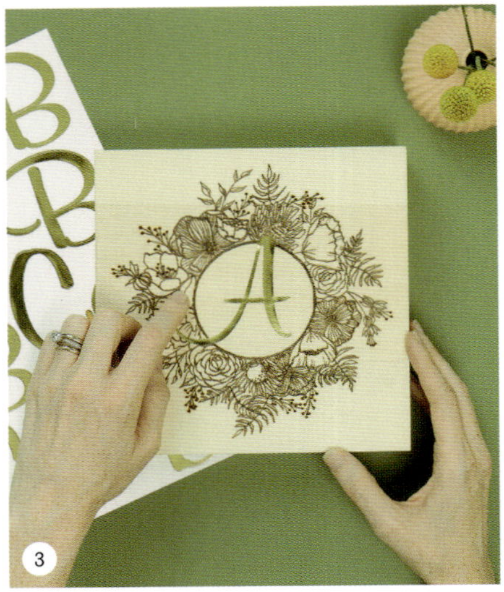

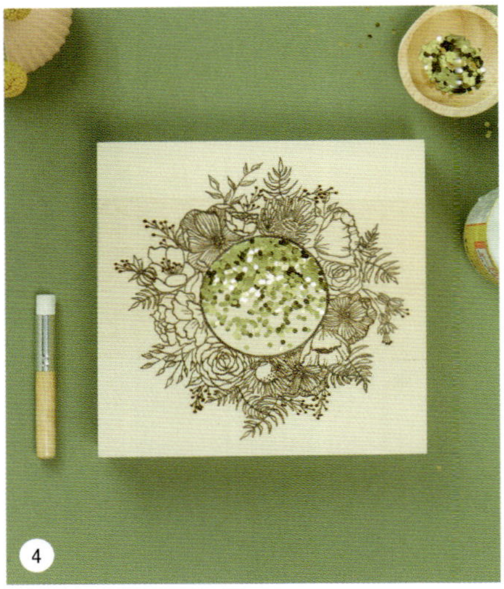

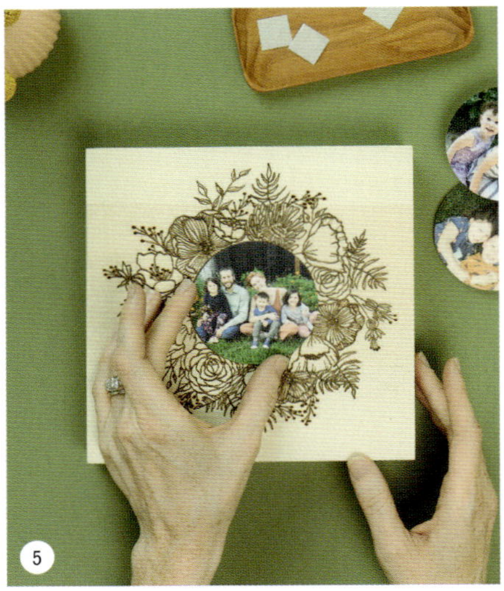

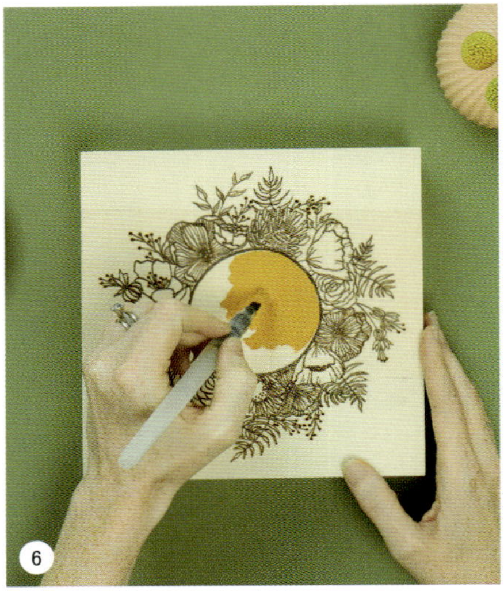

1 **Spiegel:** Ein Spiegel ist ein originelles und praktisches Element in Kombination mit einer selbstgebrannten Bordüre. Wenn ihr einen Gegenstand mit einer festen Größe verwendet wie diesen Spiegel, achtet darauf, dass ihr die Größe eurer Bordürenvorlage an den Umfang des Spielgels anpasst bevor ihr anfangt zu brennen. Ich habe meinen Spiegel in einem Bastelladen gekauft und ihn mit Industriekleber aufgeklebt.

2 **Papierblumen:** Papierblumen verleihen einer gebrannten Bordüren einen festlichen und dreidimensionalen Charakter. Es gibt sie in vielen verschiedenen Farben und Formen oder ihr macht sie selbst. Am einfachsten und schnellsten geht das Aufkleben mit einer Heißkleberpistole.

3 **Sticker:** Sticker sind eine einfache Methode, ein Brandmalwerk zu dekorieren. Ich habe mich für diesen großen Buchstaben A entschieden, weil er so schön golden glänzt und der Bordüre das gewisse Etwas verleiht.

4 **Glitzer:** Glitzer verleiht der Bordüre Glanz und Glamour. Das Auftragen kann aber etwas klebrig werden. Ich habe Mod Podge verwendet. Der funktioniert wie Kleber und Finish in einem. Tragt den Mod Podge mit einer Schaumstoffbürste auf, streut das Glitzer darauf, solange er noch feucht ist, und versiegelt das Glitzer, wenn es getrocknet ist, mit einer zweiten Schicht Mod Podge.

5 Foto: Eine selbstgebrannte Bordüre als Rahmen für ein Foto ist wirklich originell! Anstatt euer Familienfoto in einen 08/15-Rahmen zu stecken, klebt es einfach in die Mitte dieser Bordüre und ihr bekommt ein wahres Fotorahmen-Unikat! Ich habe hierfür doppelseitiges Klebeband benutzt.

6 Farbe: Mit Farbe als Verzierungstechnik sind euch keine Grenzen gesetzt: Ihr könnt ein einfarbiges, realistisches, abstraktes usw. Motiv wählen und auch was die Textur der Farbe angeht, habt ihr die Qual der Wahl (s. S. 42 Farboptionen). Ihr könnt sie aufsprühen, aufspritzen, eure Finger oder einen Pinsel benutzen. Um die Brandbordüre zu schützen, empfehle ich, sie mit Malerkrepp oder einer Maskierflüssigkeit abzudecken.

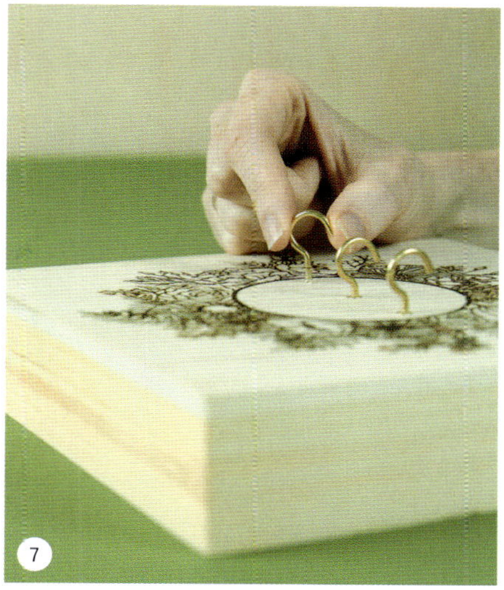

7

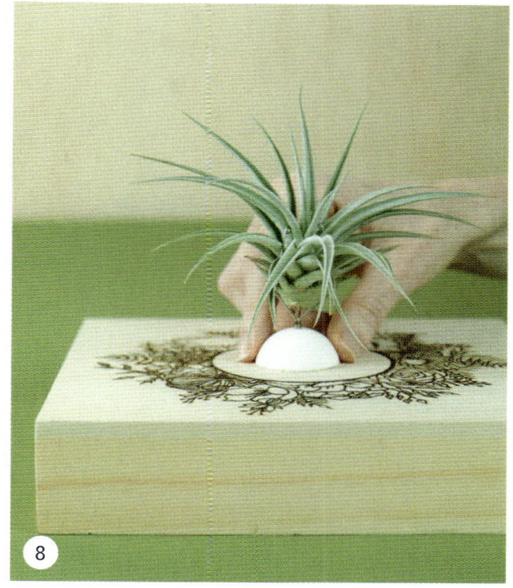

8

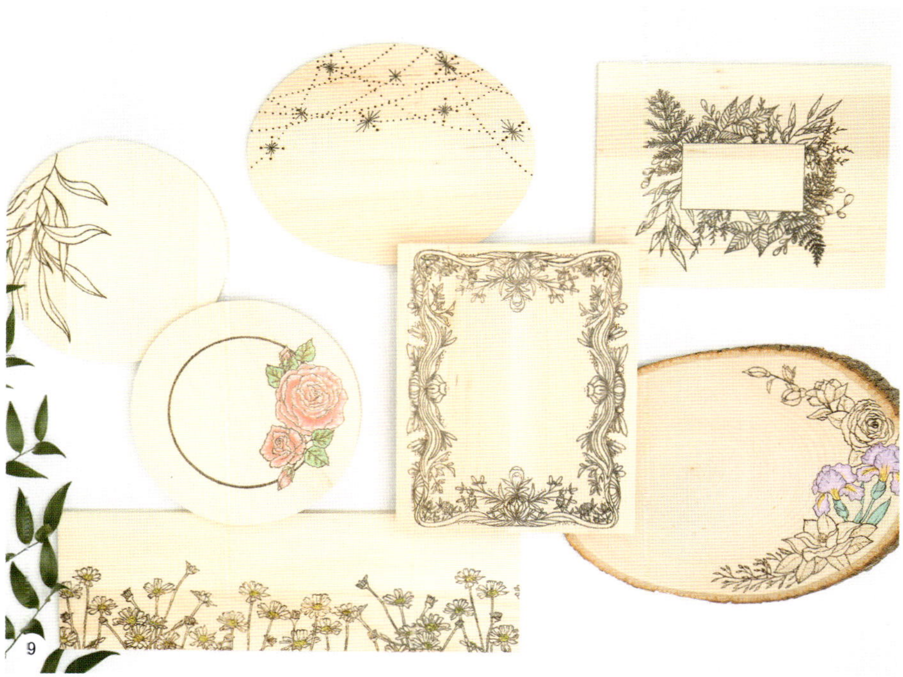

9

7 Schlüsselhaken: Mit dieser Technik verwandelt ihr eure Bordüre in ein funktionelles Kunstwerk! Ein paar kleine Haken reichen und ihr habt ein ganz individuelles Schlüsselbrett kreiert. Messt die Abstände zwischen den Haken ab und markiert sie mit einem Bleistift auf dem Holz. Schraubt sie ins Holz und schon ist euer praktisches Schmuckstück fertig.

8 Pflanzenhalter: Mit einer Luftpflanze haucht ihr eurer Holzbordüre Leben ein – im wahrsten Sinne des Wortes. Ich habe diesen Wandhalter für Luftpflanzen gefunden, der sich perfekt für dieses Projekt eignet. Man zieht einfach die Klebeschicht am Halterboden ab und klebt ihn auf das Holz. Ihr solltet die Pflanze für die Zeit, in der sie in der Bordüre steckt nicht gießen, weil das Wasser sonst das Holz beschädigt. Nehmt sie stattdessen aus der Halterung, wässert sie und steckt sie zurück, sobald sie nicht mehr so nass ist.

9 Diese Designs könnt ihr als Vorlagen für eure Bordüren verwenden und sie nach eurem Belieben dekorieren.

Alle Vorlagen findet ihr auf quartoknows.com/page/WoodBurnBook

DANKSAGUNG

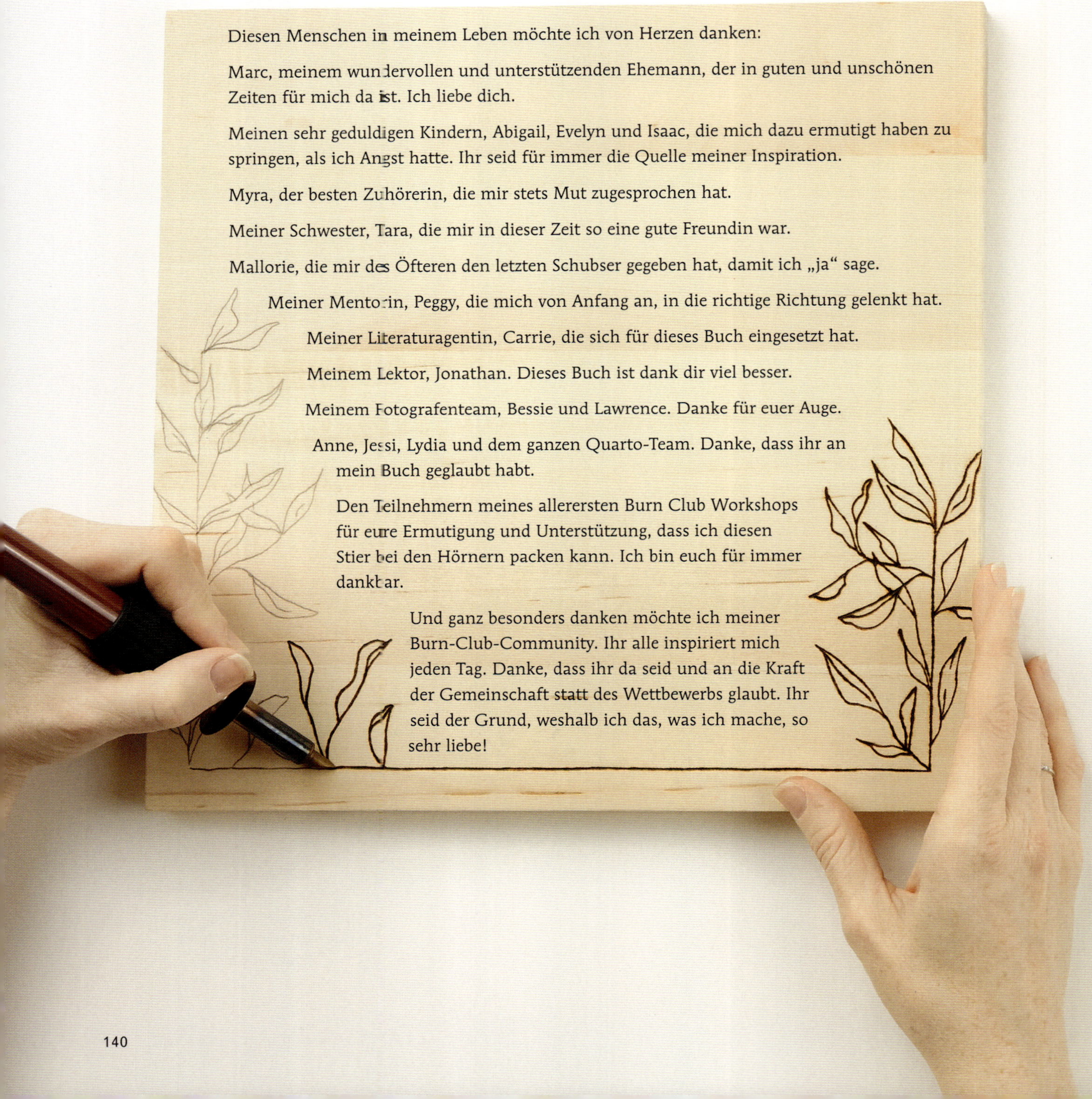
Diesen Menschen in meinem Leben möchte ich von Herzen danken:
Marc, meinem wundervollen und unterstützenden Ehemann, der in guten und unschönen Zeiten für mich da ist. Ich liebe dich.
Meinen sehr geduldigen Kindern, Abigail, Evelyn und Isaac, die mich dazu ermutigt haben zu springen, als ich Angst hatte. Ihr seid für immer die Quelle meiner Inspiration.
Myra, der besten Zuhörerin, die mir stets Mut zugesprochen hat.
Meiner Schwester, Tara, die mir in dieser Zeit so eine gute Freundin war.
Mallorie, die mir des Öfteren den letzten Schubser gegeben hat, damit ich „ja“ sage.
Meiner Mentorin, Peggy, die mich von Anfang an, in die richtige Richtung gelenkt hat.
Meiner Literaturagentin, Carrie, die sich für dieses Buch eingesetzt hat.
Meinem Lektor, Jonathan. Dieses Buch ist dank dir viel besser.
Meinem Fotografenteam, Bessie und Lawrence. Danke für euer Auge.
Anne, Jessi, Lydia und dem ganzen Quarto-Team. Danke, dass ihr an mein Buch geglaubt habt.
Den Teilnehmern meines allerersten Burn Club Workshops für eure Ermutigung und Unterstützung, dass ich diesen Stier bei den Hörnern packen kann. Ich bin euch für immer dankbar.
Und ganz besonders danken möchte ich meiner Burn-Club-Community. Ihr alle inspiriert mich jeden Tag. Danke, dass ihr da seid und an die Kraft der Gemeinschaft statt des Wettbewerbs glaubt. Ihr seid der Grund, weshalb ich das, was ich mache, so sehr liebe!

ÜBER DIE AUTORIN

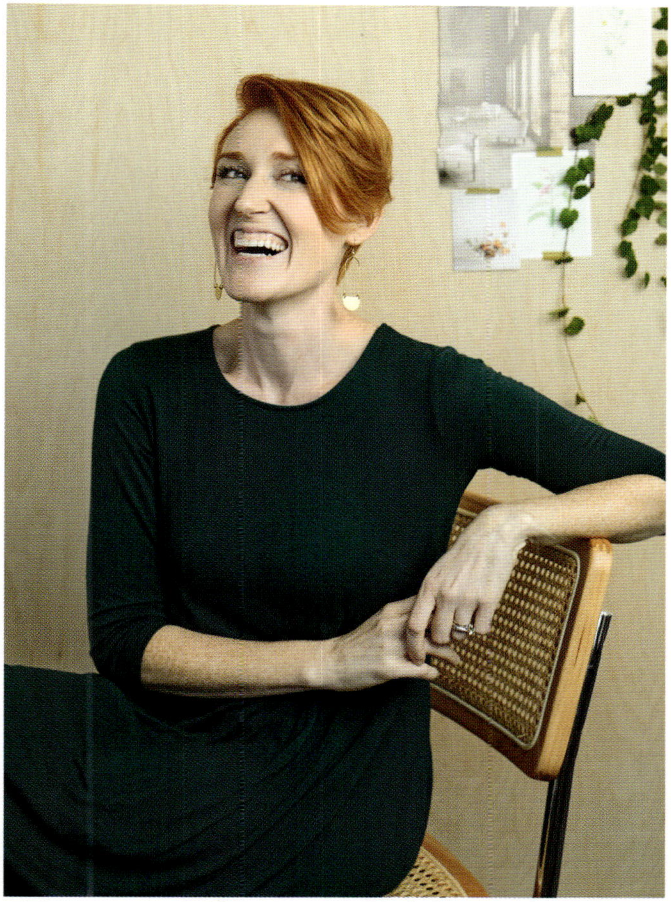

Rachel Strauss ist Hände, Seele und Kopf von Wood Burn Corner. Sie kam 2011 zur Brandmalerei, als sie in einem Bastelladen in ihrer Stadt nach DIY-Hochzeitsdekorationen stöberte. Die entspannende Wirkung dieser Kunst und die hübschen Kreationen zogen sie sofort in ihren Bann.

Auf ihrem Instagramprofil @woodburncorner veranstaltet sie regelmäßig Events, damit andere Brandmalkünstler ihre Fähigkeiten verbessern, neue Dinge lernen und sich mit Gleichgesinnten austauschen können. Wood Burn Corner ist Rachels Herzensprojekt – hier kann sie ihre Leidenschaft für DIY-Projekte und Teamwork ausleben, die Brandmalerei-Community unterstützen und ihr etwas zurückzugeben.

Gemeinschaft statt Wettbewerb – das ist Rachels Philosophie. In diesem Sinne gründete sie den Burn Club, einen Ort für Brandmalkünstler, egal ob Anfänger oder Profi, wo sich diese treffen, austauschen, lernen und zusammen weiterentwickeln können. Sie hat schon Brandmalerei-Workshops und Online-Kurse für den Burn Club gegeben.

Sie gibt Brandmalkurse auf einer E-Learningplattform und ihre Werke zieren die offiziellen Instagramprofile von Etsy und großen amerikanischen Bastelshops. Sie hat Vorträge auf Konferenzen für Kreativschaffende und Influencer (u.a. auf der Konferenz, die Pinterest groß gemacht hat) gegeben, und einen digitalen Brandmal-Workshop entwickelt, bei dem den Nutzern alle Materialien, die sie für den Kurs benötigen, als Set nach Hause geschickt werden.

Rachel verwendet nur Holz aus nachhaltiger Waldwirtschaft und spendet an Organisationen, die weltweit Bäume pflanzen.

Sie lebt und kreiert in Fremont, Kalifornien.

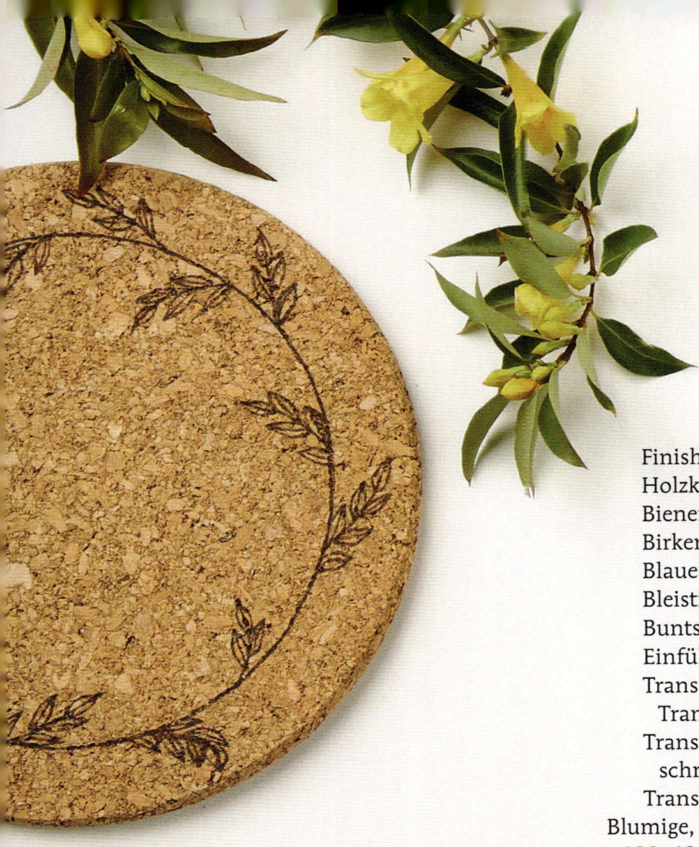

REGISTER

A
Acrylfarben
Aquarellstifte 21
Einführung 43
Finishes 52, 53
Persönliche Rahmenverzierungen brennen 137–139
Wildblumen 105–107
Acryllack 50, 52
Ahornholz 25
Amerikanische Espe 25
Amerikanische Linde 25, 81–83
Amerikanische Platane 26
Amerikanischer Erdbeerbaum 26
Andere Oberflächenmaterialien 27
Aquarellfarben
Aquarellstifte 21
Einführung 45
Finishes 52, 53
Mohnblumenbild auf Holz 101–103
Aquarellstifte 21

B
Babywürfel 109–111
Bambus 26, 77–79
Beize
Einführung 46
Finishes 52, 53
Holzkiste im Art Déco-Stil 125–127
Bienenwachs 50
Birkenholz 25, 65–67
Blaues Transferpapier 30
Bleistifte
Buntstifte 45, 52, 53, 121–123
Einführung 15
Transfertechnik mit Blauem Transferpapier 30
Transfertechnik mit Bleistift schraffieren 32
Transfertechnik mit Grafit 29
Blumige, filigrane Holzuntersetzer 133–135
Bordüren: Persönliche Rahmenverzierungen brennen 137–139
Brandmalkolben 14, 16, 18
Brenner
Einführung 14
Brennschleifen 17, 18
Formspitzen, 14, 16, 18
Brennprozess von Anfang bis Ende 34–38
Brennstationen 17, 18
Buchenholz 26, 69–71
Buntstifte
Einführung 45
Finishes 52, 53
Home Sweet Home-Schild 121–123
Burn Club 10

C
Chevron-Muster 41
Chua, Angie 93
Cuttermesser 21

D
Dankeskarten 85–87
Dean, Peggy 133
Drehteller 21

E
Embossingstift 15, 29, 30
Erlenholzkunst 26
Eschenholz 26

F
Finishs 48–53
Fixativ 51, 53
Floraler Fotorahmen 113–115
Formspitzen
auswählen 18
Brandmalkolben 14, 16, 18
Brandstationen 17, 18
Gleitspitzen 19
Heiße Stempel 20, 41
Schattierungsspitzen 20
Schreibspitzen 19
Spatenspitzen 19
Transferaufsätze 20

G
Gelstifte. *Siehe auch* Lackmarker; Stifte.
Finishs 52, 53
Einführung 44
Kawaii-Magnete 117–119
Gepäckanhänger: Gepäckanhänger für Weltenbummler 93–95
Gerade-Linien-Struktur 40
Gleitspitzen 19
Gouache
Aquarellstifte 21
Einführung 46
Finishes 52, 53
Floraler Fotorahmen 113–115
Grafitpapier 15, 29

H
Harz 51, 53
Heiße Stempel 20, 41
Holz. *Siehe* Holzarten.
Holzbeize
Einführung 46
Finishs 52, 53
Holzkiste im Art Déco-Stil 125–127
Holzfurnier 85–87

Holzkamm mit floralem Muster 61–63
Holzkiste im Art Déco-Stil 125–127
Holzlöffel freihändig verziert 69–71
Holzohrringe 73–75
Holzpflegecreme 50, 53
Holzuntersetzer mit Mudcloth-Muster 65–67

K

Kämme: Holzkamm mit floralem Muster 61–63
Kästchen: Holzkiste im Art Déco-Stil, 125, 125–127
Kamerahalter 21
Karten: Dankeskarten 85–87
Kawaii-Magnete 117–119
Keramikschälchen 21
Kim, Shelly 35
Kinderzeichnungen verewigen 129–131
Kirschholz 25, 73
Klebeband
  Einführung 15
  Transfertechnik mit Blauem Transferpapier 30
  Transfertechnik mit Bleistift schraffieren 32
  Transfertechnik mit Grafit 29
  Transfertechnik mit Hitze 31
Koch, Alli 39
Kokosöl 51, 53
Kork 27, 89–91
Kreidemarker
  Blumige, filigrane Holzuntersetzer 133–135
  Einführung 46
  Finishes 52, 53
Küchenutensilien
  Holzlöffel freihändig verziert 69–71
  Kawaii-Magnete 117–119
  Spritziges Schneidebrett 77–79
Künstlerprofil
  Abigail Strauss 129
  Alli Koch 39
  Angie Chua 93
  Eunice Sun 109
  Evelyn Strauss 129
  Isaac Strauss 129
  Jessica Mack 113
  Jess Park 117
  Leslie Tieu 85
  Peggy Dean 133
  Shelly Kim 35
Kugelschreiber 15, 29, 30
Kunst
  Babywürfel 109–111
  Floraler Fotorahmen 113–115
  Home Sweet Home-Schild 121–123
  Kinderzeichnungen verewigen 129–131
  Line-Art-Silhouette 81–83
  Mohnblumenbild auf Holz 101–103
  Persönliche Rahmenverzierungen brennen 137–139
  Wildblumen 105–107

L

Lackmarker. Siehe auch Gelstifte; Stifte
  Babywürfel 109–111
  Einführung 43
  Finishes 52, 53
Lebensmittelechtes Holzpflegeöl und Wachs 50
Leder 27, 93–95
Lederriemen 22
Leinen 27, 97–99
Leinenrucksack 97–99
Lineal 21
Line-Art-Silhouette 81–83
Löffel: Holzlöffel freihändig verziert 69–71

M

Mack, Jessica 113
Magnete: Kawaii-Magnete 117–119
Marker
  Einführung 44
  Blumige, filigrane Holzuntersetzer 133–135
  Kinderzeichnungen verewigen 129–131
  Kreidemarker 46
Materialien
  Babywürfel 109
  Blumige, filigrane Holzuntersetzer 133
  Dankeskarten 85
  Floraler Fotorahmen 113
  Gepäckanhänger für Weltenbummler 93
  Holzkamm mit floralem Muster 61
  Holzkiste im Art Déco-Stil 125
  Holzlöffel freihändig verziert 69
  Holzohrringe 73
  Holzuntersetzer mit Mudcloth-Muster 65
  Home Sweet Home-Schild 121
  Kawaii-Magnete 117
  Kinderzeichnungen verewigen 129
  Leinenrucksack 97
  Line-Art-Silhouette 81
  Mohnblumenbild auf Holz 101
  Persönliche Rahmenverzierungen brennen 137–139
  Servierbrettchen 57
  Spritziges Schneidebrett 77
  Topfuntersetzter mit Blättergirlande 89
  Transfertechnik mit Blauem Transferpapier 30
  Transfertechnik mit Bleistift schraffieren 32
  Transfertechnik mit Grafit 29
  Transfertechnik mit Hitze 31
  Wildblumen 105
Materialmix
  Mod-Podge 51
  Persönliche Rahmenverzierungen brennen 137–139
Messingbürsten 21, 22
Mineralöl 50
Mod-Podge 51, 53
Mohnblumenbild auf Holz 101–103
Mundschutzmasken 14

N

Nootka-Scheinzypresse 26

O

Ohrringe: Holzohrringe 73–75
Olivenholz 25, 57–59

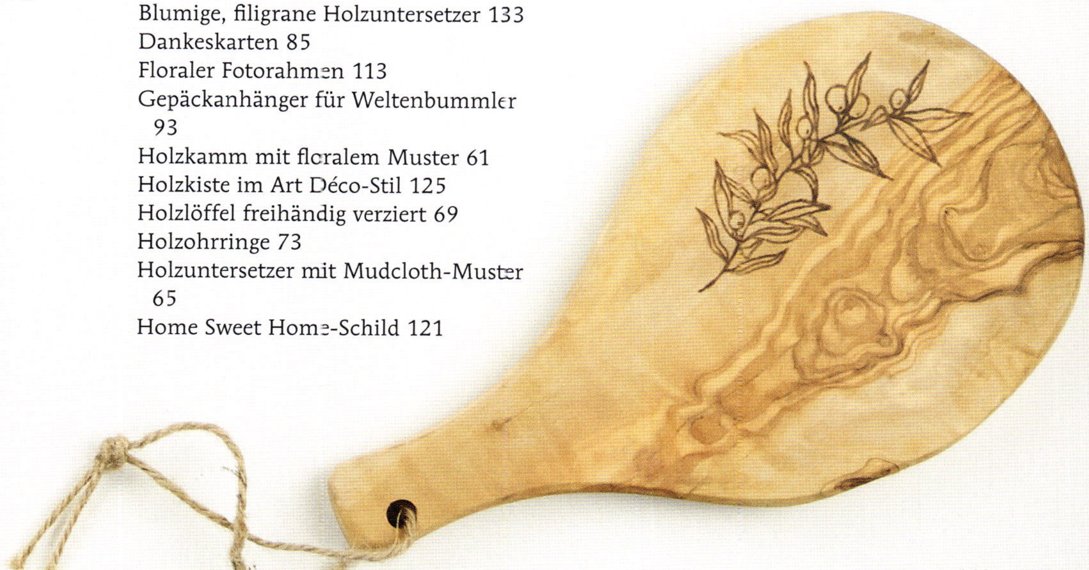

P

Paraffinwachs 23
Park, Jess 117
Persönliche Rahmenverzierungen brennen 137–139
Pfirsichholz 26, 61–63
Polyurethan 51, 52
Projekte
- Babywürfel 109–111
- Blumige, filigrane Holzuntersetzer 133–135
- Dankeskarten 85–87
- Floraler Fotorahmen 113–115
- Gepäckanhänger für Weltenbummler 93–95

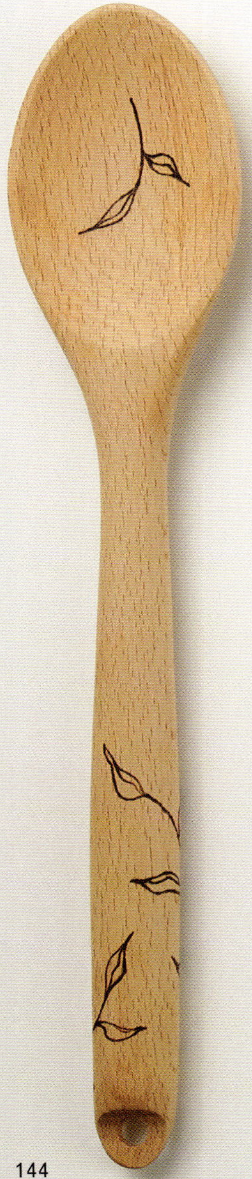

- Holzohrringe 73–75
- Holzkamm mit floralem Muster 61–63
- Holzkiste im Art Déco-Stil 125–127
- Holzlöffel freihändig verziert 69–71
- Holzuntersetzer mit Mudcloth-Muster 65–67
- Home Sweet Home-Schild 121–123
- Kawaii-Magnete 117–119
- Kinderzeichnungen verewigen 129–131
- Leinenrucksack 97–99
- Line-Art-Silhouette 81–83
- Mohnblumenbild auf Holz 101–103
- Persönliche Rahmenverzierungen brennen 137–139
- Servierbrettchen 57–59
- Spritziges Schneidebrett 77–79
- Topfuntersetzter mit Blättergirlande 89–91
- Wildblumen 105–107

Punkt-Struktur 40
Punkte. *Siehe* Spitzen.

R

Radiergummis 15, 29, 31, 32
Raffiniertes Kokosöl 51, 53
Rahmen: Floraler Fotorahmen 113–115
Rio-Palisander 25
Rucksack: Leinenrucksack 97–99

S

Sassafras 26
Sandradierer 15, 29, 31, 32
Schattierungsspitzen 20
Schilder: Home Sweet Home-Schild 121–123
Schmirgelpapier 15, 23
Schneidebretter
- Schneidebrettöl 50, 53
- Spritziges Schneidebrett 77–79

Schnörkel-Struktur 40
Schreibspitzen 19
Schwämme 23
Schwanenhals-Handyhalter 21
Servierbrettchen 57–59
Sicherheit 11, 27
Spatenspitzen 19
Spiralstruktur 41
Spitzen. *Siehe* Formspitzen.
Spritziges Schneidebrett 77–79
Stifte. *Siehe auch* Gelstifte; Lackmarker.
- Einführung 15
- Kugelschreiber 15, 29, 30
- Transfertechnik mit Blauem Transferpapier 30
- Transfertechnik mit Grafit 29

Strauss, Abigail 129
Strauss, Evelyn 129
Strauss, Isaac 129
Strukturen 39–41
Sun, Eunice 109

T

Tieu, Leslie 85
Topfuntersetzer: Topfuntersetzter mit Blättergirlande 89–91
Transfertechniken
- Blaues Transferpapier 30
- Grafit 15, 29
- Hitze 31
- Mit Bleistift schraffieren 32
- Werkzeuge 15

Transferieren mit Hitze 31
Treibholz 26
Tulpenbaum 25

U

Übertragungsaufsätze 20
Untersetzer: Blumige, filigrane Holzuntersetzer 133–135

W

Wachs 23
Walnuss 25
Weißes Grafitpapier 29
Wellenstruktur 40
Werkzeuge 14–15, 21
Werkzeugpflege 22–23
Weymouth-Kiefer 26
Wildblumen 105 -107
Wohndeko
- Babywürfel 109–111
- Blumige, filigrane Holzuntersetzer 133–135
- Holzkiste im Art Déco-Stil 125–127
- Holzuntersetzer mit Mudcloth-Muster 65–67
- Home Sweet Home-Schild 121–123
- Kawaii-Magnete 117–119
- Topfuntersetzter mit Blättergirlande 89–91

Z

Zange 21